新教师
TEACHERS TODAY

《新教师》书系

春生万物，给了我们新生的感动。于时，在“新时代需要新教师”的呼唤下，《新教师》于2012年的春天，在众人的翘首企盼中诞生了。它深研基础教育发展状况，关注小学教师专业成长……如今它已长成一棵“培育新一代教师”的大树，且日益茁壮，繁花似锦。

不一般的经历给了我们不一样的眼界，但《新教师》不忘初心：“倾心为教育服务。”

“《新教师》书系”便应运而出。

在这书系里，您可以看到，我们对独立学术标杆和专业标准的坚持，对引领教师专业成长的追求，对推广教育新理念的执着。在这书系里，您可以领略到，我们为您准备的深刻的教育理论探索、扎实的教育实践总结、贴心的学科教学归纳、前瞻的学校管理梳理等等。

以梦为马，不负韶华。在您成为新时代教育者的征途上，“《新教师》书系”将与您走过千山，越过万水，倾心相伴。

新教师 《新教师》书系

汪 潮 主编

小学语文部编教材

文本解读及学习设计

（一年级下册）

海峡出版发行集团
THE STRAITS PUBLISHING & DISTRIBUTING GROUP
福建教育出版社

图书在版编目（CIP）数据

小学语文部编教材文本解读及学习设计．一年级．下册／汪潮主编．—福州：福建教育出版社，2017.3（2020.11 重印）
ISBN 978-7-5334-7641-0

Ⅰ．①小…　Ⅱ．①汪…　Ⅲ．①小学语文课—教学参考资料　Ⅳ．①G623.203

中国版本图书馆 CIP 数据核字（2017）第 027865 号

Xiaoxue Yuwen Bubian Jiaocai Wenben Jiedu ji Xuexi Sheji

小学语文部编教材文本解读及学习设计

（一年级下册）

汪　潮　主编

出版发行　福建教育出版社
（福州市梦山路 27 号　邮编：350025　网址：www.fep.com.cn
编辑部电话：0591-83786569　83786691
发行部电话：0591-83721876　87115073　010-62027445）
出 版 人　江金辉
印　　刷　福州报业鸿升印刷有限责任公司
（福州市仓山区建新镇建新北路 151 号　邮编：350082）
开　　本　710 毫米×1000 毫米　1/16
印　　张　22.5
字　　数　391 千字
插　　页　2
版　　次　2017 年 3 月第 1 版　　2020 年 11 月第 6 次印刷
书　　号　ISBN 978-7-5334-7641-0
定　　价　45.00 元

前言

致语文小学老师

语文小学老师：请允许我这样称呼大家。这样的称呼反映了两个口语表达的情形：一是双重身份。犹如复姓，姓“语”，也姓“小”。二是文化现象。这里有先后关系，“语文”在先，“小学”紧随其后。不知大家能否接受？这也是编写《小学语文部编教材文本解读及学习设计》这套丛书（共12册）的基本出发点。

为了更好地使用本套丛书，下面根据丛书的主要内容进行编写说明。

一、文本解读

文本解读既是语文学习设计的基础，也是语文教学成功和高效的重要保证。可以说，一切有效的语文教学都是基于特定的文本解读的。

这里的文本解读，主要是对教材中的课文或“口语交际”或“语文园地”或“快乐读书吧”进行教学角度的分析和评价。文本解读的角度是多种多样的，如：文章学、语言学、汉字学、逻辑学、美学、心理学、哲学、文化学等等。文本解读的内容也是多方面的，如：作者简介、写作背景、文体特点、情节内容、语言表达、插图配画、练习作业、文化底蕴等。本套丛书重点进行三个方面的解读。

1. 文体特点。

文无体不立，教无体不灵。小学语文教学需要有一点“文体意识”，应该根据不同文体的不同特点，确定不同的学习目标和学习内容，采取不同的学习策略和学习方法。这样的解读和思考，才能保证语文的文本个性和教学的灵活性。（具体可参阅汪潮主编的《不同文体教学》，上海交通大学出版社，2016年11月版）

2. 文化底蕴。

知识是短暂的，能力是长久的，文化是永恒的。立足于文化学角度的思考，是部编版小学语文教材的显著特点，理应成为文本解读的重要内容。基于文化学的文本解读是颇有意义的，将是小学语文教学发展的方向。为此，本套丛书非常关注文化现象，包括汉字文化、汉语文化、汉文文化和汉民族文化。文化具有历史性、渗透性和积淀性，所以，每篇课文选择一两个典型的文化现象即可，有所侧重，有所渗透。

3. 语言表达。

小学语文课程和教学的本质是语言习得。基于这样的考虑，我们特别有意地对文本中的语言进行重点解读，包括对语言知识（字、词、句、段、篇）和语言能力（听、说、读、习、写）的解读，主要涉及语言现象、语言法则、语言表达、语言运用等方面。

二、学习目标

学习目标是教师进行语文教学的方向，是学生进行语文学习的标准，它是小学语文教学的“纲”，纲举目张。

1. 学习目标的重点。

从学习的总目标看，语文学习目标包括四个方面：语言文字、语言文章、语言文学、语言文化。在小学阶段，首先是语言文字，其次才是语言文章、语言文学和语言文化等。这种目标的定位是非常之必要的。所以，小学语文教学目标首先要重视汉语口语、汉文字的重点目标的达成。

2. 学习目标的层次。

学习目标是一个庞大的体系，内容丰富，层次众多，难以逐一罗列。所以本套丛书进行了分层、分级考虑，提出了基础学习目标、特色学习目标、发展学习目标。一般来说，一篇课文会有基础的三个、特色的两个、发展的一个。一般常规的课堂教学，完成基础目标即可。

三、核心内容

根据我们的研究，小学生的语文核心素养主要包括三个核心要素：态度素养、语言素养和文化素养。态度素养是必备品质，语言素养是关键要素，文化素养是根本保证。或者说，态度素养是语文学习的动力系统，语言素养是语文学习的操练系统，而文化素养是语文学习的支撑系统。这三者共同构建了一个小学生语文学习的核心体系。

1. 态度素养。

“态度决定人生”，这大概是对态度重要性最为经典的阐述了。于是就有了一个简单的公式：素养＝（知识＋能力）×态度。其中的“态度”是一个关键变量，这说明“态度”在核心素养中具有极其重要的地位，是人生发展的“必备品格”。

意愿是启动因素，兴趣是维持因素，而习惯是形成因素，共同构建了一个语文态度素养。

从更宽泛的意义上理解，良好的语文学习态度包括热爱祖国的语言文字和祖国的语言文化。要培养学生理解和运用祖国语文的正确态度，主要包括：尊重祖国语文（汉字、汉语、汉文）的态度，关心汉语文化、尊重多样文化、吸取人类优秀文化营养的态度，逐步养成主动学习汉语文的态度，等等。

2．语言素养。

小学生学语文的关键之所在是学好语言。应该说，语言素养是小学生语文核心素养中的关键因素。语言素养是“一体两翼”的综合体：语言是体，情感和思维是两翼。通过语言文字的学习和训练，培养学生良好的情感，发展学生的思维能力。

语言素养包括三个要素：语言、情感和思维。其中最基本、最重要的是语言，它是本质。其他两项都是基本属性，应有机地渗透到语言之中，既不能凌驾其上，也不能游离其外。

3．文化素养。

语文课程和教学中的文化无处不在，而且博大精深。所以，要关注学生在语文学习中表现出的文化视野、文化自觉的意识和文化自信的良好品质。

以汉字文化素养为例。（1）渗透汉字的字理。字理者，造字原理、规则也。如“六书”原理及现代汉字结构规律。当然，了解字理并不是枯燥的文字讲解，而是要把汉字的字理知识与汉字字形、精美的图形结合起来理解。（2）渗透汉字的演化。要有选择、有步骤地展现汉字诞生和演变的过程，同时以通俗的语言解释其字形、字义的变化，使学生更深入地理解每个汉字的意义。当然，这是有机渗透，并不是逢字必讲其演化。（3）渗透汉字的故事。可以选取一些经典的汉字故事，包括历史故事、神话传说、文化习俗等，促进学生学习汉字兴趣的不断形成。

为此，本套丛书从语言、思维、文化、方法四个方面提出一篇课文教学的核心内容，为具体的学习设计提供基本的思路。当然，每课的核心内容1～2个，不求量多，只求一课一得，得得相连，讲究实效。

四、学习设计

本套丛书在学习设计上力求具时代特色，其基本设计意图如下。

1．学本课堂。

在整个学习过程中，充分发挥学生的主体作用，力争体现“以学定教，先学后教，多学少教”的以学生为本的先进教育理念。

2. 全程构思。

对整册教材的所有内容，包括识字、阅读、口语交际、习作、学习园地等进行全面设计，对一篇课文也进行了多课时的系统设计。唯有基于整体构思，进行顶层设计才是更为开放有效的。

3. 板块设计。

采用板块设计有利于知识的条理性，有利于学习的组织性。每课时设计3～4个板块，其中1～2个板块（已用楷体表示）是针对核心内容的，是更精彩、更有特色的。

4. 体现学理。

语文学习不仅要知其然，而且还要知其所以然。语文学习不是杂乱无章的，而是有理可依，有序可循的。我们在每一个大板块后都有板块设计意图，便于大家进行理据思考。（具体可参阅汪潮著《语文学理》，浙江大学出版社，2013年5月版）

这套丛书由“汪潮专家工作室”的语文名师精英团队研制，由浙江外国语学院小学教育研究所所长汪潮教授任主编。本套丛书分册配合教学进度分期出版发行。

本册是一年级下册，由汪潮教授主编，主要撰写人员是（以姓氏笔画为序）：冯旭霞（第七、八单元），牟原喜（第三、四单元），钟玲玲（第一、二单元），祝响响（第五、六单元）。福建教育出版社林彦、庄严、王彬、朱蕴茝、黄晓夏、刘贞辉、王振辉、念育琛等编辑为此套丛书的出版尽心尽力，付出了辛勤的劳动，还有众多的老师提供了相关的资料，在此深表感谢。

汪　潮

2017年1月17日于杭州

CONTENTS

目 录

第一单元 识字（一）

这一单元是本册教材第一次集中识字的内容，由《春夏秋冬》《姓氏歌》《小青蛙》《猜字谜》这四篇识字材料组成。它们内容不同，特点鲜明，渗透图文识字、对对子识字、字族文识字、形声字识字等方法，既有反映现代儿童生活题材的儿歌，又有以汲取传统识字教材之精华，以厚重的中华传统文化为背景进行改编的选文，如《小青蛙》《姓氏歌》等。这些识字教材不仅为学生识字提供了很好的语言环境，也为儿童感受中华传统文化提供了契机。

1　春夏秋冬

一、文本解读

1. 文体特点。

（1）集中识字。本文是一年级下册的第一篇识字课文。这一篇课文的八个生字中，有六个生字是动词，便于学生通过做动作进行识记。这八个生字中，又有七个生字都是形旁表义，也就是说，学生可以根据字理进行识记。

（2）图文结合。这是本文的一大特点。课文中的每一个词语与短语都有图示。学生可以借助本课的插图进行识字、学词。这几幅插图画出了四季的特点，能激起学生无穷无尽的想象。这样的图文结合，符合一年级学生的认知特点。

（3）链接生活。本文的插图选取的是学生常见的场景，与他们的生活息息相关。课文中的词语与短语所呈现出来的画面又特别贴近学生的生活。教学这一课时，正值春季，学生读到“春风吹、池草青、山花红、鱼出水、鸟入林”等自然会感到亲切。

2. 文化底蕴。

（1）韵律美。本课的词语、短语格式工整而又富有变化，读起来朗朗上口，能带给学生韵律美。这种文字表达上的韵律美又是中华文化艺术的瑰宝。

（2）画面美。如果你有一双发现美的眼睛，你的生活将处处是美。本课呈现的画面带着浓浓的中国元素，出示的词语、短语，体现了汉语文化中“一字值千金”的现象，能给学生视觉与听觉上的冲击，受到美的熏陶。

3. 语言表达。

（1）运用短语。本课的短语以朗朗上口的三字经形式出现，较符合一年级学生的特点。这样的短语也因为短小简洁特别适合学生识记。我们发现，这一课的短语还很有规律性，基本以主谓方式构词，适合学生积累与运用。

（2）巧用动词。本课短语中的动词突出，使用精准，适合学生们朗读积累，感知运用。比如“吹、落、降、飘”等字，把一年四季不同景象的特点都写出来了。学生在学习的过程中，既能感受到汉字用词的准确，又能感受到汉字的丰富奇妙，能渗透较好的汉语文化教育。

（3）想象丰富。这一课的词语、短语言简意赅，读起来特别有韵味。尤其是词语、短语中的“吹、落、降、飘、青、红、出、入”等字，能带给学生无尽的想象。这些字配以精美的图画，为学生提供了广阔的想象空间，使学生通过反复朗读，驰骋在丰富的语言世界中。

二、学习目标

1. 基础目标。

（1）运用多样方法，引导学生自主认记“霜、吹、落、降、飘、游、池、入”这八个生字，认识雨字头和双耳旁。

（2）借助图片和动作演示，初步理解“吹、落、降、飘、游、入、秋霜”等字词的意思。

（3）抓住主笔，指导书写“春、冬、风、雪、花、飞、入”等生字。

2. 特色目标。

（1）运用游戏活动，感受主谓短语的构词特点；通过多种形式朗读体验，熟记短语。

（2）借助课文插图，创设情境朗读，感受四季的美，引导学生进一步发现大自然的美，激发学生热爱大自然的情感。

3. 发展目标。

看图想象说话，在大自然中发现美，欣赏美，表达美。

三、核心内容

项目	具体内容
语言内容	通过多样朗读，感悟本课短语的构词特点，熟记短语
思维内容	培养学生观察、思考、想象的思维能力
文化内容	借助插图，创设情境，感受四季的美，引导学生进一步发现大自然的美，激发学生热爱大自然的情感
方法内容	结合字理教学，引导学生运用规律识字，联系旧知识字

四、学习设计

第一课时

板块一　整体感知

1. 旧知引入，书写“冬”字。

（1）朗读《四季》。师：小朋友们，上学期，我们学过一首美丽的小诗《四季》，让我们一起来读一读好吗？（学生配乐朗读《四季》）

（2）谈话揭题。师：一年有四季，分别是春夏秋冬。教师指导学生连起来读好课题。口头指导书写“冬”，重点指导“折文”的横撇和捺要舒展。

2. 初读感知，读准字音。

（1）教师范读。这是一篇识字课文，请学生先听教师来读。

（2）学生自读。遇到不认识的字请教“拼音老师”。

（3）教师巡视。

【设计意图】由学生的旧知引入教学，能更好地为学生学习新知服务。教师选择将《四季》引入新课出于三点考虑：一是这首诗很好地呈现了四季的不同特点，与本课的短语有较强的呼应关系；二是本课课题中的“春、夏、冬”又是《四季》一课中的生字；三是《四季》一课中的插图与本课的插图也有联系。

板块二　看图识字

1. 看图读词，教学“霜”字。

（1）出示插图，朗读词语。师：四季那么美，让我们走进四季。你们看到了什么？谁来选择自己最想说的一幅画来说说？（随机出示：春风、夏雨、秋霜、冬雪）

（2）出示“秋霜”，教学“霜”字。师：小朋友，霜，你见过吗？（媒体播放音频：空气中的水蒸气遇冷，凝结成小冰晶，附着在物体表面上，就形成了霜。霜一般在深秋或初冬的晚间出现）现在，你能说说，你在哪儿见过霜了吗？（出示“霜”的图片）这就是霜，它是水蒸气变成的，所以上面是一个雨字。雨字变成偏旁，有什么变化？谁有好办法记住“霜”字？

（3）多种形式，看图读词。打乱顺序读，去掉拼音读。

2. 看图读短语，教学“吹、落、降、飘”四字。

（1）出示插图，朗读短语。师：四季那么美，让我们再次走进四季，去欣赏它们各自不同的景象吧。（出示图片加短语：春风吹、夏雨落、秋霜降、冬雪飘）

（2）做做动作，教学“吹”字。师：你们看，春风一吹，柳树绿了，桃花红了。谁来当当春天这个魔术师，来温柔地吹一吹？（学生做动作）

（3）想想办法，记住“落、降、飘”三个字。师：要记住这三个字，先得认识一个新的偏旁——双耳旁。你们知道吗？双耳旁在字的左边时，常常表示一座山。“降”是指下山。（出示字理教学）谁有好办法记住这三个字？（做动作）

【设计意图】识字写字、朗读课文、积累语言是第一学段阅读教学的重要内容，但这些内容的学习不是孤立的，要在教学过程中有机融合，滚动推进。尽管是集中识字，我们也力求扎根在一定的情境和语境中进行字词教学。

板块三　朗读指导

1. 教师范读，读出停顿。

2. 学生自读，读出节奏。

3. 师生共读，做课中操。

师：春风怎么了？生：春风吹。

师：夏雨怎么了？生：夏雨落。

师：秋霜怎么了？生：秋霜降。

师：冬雪怎么了？生：冬雪飘。

师：什么吹？生：春风吹。

师：什么落？生：夏雨落。

师：什么降？生：秋霜降。

师：什么飘？生：冬雪飘。

【设计意图】这个板块，通过多样朗读，让学生感悟本课短语的构词特点，熟记短语；通过创设情境，让学生感受四季的美，引导学生进一步发现大自然的美。

板块四　书写指导

1. 出示生字，观察书写“春、雪”。

2. 抓住关键，指导书写。“春”的撇和捺要舒展，“雪”的雨字头中的横钩要写得长一点。

3. 教师示范书写，学生练习书写。

4. 学生书写反馈，评议交流。

【设计意图】写字教学一直是最容易忽视的环节。教师在这个环节中要为学生创设静心书写的环境，要采用现代化的多媒体技术，及时将学生的书写情况进行梳理反馈，并认真组织学生进行评价，引导学生在写字时，一个比一个写得好。

板书设计：

1　**春夏秋冬**

春风　　夏雨　　秋霜　　冬雪

吹　　落　　降　　飘

第二课时

板块一　复习引入

1. 复习旧知。

师：上节课，我们走进了春夏秋冬，接下来，我们一起看着四季的图画来读读这四个词语——春风吹、夏雨落、秋霜降、冬雪飘，大家可以做做动作。

2. 引入新知。

师：大自然是一幅多么美丽的画卷啊！今天这节课，我们还是继续走进大自然，走进这一幅美丽的画卷吧。

【设计意图】找准新旧知识的联结点，能使学生更好地进入新知识的学习。这一环节的设计既是对旧知的检测，又是对新知的引入，可谓一举两得。

板块二　看图识字

1. 出示挂图（或者大屏幕显示插图），观察说话。

师：请小朋友们仔细观察这一幅画。这幅画很美，你能不能说一说你看到了什么？注意把一句话说完整哦。（随机指导：按照一定的顺序来说一说）

2. 出示词语，教学“游”字。

(1) 自由读词。师：请小朋友们自由地读读上面的词语。（词语“青草、红花、游鱼、飞鸟”贴在挂图相应的位置上）

（2）教学“游”字。师：你有什么好办法可以记住这个字呢？学到这儿，你还记得我们学过的三点水旁的字吗？（随机出示：活、法、洞、海、没、江等字）

编编字谜猜一猜：下雨天，一个姓方的人带着他的儿子去游泳。

（3）学会欣赏。师：青草、红花、游鱼、飞鸟这四样景物，你最喜欢什么？为什么？

3. 出示短语，教学“池、入”等字。

（1）自由读短语。引导学生带着喜爱的感受读好这几个词语。（出示：池草青、山花红、鱼出水、鸟入林）

（2）教学“池、入”等字。看图识记“池”，“池塘”与水有关，所以是“三点水”。找反义词识记“入”，“鱼出水　鸟入林”。出示词语：入木三分、出入平安，相机渗透书法、祝福等传统文化。

【设计意图】这一个环节的设计，力求通过多样的方法让学生们自主识字。当然，这里的识字教学并不是孤立进行的，而是结合在一定的情境之中，这样的教学更利于学生识记。

板块三　朗读背诵

1. 学生互读，读出节奏。

2. 师生共读，做课中操。

师：什么青？生：池草青。

师：什么红？生：山花红。

师：什么出水？生：鱼出水。

师：什么入林？生：鸟入林。

师：池草怎么样？生：池草青。

师：山花怎么样？生：山花红。

师：鱼怎么了？生：鱼出水。

师：鸟怎么了？生：鸟入林。

3. 学生齐读，朗读背诵。

4. 看图背诵，想象仿词。

引导学生用“什么怎么样”的词语来说说其他的景物。

【设计意图】这个板块，通过多样朗读，让学生感悟本课短语的构词特点，熟记短语。通过创设情境，引导学生进一步发现大自然的美，激发学生热爱大自然的情感。此外，这个环节还增加了背诵指导以及仿词说话的环节，因为语文素养来源于语言文字的积累与运用。

板块四　书写指导

1. 出示生字，观察书写“风、飞、花、人”。

2. 抓住关键，指导书写。

（1）第一次指导书写横斜钩，要注意与横折弯钩的区别。

（2）第一次指导书写草字头，注意横要平要长。

（3）“人”字的书写顺口溜“撇低捺高人人人”。

【设计意图】一年级的写字指导应该特别关注第一次出现的笔画、偏旁、结构的书写，这是学生写好字的基础。教师在指导时应尽量把好关。

板书设计：

1　**春夏秋冬**

图片里面贴上相应的词卡 青草　红花　游鱼　飞鸟

2　姓氏歌

一、文本解读

1. 文体特点。

（1）实用性。部编版教材倡导语文学习与生活的链接，这种理念无所不在，特别体现在汉字学习中。比如，课后习题中有学习小伙伴的提示“介绍自己姓什么，可以用不同的方法”，以及选做题中提到的“说一说班里的同学都有哪些姓”。这样的设计，将识字与生活链接，体现了识字的实用性。

（2）多样化。这一篇课文呈现了识字多样化的特点，告诉学生识字可以有很多方法，比如，熟字组合法、组词运用法、儿歌识记法等。整篇文章从学习姓氏入手，让学生认识十二个生字。学生通过不同的方法，可以提高自主识字的兴趣与效率。

（3）情境式。课文用诗歌的形式介绍了姓氏，呈现了对话的场景，读起来朗朗上口。学生对姓氏文化并不熟悉，这样的情境式呈现让学生们感到新奇，能对课文产生浓厚的兴趣。课文共十二个生字，与学生的生活联系较为紧密，学生在

这样的情境下识字是有效的。

2. 文化底蕴。

（1）识字与传统元素交融。本篇集中识字的教材是以厚重的中华传统文化为背景进行改编的选文，它使识字教材的意义显得更为深远。这样的识字教材不仅为学生识字提供了很好的语言环境，而且也为他们感受中华传统文化提供了契机。

（2）识字与姓氏文化融合。从姓氏的形成、发展、演变的漫长历史过程来看，它是构成中华民族文化的一个重要内容。本课的课文部分介绍了中国姓氏的“李、张、胡、吴、徐、许”，以及《百家姓》中居前列的八个单姓和典型的四个复姓。这样的识字教学更为积极的意义在于对文化的传承。

（3）识字与人际交往融会。课文以问答游戏开篇，呈现了对话的场景，学生在这样的情境中自然走进课文。教学时，可以用这样的方式进行师生合作、生生互动，一问一答，介绍自己，识记生字，将识字与人际交往有机融合。

3. 语言表达。

（1）一问一答。课文以问答游戏开篇，这样的一问一答，读起来很有节奏和韵味，适合语言的积累与运用。本课教学可以抓住文本的这一个特点，进行说话训练，介绍“胡、吴、徐、许”或者自己的姓氏。

（2）三字识记。课文中的短语“木子李、弓长张、古月胡、口天吴、双人徐、言午许”是姓氏表达中常见的方法。因为中国汉字同音、近音字现象，所以，我们在表达姓氏时，常常用这样的方法加以区分。这样的表达方式，又为学生的自主识字提供了较为快捷的方法。

（3）蒙学启蒙。《百家姓》与《三字经》《千字文》并称“三百千”，是中国古代幼儿的启蒙读物。《百家姓》采用四言体例，对姓氏进行了排列，而且句句押韵。虽然《百家姓》的内容没有文理，但在中国姓氏文化的传承、中国文字的认识等方面都起了巨大的作用，这也是它能够流传千百年的一个重要因素。

二、学习目标

1. 基础目标。

（1）运用多样方法，引导学生自主认记“姓、氏、李、张、古、吴、赵、钱、孙、周、王、官”这十二个生字，认识弓字旁、走字旁和金字旁三个偏旁。初步学习根据字的组合区别音近字的方法。

（2）创设情境，使学生正确朗读课文，尝试读出问答句的不同语气。背诵课文。

（3）指导学生书写“姓、什、么、双、国、王、方”等生字。

2. 特色目标。

（1）通过游戏活动及多种形式的朗读体验，积累语言。

（2）借助课后习题，创设情境体验，运用不同的方法介绍自己的姓，说说同学的姓。

3. 发展目标。

了解中华姓氏文化，读读《百家姓》，积累常见的姓氏。

三、核心内容

项目	具体内容
语言内容	通过游戏活动及多种形式的朗读体验，积累语言；借助课后习题，创设情境体验，运用不同的方法介绍自己的姓，说说同学的姓
思维内容	借助课后习题，创设情境体验，运用不同的方法介绍自己的姓，培养学生思维的发散性
文化内容	了解中华姓氏文化，背诵课文，积累常见的姓氏
方法内容	结合字理教学，引导学生运用规律识字，联系旧知识字

四、学习设计

第一课时

板块一　整体感知

1. 谈话引入，教学“姓氏”。

（1）引题揭题，书写“姓”字。师生互相介绍自己的姓。引入《姓氏歌》的学习，板书课题。师：谁有好办法记住“姓”字？现在就让我们一起来写写这个字。女字旁我们在上学期已经写过了，谁来提醒大家，写的时候要注意什么？写好的同学能给“姓”字找找朋友吗？

（2）介绍“姓氏”，读好课题。师：“姓”又叫作“姓氏”，中国的姓氏有几千种，古人把它们编成一部《百家姓》，读起来像一首歌谣。今天，我们来学习一首和姓氏有关的歌谣《姓氏歌》。

2. 初读感知，读准字音。

（1）教师范读，学生认真听。

（2）学生借助拼音自读两遍以上。

（3）教师巡视，帮助正音。

【设计意图】由学生的生活引入教学，能更好地为学生学习新知服务。教师从自己的姓入手，谈话揭题，这样的设计贴近学生的生活。因为这一篇课文的生字特别多，所以在自读环节，教师给学生大量的自读时间，为学生们的言语实践提供充足的时间与空间。

板块二　读文识字

1. 指名读文，圈出姓氏。

（1）指名朗读课文第一节。

（2）圈画出文中的姓氏。读一读，借助课件，相机校对。

2. 一问一答，自主识字。

（1）教学生字。（随机出示生字：李、张、吴）师：谁来读读这三个生字？

（2）教学问句。师：为什么已经告诉对方姓李、姓张，对方还要问“什么李、什么张”？（因为还有与“李、张”音相近或相同的字，如“张”和“章”，读音就完全相同）我们祖国的汉字可是一个大宝库啊。有时候，一个相同的读音会有好多不同的字；有时候，一个相同的字又有好多不同的读音。

（3）教学答句。师：“我”是怎样回答的呢？现在，老师来读问的话，你们来读回答的话。想一想，回答的小朋友用的是什么方法？（将这个字是由哪几部分组成的告诉对方）

（4）自主识字。师：让我们再来记记这三个生字——“李、张、吴”。什么李？（木子李）什么张？（弓长张）什么吴？（口天吴）这个“张”字有一个新的偏旁，是弓字旁。（出示积件：弓字的字理教学。弓是象形字，古文字是拉开弓架的象形，无弦）大家看，这个字除了用做姓氏，还常常用做量词。谁来说一说呢？［出示短语：一张（　）］那么，谁能用这种方法来记一记“古”字？（十口古）

【设计意图】在读文识字阶段，主要是借助文本表达上的特点，通过一问一答，让学生用加一加的熟字合成法来识字。这一个环节中，“古”的教学是从扶到放对学生进行学习方法指导的体现。

板块三　游戏朗读

1. 游戏问答，朗读指导。

（1）师生合作。教师读问句，学生读答句。学生读问句，教师读答句。

（2）生生互动。同桌伙伴之间一个问一个答地读。问的同学要读出疑问的语气，答的同学要读出回答的语气。

（3）集体齐读。师：让我们配上音乐，边拍手边读，读好课文第一节。

2. 不同方法，介绍姓氏。

（1）提出要求。教师读习题“照样子做问答游戏”，请学生介绍自己的姓，可以用不同的方法。

（2）互动介绍。请学生找一个伙伴，介绍自己的姓，可以用不同的方法。

【设计意图】采用游戏为主的教学方法效果较好。由于学生年龄较小，为了满足他们爱玩好动的心理需求，我们可以在这一个环节，根据文本特点，使用游戏法来激发学生识字的热情，让他们学得愉快而轻松。

板块四　书写指导

1. 出示生字，观察书写“什、么、双”。

2. 抓住关键，指导书写。

“么”的撇和撇折的起笔要斜斜地对齐。

【设计意图】这一课的三个生字书写相对来说还是不难的，所以，教师就把指导的重点放在“么”上，书写时，要让学生学会用眼睛当尺子进行定位。

板书设计：

2　**姓氏歌**

李　张　胡　吴　徐　许（贴上字卡）

第二课时

板块一　复习引入

1. 男女生合作，一问一答读课文第一节。

2. 出示生字卡片，复习巩固生字词。

【设计意图】本节课要让学生初步接触《百家姓》，所以，在课前，读读姓氏儿歌，进一步感受文本在语言上的表达特点，对于学生学习新知会起到顺承的效果。

板块二　读文识字

1. 指名读文，圈出姓氏。

（1）指名读文。师：这节课，我们继续走进《姓氏歌》，谁来读读课文第二节？

（2）圈画姓氏。师：这里的姓氏可多了，你能把它们都圈出来吗？

2. 出示单姓，教学“赵、钱、孙、周、王”。

（1）教学偏旁。师：（出示《百家姓》的前八个姓）“赵、钱、孙、李，周、吴、郑、王”里有我们今天要学习的五个生字。在学习这五个生字之前，先让我们认识两个新的偏旁。（出示积件：走字旁和金字旁的本义。“走”的本义是快跑，“金”的本义是金属）

（2）教学生字。师：谁有好办法记住这五个字？（如果有条件，请姓赵、钱、孙、周、王的学生当老师，教其他学生识记）

3. 介绍复姓，教学“官”字。

（1）介绍复姓。两个字的姓，我们把它叫做复姓。诸葛是一个姓，东方是一个姓，上官是一个姓，欧阳也是一个姓。

（2）教学“官”字。结合字理，教学“官”字：上面的宝盖头是房屋的意思，下面的“㠯”表示很多小土丘，意思是管着很多人的地方，现在是指管着很多人的人。

4. 资料拓展，认识复姓。

（1）联系生活。结合古代人物“司马光”，认识复姓“司马”。

（2）资料拓展。教师随机介绍“诸葛亮”和“欧阳修”。

5. 书写姓氏，推荐拓展。

（1）书写姓氏。师：小朋友们，你们看，课文的最后有一个省略号，这说明我们中国的姓氏还有好多好多。你还能说出一两个吗？每位同学都有自己的姓氏，现在请你把它写在语文书第四页省略号的后面。

（2）推荐拓展。师：（播放《百家姓》的朗读视频）我国是个历史悠久的国家，我们的姓氏文化源远流长，关于姓氏，有一本书叫《百家姓》，有兴趣的同学可以去看一看。

【设计意图】古语有云：“授之以鱼，不如授之以渔。”教给学生学习方法，远比传授给他们知识更为重要。可以在生活中识字，让学生结合自己的姓氏或者同学的姓氏来自主识字。这一个环节，教师通过资料拓展，让学生初步了解复姓，从而感受中华姓氏的多样。

板块三　朗读背诵

1. 游戏复现。

以游戏的形式出现本课生字组成的词语，学生挑战认读。

2. 朗读背诵。

多种形式朗读全文：指名读，同桌比赛读，男女生共读，师生合作读。背一背《姓氏歌》。

【设计意图】朗读训练中，采用多种形式组织学生读，通过指名读、比赛读的形式，调动学生朗读的积极性，让学生在具体的语言环境中巩固识字。同时，多种形式的朗读训练对于激发学生学习语文的兴趣，培养合作、竞争意识也起到很好的促进作用。

板块四　书写指导

1. 出示生字，观察书写“国、王、方”。

2. 抓住关键，指导书写。

“国”的国字框要写得方方正正，书写顺口溜可以是“大大一座房，玉字里边藏”，笔顺规则是“先里头后封口”。“方”的第三笔是横折钩，最后一笔是撇。

【设计意图】这一课的三个生字在书写上还是有难度的。国字框是学生第一次书写，教师要特别引导学生在书写国字框时要写得方方正正。在指导书写环节，教师应特别重视，要给予学生充足的练写时间。

板书设计：

2　**姓氏歌**

复姓　百家姓

你姓什么？　什么？

3　小青蛙

一、文本解读

1. 文体特点。

（1）链接生活。小青蛙是我们生活中比较常见的动物，学生熟悉的小动物，学生会觉得亲切，学起来也会更有兴趣。这样的设计，将识字教学与生活链接，体现了识字的实用性。

（2）易读易懂。课文用诗歌的形式介绍了青蛙的特点，读起来朗朗上口。句末押韵，不仅顺口，而且很有节奏感。诗歌的语言也通俗，适合一年级学生学习。

2. 文化底蕴。

（1）韵律美。本课每一句格式工整而又富有变化，所以读起来朗朗上口，错落有致，能带给学生韵律美。这种文字表达上的韵律美，又是中华文化艺术的瑰宝。教学中，可以让学生拍手读、打节奏读，这样读起来更容易、更好听，能帮助学生感受语言文字的妙处。

（2）字形美。本课十二个生字中，大部分都是形声字，适合探究形声字的特点，还可以根据字理识记生字，感受中国汉字的神奇。

3. 语言表达。

（1）有韵味。本课是一首儿童诗，具有诗歌的基本特点：押韵，读起来顺口自然，节奏感较强，短小，语言简洁易懂，童趣盎然。本课贴近学生的生活和认知水平，符合学生的心理，容易被学生接受和喜爱，非常适合一年级的学生学习。

（2）有趣味。本课通过轻松风趣的笔调，向小读者呈现了一幅池塘青蛙捉虫图。画面感很强，特别适合小学生朗读。

二、学习目标

1. 基础目标。

（1）运用形声字的特点，结合换偏旁识字的方法，引导学生自主认记“清、睛、眼、晴、事、情、请”等十二个生字，认识病字旁。

（2）指导学生书写“青、清、气、晴、情、请、生”这七个生字，重点写好笔画横折提。

（3）指导学生正确朗读课文，明白青蛙是人类的好帮手。

2. 特色目标。

（1）通过拍手读，感受韵律，积累语言。

（2）借助课后习题选字填空，了解形声字形旁表意的特点。

3. 发展目标。

了解其他诗歌，感受诗歌的韵律美。

三、核心内容

项目	具体内容
语言内容	通过多种形式朗读体验，借助课后习题，选字填空，积累语言
思维内容	借助课后习题，感受形声字形旁表意的特点。换偏旁识字，培养学生思维的发散性
文化内容	探究形声字的特点，还可以根据字理识记生字，感受中国汉字的神奇；感受诗歌的韵律美
方法内容	教给学生学会利用形声字的特点、儿歌、换偏旁等识字方法

四、学习设计

第一课时

板块一　整体感知

1. 谈话引入，揭示课题。

（1）谈话引入。师：小朋友，你们见过青蛙吗？你们对青蛙了解多少？

（2）揭示课题。教师板书课题，学生齐读，友好地和小青蛙打个招呼。

2. 初读感知，读准字音。

（1）教师范读。

（2）借助拼音，学生自读。

（3）教师巡视。教师帮助正音，重点关注读好后鼻音。

【设计意图】由学生的生活引入教学，能更好地为学生学习新知服务，这样的设计贴近学生的生活。教师范读起到了很好的示范作用，能帮助学生初步了解课文内容，感受诗歌的节奏。因为这一篇课文的生字特别多，所以在自读环节，教师应给学生大量的自读时间，为学生们的言语实践提供充足的时间与空间。

板块二　读文识字

1. 指名读文，圈出后鼻音的字。

（1）师：这首诗一共有几句话？（分别请三个学生读）

（2）圈画后鼻音的字。师：这首诗里藏着很多后鼻音的字，你能把它们圈出来吗？（出示：青、睛、清、晴、情、请、让、病、生）

（3）指名读。师：谁能把它们读准呢？（指名读后，再“开火车”读）

（4）找出“青”的好朋友。师：哪些字和“青”长得很像呢？（出示：睛、清、晴、情、请）

2. 利用形声字的特点识字。

（1）观察特点。师：仔细观察上面五个生字，你有什么发现吗？（都是形声字，声旁都是“青”，但是偏旁不同）

（2）理解字义。师：偏旁不同，意思也不一样。上面五个字分别和什么有关？

（3）字谜巩固。（出示：猜一猜）

言来相互尊重。（请）

有心令人感动。（情）

日出万里无云。（晴）

有水纯净透明。（清）

（生跟师读。同桌互猜）

（4）字词搭配。（出示：连一连）

眼（睛）　（请）问　（清）水　（晴）天　心（情）

3. 教学第一句。

（1）指名读。（出示插图：小青蛙和清清的河水）

（2）看图说话。师：青蛙长什么样？它喜欢生活在哪里？

（3）指名读。（出示：河水清清、大眼睛）

（4）齐读第一句。

4. 教学第二句。

（1）说说青蛙的本领。

（2）学习关于青蛙的拓展资料。师：你还知道青蛙有什么本领？

（3）指名读第二句。

（4）齐读第二句。

5. 教学第三句。

（1）指名读。

（2）明理。师：爱护小青蛙，我们具体应该怎么做呢？

（3）齐读第三句。

【设计意图】在读文识字阶段，主要是借助文本表达上的特点，通过儿歌巩固、出示插图、形声字的特点来识字。在教学三句话的时候，每句都有侧重的教学点，以指导朗读为主，符合低段学生的学习特点。

板块三　朗读指导

1. 师生合作。

2. 生生互动。

3. 集体齐读。

【设计意图】由于学生年龄较小，为了满足他们爱玩好动的心理需求，在这一个环节，可以使用拍手法来激发他们识字的热情，让他们学得愉快而轻松。

板块四　书写指导

1. 出示生字，观察书写“青、请、情、清、晴”。

2. 抓住关键，指导书写。重点指导写好“青”（“青”要注意横之间的间隔要均匀），以及横折提的笔画。

【设计意图】这五个生字书写都有一个共同部件，所以教师就把指导的重点放在“青”字上。由于本课的写字训练有一定的难度，在书写笔顺和姿势上，教师应特别重视，要给予学生充足的练写时间。

板书设计：

3　**小青蛙**

小青蛙图　大眼睛

（爱护）　吃害虫

板贴生字卡片：请　睛　情　晴　清（形声字）

第二课时

板块一　复习引入

1. 同桌合作，拍手读诗歌。

（1）提出要求。同桌互相配合拍手，边看投影边读儿歌，会背的学生可以背。

（2）同桌合作读。

2. 板贴生字卡片，复习生字。

（1）回顾形声字的特点。指名回答

（2）“开火车”组词认读。其他学生跟读，重点关注后鼻音。

【设计意图】本节课开始，通过让学生读诗歌，进一步感受文本在语言上的表达特点，对学生学习新知会起到顺承的效果。通过复习生字认读，重点关注后鼻音，防止生字认读出现反复。

板块二　朗读拓展

1. 指名读整首诗。

2. 自由读课文。

3. 男女生比赛读。

4. 师生合作读。

5. 学习拓展资料。

（1）提前将《小蚂蚁》《蜗牛出门》《蚯蚓》《小蝌蚪》打印出来发给学生。

（2）教师读后，学生自由读。

（3）说说读后感。师：读了这几首儿歌，你知道了什么？

（4）指名展示读。注意节奏感，读出儿歌的韵律美。

【设计意图】朗读训练中，采用多种形式组织学生读，通过指名读、比赛读的形式，调动学生朗读的积极性，让学生在具体的语言环境中巩固识字。同时，多种形式的朗读训练能够帮助学生感受诗歌的韵律美。通过拓展儿歌，帮助学生巩固儿歌的读法，注意节奏感，读出儿歌的韵律美。

板块三　书写指导

1. 出示生字，观察书写“气、生”。

师：下面，我们还要写两个生字。请你们仔细观察“气”和“生”，哪个笔画最难写呢？（指名说）

2. 抓住关键，指导书写。

（1）教师范写，重点指导书写笔画横斜钩及横之间的间隔。

（2）学生描一个写一个。

【设计意图】这两个生字相对来说笔画不多，但是要写得好也不容易，重点应该指导学生关注这两个字横笔之间的间隔及笔画横斜钩。

板块四　完成课堂作业本

1. 教师讲解重难点题目。

2. 学生独立完成。

【设计意图】通过巩固所学的知识，包括生字的识记、词语的运用、句子的练写等，强化记忆，熟练掌握本课的知识点。

板书设计：

3　**小青蛙**

板贴生字卡片：请　晴　情　睛　清　保　护　害　让　病　眼　事

范写生字：气　生

4　猜字谜

一、文本解读

1. 文体特点。

（1）猜谜识字。本文由两则谜语组成。猜谜语寓知识性、趣味性、哲理性于一体，能使学生主动参与，积极开动脑筋。对于一年级小学生来说，猜谜语是其最喜欢的学习方式之一。两则谜语采用不同的猜字方法，在教学中，可以设计不同的教学方式，让学生读读、想想、猜猜，在猜谜语时主动识字。

（2）链接生活。谜语具有生动，有趣，语言优美，读起来朗朗上口的特点。在识字教学中，可以让学生充分发挥创造力，抓住自编谜语、互猜谜语这一学生喜欢的学习活动方式，使学生在识字过程中，主动探究，主动识字，并且还可以培养学生编谜识字、猜谜识字的兴趣，培养学生识字的不同方法。

（3）精准用词。因为文章本身是两则谜语，所以每个句子每个词语都意指谜底。第二则谜语用“互相尊重”“令人感动”“万里无云”“纯净透明”四个四字词语，不仅谜底呼之欲出，读起来还朗朗上口，非常押韵，激起学生的阅读兴趣。

2. 文化底蕴。

（1）韵律美。本文格式工整，前半段七字一句，后半段六字一句，读起来朗朗上口，能带给学生韵律美。这种文字表达上的韵律美又是中华文化艺术的瑰宝。

（2）用词美。文章中，每个句子、词语甚至具体到每个字都显著地包含着谜底那个字的特点。文章篇幅较短，很适合学生朗读背诵，学生在学习的过程中，能感受到汉字用词的准确。短短的两句谜面居然又藏着另一个字，这让学生感受到汉字的丰富奇妙，能较好地渗透汉语文化教育。

（3）创造美。识字的方法有很多，教师可以培养学生的想象力、创造力，通过编谜语、猜谜语的方式，识记生字。

3. 语言表达。

（1）短小精悍。本文以谜语的形式出现，在读谜、猜谜的过程中，让学生在不知不觉中学会了这节课要了解、掌握的生字，这比较符合一年级学生的特点。这样篇幅短小的谜语，特别适合学生们识记。

（2）巧用反义词。本文巧妙运用了反义词来编成谜语，适合学生们朗读积累，感知运用。如“左边绿，右边红”“绿的喜欢及时雨，红的最怕水来攻”。学生在学习的过程中，既能感受到汉字用词的准确，又能感受到汉字的丰富奇妙，能较好地渗透汉语文化教育。

（3）想象丰富。本课利用谜语的形式，通过短短的两则谜语，带给学生视觉与听觉上的冲击，留给学生很大的想象空间，最终理解谜意。

二、学习目标

1. 基础目标。

（1）采用多种方法引导学生自主认记“相遇、喜欢、怕、言、互、令、动、万、纯净”等字词。

（2）借助生活经验和场景表演，初步理解“相遇、万里无云、互相尊重、纯净透明”等词语的意思。

（3）抓住主笔，指导书写“字、左、右、红、时、动、万”七个生字。

2. 特色目标。

（1）让学生积极主动参与读、想、猜，并在猜谜语时主动识字。

（2）朗读谜语，边读边想，说说自己是怎么猜出来的，理解意思。

3. 发展目标。

培养搜集谜语和自编谜语识字的兴趣，学会利用多种方法来识记生字。

三、核心内容

项目	具体内容
语言内容	通过多样朗读，感悟本课句子的构句特点，熟记句子中的词语
思维内容	培养学生观察、思考、想象的思维能力
文化内容	借助读谜，猜谜，培养学生的阅读兴趣，并且能进一步引导学生利用多种方法识字
方法内容	结合字理教学，引导学生运用规律识字，联系旧知识字

四、学习设计

第一课时

板块一　整体感知

1. 联系“元宵”，揭示课题。

（1）出示课文插图，联系元宵节，指名学生说说图中的小朋友在干什么。

（2）讲解元宵节的习俗，引出“猜灯谜”。

（3）揭示课题。说说什么是“字谜”，知道字谜的谜底就是一个字。

（4）板书课题，书写指导：字。提示“宝盖”的写法，“子”字要藏在宝盖里面，一横要和宝盖同宽。

2. 初读谜语，读准字音。

（1）明确学习任务。看看课文中一共有几则谜语，明确本节课的任务是猜第一则谜语。

（2）教师范读第一则谜语。

（3）借助拼音，把第一则谜语读通顺。圈画藏在谜语中的生字，并读正确。

（4）多种形式读谜语，随机正音。

【设计意图】元宵节是一个喜庆的传统节日。从节日习俗猜灯谜入手，巧妙渗透祖国的传统文化，有利于帮助学生了解字谜的特点，激发学生的学习兴趣。

板块二　品读第一则谜语

1. 反复品读，理解谜面。

（1）出示谜语，自由朗读。教师出示第一则谜语，学生自由朗读，质疑。教师随机出示：相遇、凉风。

（2）具体解析，理解句意。指名读第一句，让学生想想什么是绿色的，什么是红色的。指名读“左右相遇起凉风”，让学生想想什么时候是起凉风的季节。（秋天）指名读后两句，让学生想想什么植物喜欢及时雨。（禾苗）想想什么最怕水来攻。（火）再连起来想想谜底会是什么字。

（3）联系想象，猜出谜底。把刚才每句猜出的字合在一起，让学生试着想想，这则谜语最终指的是什么字。（秋）当学生猜出来的时候，教师出示彩色“秋”字卡片，或者用红绿粉笔板书“秋”字。

2. 回读谜语，再识生字。

（1）回想谜语，交流体会。让学生回想一下，是怎么猜出这个字的。让学生反复读带给他们最多灵感的句子，说说猜谜语有什么窍门，同学之间交流体会。

（2）圈圈画画，小组讨论。让学生打开书读读这则谜语，对照“我会认”“我会写”的生字，找找，画画，看有几个生字和词。画出后，先自学，然后再四人小组讨论交流，说说都认识了哪些字，是怎么记住这些字的。

（3）背诵谜语。教师出示词语卡片“相遇、凉风、即使、最怕、攻”，帮助学生背诵。

【设计意图】这则谜语具有一定的学习难度。在教学中，教师从扶到放，调用学生前期的生活经验，再利用学生已经掌握的知识，调动学生的学习积极性。

板块三　指导书写

1. 出示生字，仔细观察。

出示第一则谜语的生字，观察书写“字、左、右、红、时”。

2. 抓住关键，指导书写。

“左、右”的撇要舒展，“红、时”要注意左窄右宽。

3. 学生书写，教师巡视。

【设计意图】写字教学一直是最容易被忽视的环节。在这个环节中，教师要为学生创设静心书写的环境，要采用现代化的多媒体技术，及时将学生的书写情况进行梳理反馈，并认真组织学生进行评价，引导学生在写字时一个比一个写得好。

第二课时

板块一 复习引入

1. 复习旧知。

师：上节课，我们学习了一则字谜，认识了“相遇、喜欢、怕”等生字词，学习了“字、左、右、红、时”的书写，让我们一起再来回顾一下。（男女生合作认读，男生读完一个字，教师换卡片，女生读。卡片出示的这些字，学生“开火车”认读组词）

2. 引入新知。

师：看，一则小小的字谜又让我们认识了不少生字宝宝。今天这节课，我们再走进另一则字谜，去认识新的生字宝宝吧！

【设计意图】找准新旧知识的联结点，能使学生更好地进入新知识的学习。这一环节的设计既是对旧知的检测，又是对新知的引入，可谓一举两得。

板块二 随文识字

1. 出示谜语，仔细观察。

发现这则谜语的特点：每一行里都有一个四字词语。理解这四个词语是猜谜的关键。

2. 出示词语，合作学习。

（1）找出词语。自由地朗读这则谜语，找出里面的四字词语。（互相尊重、令人感动、万里无云、纯净透明）

（2）比赛读词。师：比一比，谁能把它们读得又准确又好听。（学生自读。教师指名读，教师适当表扬奖励。全班读）

（3）交流词义。以四人小组为单位，互相交流，难理解的词语及时请组里的小老师帮助。

3. 理解词义。

（1）提出质疑。说说哪些词语比较难理解。

（2）合作解决。小组互相帮助，说说词义。

（3）加深记忆。课件出示词语意思，学生答出词语。

【设计意图】学贵有疑，教师鼓励学生大胆质疑并依据学生的个体差异进行小组合作学习，采用竞赛与当小老师等学生喜欢的形式，让学生无拘无束地参与学习。

板块三　深入理解

1. 由词猜字。

师：想想“万里无云”是一个什么字？（课件出示“晴”）想想“纯净透明”是一个什么字？（课件出示“清”）

2. 表演猜字。

师：请两名同学表演互相尊重的情景。（甲：你请吃苹果。乙：你也请吃苹果。学生发现甲乙彼此友好、互相尊重）猜猜第一句是什么字？（课件出示“请”）

3. 体会猜字。

师：这两位同学是多么的友好，他们之间的感情多么令人感动啊！猜猜第二句是什么字。（课件出示“情”）

4. 猜出谜底，加以创造。

师：由以上四句猜出的四个字，大家想想，这四个字都少不了哪个字？这则谜语的谜底是什么？（板书“青”字）“青”字加偏旁还能变成很多字，你能举出几个例子来吗？结合上节课布置的作业，你能不能试着出一个简单的字谜让同学们猜猜？

【设计意图】语文教学不能局限在课堂，还要有机地拓展到课外，努力实现语文课与生活及原有知识的衔接，激发学生创造的热情。

板块四　书写指导

1. 出示生字，观察书写“动、万”。

2. 抓住关键，指导书写。

（1）抓住个别笔画。万字的笔顺横折钩要怎样写才能写得好看。横折钩与横折弯钩的区别。

（2）注意结构。“动”字左右结构，注意“云”和“力”在田字格中的位置。

（3）“动”字书写顺口溜“左右均等动动动”。

【设计意图】一年级的写字指导应该特别关注笔顺、偏旁、结构的书写，这是学生写好字的基础。对于相近的笔画，教师在指导时应尽量把好关。

板书设计：

4　**猜字谜**

互相尊重⇒请
令人感动　情　} 青
万里无云　晴
纯净透明　清

口语交际：听故事，讲故事

一、文本解读

1. 文体特点。

（1）故事性。这是一年级下册第一单元口语交际的内容。口语交际一般是创设一种生活情境，重在培养学生倾听和交流的能力，以应对生活中遇到的相应状况。但此文本比较特别，是由八幅连环画组成的童话故事，旨在培养学生认真倾听故事的习惯，根据图画记忆故事内容以及讲述故事的能力。

（2）延续性。在一年级上册的“语文园地”中，学生有多次机会和爸爸、妈妈、老师、同学一起读童话故事。所以，当学生看到连环画版的《老鼠嫁女》，一定会有亲切感，乐于加入听故事、讲故事的活动中。

（3）儿童性。听故事是大部分学生在儿童时期最喜欢的活动之一。《老鼠嫁女》是一个经典的童话故事，故事情节富有趣味性，学生一定爱听、爱讲。

（4）规范性。口语交际的重要目的之一就是规范学生的口头用语，让学生养成倾听、会话等良好习惯。在此次口语交际中，要引导学生把听到、看到的这个故事，通过自己的语言，完整、规范地表达出来。

2. 文化底蕴。

（1）文化传承。中国文化源远流长，留下了多种类型的文字形式，图文并茂的连环画就是其中的一种。这种图画占大部分篇幅的文学作品，往往情节生动、有趣，是儿童喜闻乐见的文学形式。这种文学作品虽然浅显易懂，但蕴含着深刻的道理，具有丰富的文化底蕴，能潜移默化地影响阅读者。

（2）口口相传。在人类生活的早期，文字还未形成之时，人们就是通过口口相传的方式传播文明。这种形式延续了几千年，每个人在孩提时代从长辈口中听到过一个个鲜活的故事，在心底留下了深深的烙印。“听故事，讲故事”就是这种文明的延续。

（3）故事内涵。通过老鼠爸爸在与一连串的“伟大的人”的交谈后，我们不难发现，原来这世界上根本不存在所谓的“最伟大的人”，因为再伟大的人也不能在每个领域一枝独秀。通过老鼠女儿出乎意料的结局，让学生明白，既要看到别人擅长的方面，也要理智地发现其不足之处，从而避免盲目崇拜。

3. 语言表达。

（1）具体完整。故事一共由八幅图画组成，每一幅都是一个情境。学生在听故事时，要留意图画，视听结合，记住整个故事；再借助图画，具体完整地讲述故事。

（2）自信响亮。文本中八幅画的下面，有两句话，这两句话就是此次学生口语交际的重点。第一句是要求学生在听故事时，可以借助图画记住故事内容；第二句是要求学生讲故事的时候，声音要大一点，让别人听清楚。这就要求一年级学生不能怯场，要自信勇敢地在同学面前讲这个故事，讲的时候声音要响亮。

（3）条理清楚。讲故事的目的是让别人听懂这个故事，甚至爱上这个故事。一年级的学生表达能力还比较弱，常常会出现词不达意的现象。我们要让学生在听故事时，关注教师的表达，模仿运用，能清清楚楚地讲完整的故事。

二、学习目标

1. 基础目标。

（1）通过观察图片，激发学生听故事、讲故事的兴趣。

（2）通过听故事，结合图片，记住故事内容，培养学生的倾听能力。

（3）通过试着讲故事，初步培养学生自信、响亮、清楚地表达的能力。

2. 特色目标。

（1）借助本次练习，掌握连环画的阅读方法。

（2）通过实践演练，初步掌握讲故事的方法。

3. 发展目标。

在今后的生活中，乐于把听来的故事讲给别人听。

三、核心内容

项目	具体内容
语言内容	（1）认真倾听老师讲故事 （2）能在老师、同学面前自信响亮地讲完整个故事
思维内容	在老师讲故事时，结合图画记住故事的内容
文化内容	（1）感受中华童话故事的魅力 （2）初步体会《老鼠嫁女》这个故事的含义
方法内容	（1）听到一个故事，能讲给别人听 （2）能通过看图画，记住故事内容

四、学习设计

第一课时

板块一　示范讲述

1．师生交流。

师：你们喜欢听故事吗？听过哪些故事呢？（板书：听故事）

2．提出话题。

师：今天，我也带来了一个故事，想讲给你们听。（板书：老鼠嫁女）

（1）教师作调查。师：哪些小朋友知道这个故事？是怎么知道的？

（2）明确要求。师：你们要边认真听老师是怎么把这个故事讲完整的，边认真看着书上图画的内容来记住整个故事，比比谁记得最清楚。（板书：认真听、看图画、记内容）

3．教师范讲。

教师声情并茂地讲完整个故事，学生认真倾听。

【设计意图】联系学生已有的听故事的经历，从而引发学生回想起听故事的美好感受。通过调查学生对这个故事的了解度，从而激发学生听教师讲故事的欲望。

板块二　讲述故事

1．师生讨论。

（1）学生评议。师：小朋友们，我的故事讲完了，你们觉得老师讲得怎么样？

（2）总结方法。师：老师是怎么把这个故事讲出来的？（相机板书：大声讲、讲清楚、有表情、有动作）

（3）教师点评。师：谢谢小朋友们对我讲故事的点评，你们的赞扬让老师格外激动。我发现你们刚才听得也很认真，故事的内容记住了吗？

（4）设置考验。师：我来考考大家，我请八位同学每人挑选一幅图画讲故事。哪些小朋友敢接受挑战？

2．学生练习。

（1）提出要求。师：看来，只讲一幅画已经难不倒大家了。你们有信心一个人讲整个故事吗？（板书：讲故事）

（2）明确标准。一起回顾讲故事的标准，强调必须要做到第一条。

（3）自由练习。师：根据图画，自己试着讲一讲吧。（教师巡视，随机指导）

3．学生讲述。

（1）上台表演。请一名学生上台讲故事，其他学生仔细倾听。

（2）师生探讨。师：×××讲得怎么样？请根据这几条标准来评一评。

（3）再次表演。师：哪位同学愿意再来挑战？

（4）再次评议。师：这次讲得怎么样？哪里有进步？哪里还有不足？

4. 教师小结。

师：小朋友们，今天，我们学了怎样听故事，还自己练习了讲故事，明白了讲好故事要做到这几点。（指着板书）收获真不小。

【设计意图】评议教师讲故事的方法是让学生明确讲故事的要求。让学生先轮流讲一幅图画，串联故事，既是对故事内容的检验，又是循序渐进，增强学生讲故事的信心。最后的探讨评议是检验也是巩固。

板块三 理解故事

1. 提出要求。

让学生回家后把这个故事讲给爸爸妈妈听，再请他们评一评。

2. 研讨故事。

师生简单地交流故事所包含的启示。

【设计意图】口语交际要有交际对象。在结课环节，要求学生把学到的故事讲给父母听，既是对课堂的回顾，又让学生充满成就感，让口语交际发挥实际的效用。

板块四 拓展延伸

延伸阅读。读更多有趣的故事，读完后，用今天学习的方法，讲给老师、同学听。

【设计意图】课的结尾提出让学生阅读更多故事的要求，主要是引导阅读，要求学生继续锻炼讲故事的本领。

板书设计：

听故事，讲故事

认真听 看图画 记内容

大声讲 讲清楚 有表情 有动作

语文园地一

一、教材解读

“语文园地一”安排了五块内容。第一块内容是“识字加油站”。通过本次学习，让学生认识一些与天气有关的词语。第二块内容是“字词句运用”。安排了读记汉语拼音字母表；读读写写带“an　ang”的八个字；读读诗歌《祖国多么广大》，通过拼音、生字的复习巩固，充分体现语言文字在生活中的运用。第三块内容是“书写提示”。学会写全包围的字“白、回、国”，发现全包围字的书写规律——先外后内再封口。第四块内容是“日积月累”。安排了与春天相关的四字词语八个，通过看图想象、说一说、读一读、背一背的方式，让学生养成多积累的好习惯。第五块内容是“和大人一起读”。安排了一篇有趣的文章《谁和谁好》，内容浅显而贴近生活，适合和大人一起朗读，并在朗读中让学生体会友好相处的意义。

1. 趣味识字。

（1）设计意图。本次“识字加油站”安排了与天气相关的字词，将生字置于学生喜闻乐见的生活环境，让学生边玩边学，将识字与生活紧密联系起来，真正体现了趣味识字。

（2）识字方法。本环节识字为了体现趣味性，教师可创设情境，让生字与学生反复见面，如：读一读，读准字音；比一比，赛一赛，巩固字音；说一说，演一演，在趣味中了解词语的意思；讲一讲，教一教，用生活化的形式让学生对识字学习保持浓厚的兴趣和持久的注意力。

2. 字词句运用。

（1）读一读，记一记汉语拼音字母表。学习汉语拼音字母表是为学习“语文园地三”的查字典做好准备。“语文园地一”里安排的汉语拼音字母表有大写和小写，让学生知道，音序就是该字音节的第一个大写字母，读音跟小写的字母一样，通过与小写字母比较，记住大写字母，并能背诵。

（2）读一读，写一写。通过认读“见、万、王、方、长、全、半、上”，进一步巩固韵母“an　ang”，并分分类，归类识字，巩固复习以前学过的带“an　ang”的生字，归类后再进行书写。

（3）读一读《祖国多么广大》。这是一首诗歌，通过读一读，说一说等形式，使学生了解祖国山河壮丽、幅员辽阔。

3. 书写提示。

本栏目归纳书写规律，让学生比一比，说一说相同点，了解全包围的字笔顺规则是先外后内再封口。

4. 日积月累。

（1）文本特点。本次“日积月累”安排的是写春天的四字词语歌：春回大地、万物复苏，柳绿花红、莺歌燕舞，冰雪融化、泉水叮咚，百花齐放、百鸟争鸣。这几个反映春天优美景色的成语或词组，构成了一幅意境优美的画卷，读起来合辙押韵，朗朗上口。

（2）文化传承。成语是中华民族几千年来智慧的结晶，承载着丰富和厚重的人文内涵，极具文化价值，堪称中华文化的“活化石”。关于春天优美景色的成语或词组有很多，值得学生积累。

（3）习惯养成。虽然这是学生第一次接触成语或词组，却以“日积月累”的方式出现，可见它承担的责任不是理解成语的含义，而是承担着课外积累的任务。告诉学生学好语文的一大要义是大量积累课外优秀的文字，养成积累的好习惯。

5. 和大人一起读。

（1）文本特点。《谁和谁好》是一首儿歌，以短小精悍的形式出现，共有四小节十六行，每小节句式相同，以设问句“谁和谁好?”引出每一节的三句话，简单易懂，读来朗朗上口。这首儿歌还用巧妙的语言，描写了“藤和瓜”“蜜蜂和花”“白云和风”“我和同学”的亲密关系，生动有趣。这样的文体特点能激发学生的朗读兴趣，并能训练学生的朗读能力和表达能力。

（2）文化底蕴。儿歌《谁和谁好》向我们展示了一个关于事与物的有趣故事。借助于儿歌情景，不仅要让学生初步了解谁和谁是好朋友，他们之间的联系，而且还要引导学生尝试为生活中各种常见的事和物寻找联系，知道怎样与别人相处才能成为好朋友，并从中明白，只有互相帮助、谦让、懂得与别人分享快乐，才能和他们成为好朋友。

（3）亲子阅读。这是一篇有一定教育意向的文章，编者将这篇课文放在了“和大人一起读”，目的在于重视课外阅读的引导，实现课外阅读课程化。亲子阅读就是父母和孩子依偎在一起，能够有共同的话题，趣味盎然地朗读着交流着，在不知不觉中，让孩子感受到读书的乐趣。教育不是目的，培养孩子课外阅读的习惯才是目的。孩子阅读能力的培养过程，是父母和孩子共同成长的过程，这个过程漫长而美好。

二、学习目标

1. 基础目标。

（1）学习汉语拼音字母表，能认识大写字母，并能熟练背诵汉语拼音字母表。

（2）通过趣味识字、归类识字等方式，巩固字词。

（3）通过“日积月累”“和大人一起读”这两个活动，培养学生课外积累和课外阅读的习惯。

2. 特色目标。

（1）通过对“日积月累”的朗读背诵，感受春天的美好，学会积累优美的词语。

（2）通过师生讨论、生生讨论等方式，激发学生对课文阅读的兴趣。

3. 发展目标。

掌握汉语拼音大写字母，为下阶段的音序查字法做好准备，鼓励学生利用图片、生活情境识字，培养学生独立识字的能力。

三、核心内容

项目	具体内容
语言内容	（1）背诵反映春天优美景色的成语或词组，感受春天的美好 （2）通过朗读《谁和谁好》，仿说“谁和谁好，怎么样”的句式
思维内容	熟记汉语拼音字母表的先后顺序，掌握汉语拼音字母大写的写法
文化内容	（1）感受事物之间亲密的相互关系 （2）明白只有互相帮助、谦让，懂得与别人分享快乐，才能和别人成为好朋友。培养学生团结合作意识
方法内容	（1）区分汉语拼音字母大小写，能较快辨别汉语拼音字母的大写 （2）知道全包围字的笔顺规则：先外后内再封口

四、学习设计

第一课时

板块一　趣味识字

1. 创设情境。

师：小朋友们，今天有一位小小气象员在实习，他遇到了一个难题，需要我们集体的智慧才能完成，你们愿意帮忙吗？（屏幕显示与天气有关的图片：阴、晴、雾、雷、电、阵雨、暴雨、冰雹、霜冻、雨夹雪）

2. 根据图片识字。

师：小朋友们，原来，这位小小气象员不认识有关天气的字词，我们一起用上学期《小蜗牛》一课中，根据图片认识字词的好方法来帮他完成新一期的天气预报播报吧！

（1）师：小朋友，通过这幅图，我们来告诉这位实习的气象员周一的天气怎么样。（出示图片：阴天）我们一起来把小小气象员不认识的字告诉他。（阴）小小气象员在大家的帮助下，准确播报了周一的天气。

（2）师：小朋友们，我们开动小脑筋，试着把这一周的天气都告诉这位实习的小小气象员。（出示剩余图片）

（3）讨论小结。根据学生的认知，屏幕呈现与天气有关的字词：阴、晴、雾、雷电、阵雨、暴雨、冰雹、霜冻、雨夹雪。学生一起学习阴、雷、电、阵、冰、冻、夹等生字。

3. 复习字词。

挑战气象员的工作：

（1）识记生字。认一认，说一说。出示生字阴、雷、电、阵、冰、冻、夹，正确朗读后才能出现相对应的图片，小小气象员根据生字和图片准确播报本周的天气。

（2）练习巩固。出示天气符号，将天气预报中的天气符号和文字连连线。

（3）拓展延伸。说说还知道哪些和天气有关的词语。课件出示：多云、小雨、中雨、阴转多云，学生读一读。

【设计意图】首先，创设情境，引入新内容的学习，易于激发学生学习的兴趣。其次，天气现象对一年级的学生来说不陌生，通过相对熟悉的天气现象来认识新字，学生一定是比较有信心的，所以，让他们用认一认、播一播的方式来认识新字，他们接受起来相对来说比较容易。同时，也可以锻炼一年级学生看图说话的能力。

板块二　认识字母表

1. 复习拼音。

2. 延续小小气象员的情境，复习拼音知识。

2. 学习读法。

（1）出示字母表。明确字母表的作用，为学习音序查字法作铺垫。

（2）教师范读。学生对照字母表，认真倾听。

（3）发现发音特点。字母的读法和声韵母的读法一致。

3. 练习朗读。

师领读，指名读，小老师领读，组内合作读。

【设计意图】学习字母表读法。先听教师范读，再练习朗读，读准字母表。

板块三　熟记字母表

1. 背诵字母表。

（1）扶学。课件出示汉语拼音字母表，部分字母不出示，师生合作完成填空。

（2）独学。师：比一比，看哪位小朋友速度最快，并说说自己是怎样记住的。

（3）合作学。小组合作，互相按顺序认读、背诵字母表。

2. 游戏提升。

游戏：我说你找。同桌合作，一个学生说一个字的拼音，同桌把音序找出来。

3. 巩固练习。

连一连：

yīng	M
xiù	L
shá	S
lì	X
mǎ	Y

（1）独立完成。

（2）同桌检查。

（3）集体讲评。

4. 课堂小结。

师：学会了汉语拼音大写字母就能用音序查字法，这样，查找汉字就方便多了。

【设计意图】这是本节课的重点。从教师范读，到学生熟读熟记汉语拼音字母表，再到独立学习、合作学习、汇报交流，循序渐进，符合学生的学习思维逻辑。通过扎实的看、做、试、说等环节，让学生切实掌握汉语拼音字母表。

板书设计：

语文园地一

阴（yīn）　晴　雾（wù）

雷电（léi diàn）　阵雨（zhèn）　暴雨（bào）

冰雹（bīng báo）　霜冻（dòng）　雨夹雪（jiā）

汉语拼音字母表

小写、大写⟶字母与声韵母的读法一致

第二课时

板块一　复习导课

1. 知识复习。

师：小朋友，上节课我们学习了汉语拼音字母表，哪位小朋友来背一背？

2. 实践演练。

屏幕显示几个大写字母和小写字母，进行连线。

3. 出示生字。

“读一读，写一写”中的八个生字“见、万、王、方、长、全、半、上”。

（1）读一读。指名读。“开火车”读。

（2）问一问。师：这些字的声母是什么？（并出示小写的声母）

（3）变一变。师：能把小写的声母变成大写字母吗？

【设计意图】拼音复习，巩固汉语拼音大写字母。

板块二　读一读，写一写

1. 引导观察。

师：刚才我们把“见、万、王、方、长、全、半、上”这八个字的声母变了一下，请大家再读读这几个字，看看它们的韵母有什么特点？

2. 生读发现。

师：你有什么发现？（前后鼻音 an ang）（有两个字是多音字）

3. 指名读。

男女生分组读，读准前后鼻音。

4. 写一写。

师：请发现共同点的小朋友按照你发现的规律分类，并在田字格中工整地书写。（前后鼻音分类）

5. 评一评。

用五角星进行评价，书写姿势正确得一颗星，书写端正得一颗星，书写规范得一颗星。

【设计意图】通过归类识字，既巩固拼音，又让生字在复现中进一步巩固。

板块三　字词句运用——读一读

1. 读好题目。

引出诗歌《祖国多么广大》。指名读题目。交流：我们的祖国叫什么名字，你觉得我们的祖国怎么样？

2. 初读诗歌。

借助拼音，自由读课文，读准字音，读通顺句子。

3. 合作读诗歌。

同桌或小组合作，解决不认识字的读音。自由读、指名读、同桌互读等多种形式结合，指导学生熟读课文。

(1) 同桌互读。

(2) 指名读，相机正音。强调“广、兴、岭、长、江、两、经、上、盛”是后鼻音，“安、岸、南、们”是前鼻音，“枝、初”等是翘舌音。

(3) 集体练读。重点指导读正确。

4. 多样朗读，激发情感。

(1) 教师范读。读出停顿与节奏。

(2) 师生合作。

(3) 同桌对读。

(4) 男女生对读。

(5) 展示朗读。

5. 理解诗歌。

学生提出读诗歌过程中产生的问题。根据学生提出的问题理解诗歌，重点放在对几个地名的了解上。

小小气象员广播天气预报，通过数字感受两地气温差距巨大：大兴安岭，零下 30 度；海南岛，零上 25 度。

出示大兴安岭、长江、海南岛的图片，进一步感受各地风景，感知祖国地域广阔。

6. 再读课文。

采用多种形式有感情地朗读，体会自豪感。

【设计意图】本环节通过多种形式朗读，初步了解祖国的辽阔，让学生有一种自豪感。

板块四　书写提示

1. 观察（白、回、国）三个字的结构特点——全包围结构。

2. 教师范写，学生书空。

3. 总结书写顺序：先外后内再封口。

4. 学生练写。

5. 展示反馈。

【设计意图】通过仔细观察汉字结构，发现汉字共同点，了解书写顺序。

板书设计：

祖国多么广大

大兴安岭　雪花飞舞

长江两岸　柳枝发芽

海南岛上　鲜花盛开

第三课时

板块一　日积月累

1. 图文结合。

（1）师：春天到了，春姑娘邀请大家一起去找春天。（课件出示：插图和文中八个四字词语）

（2）看图说词。根据学生说话内容，教师相机引出词语。学生读词语，教师帮助正音。

2. 自由读文。

学生自由读。同桌对读，相互正音。

3. 合作读文。

通过指名读、齐读、“开火车”读、小老师领读等方式，指导学生读准四个后鼻音的字和三个第三声的字。

4. 拓展积累。

（1）说说还有哪些描绘春天的四字词语。

（2）把自己喜欢的词语读一读，并记下来。

5. 熟读成诵。

根据插图识记词语，尝试背诵。

【设计意图】将图片和文字相结合，符合一年级学生的认知特点，同时也让学生感受到春天蓬勃的生机。

板块二　聊聊故事

1. 提出话题。

（1）想一想。让学生回忆最近这段时间自己与父母共读的故事。

（2）说一说。同桌间互相说一说，个别展示说。

2. 出示故事。

师：小朋友，又到了我们和大人一起读书的时间了，今天读的这个故事是《谁和谁好》。（相机板书）

（1）自由练读。师：这是怎样的一个故事呢？请小朋友自由读一读，遇到不认识的字，借助“拼音宝宝”，力求把故事读正确。

（2）分节朗读。师：请四位小朋友分节读这个故事。（相机正音）

3. 再次练读。

师：这个故事讲了几次谁和谁好？分别是谁和谁呢？

（1）自由练读。

（2）汇报交流。板书：藤和瓜，蜜蜂和花，白云和风，我和同学。

【设计意图】从聊自己最近读的故事开始，再到读文中的故事，都离不开一个话题——故事，这样就提出了“聊故事”这个话题。

板块三　理解故事

1. 整理故事。

师：故事中的四对伙伴的关系为什么会这么好？

（1）找出原因。再读一遍，圈出原因。

（2）集体交流。根据学生的汇报形成如下板贴：

藤和瓜不吵不闹

蜜蜂和花采蜜、仰脸笑

白云和风跟着跑

我和同学一起唱歌、上学

2. 模拟场景。

师：小朋友，读到这里我们已经知道了朋友之间要友好相处。如果让你回家和大人一起读这个故事，你准备和谁一起读，怎么读呢？

（1）再读思考。再读故事，想一想：你最想跟谁读这个故事？怎么读？

（2）集体交流。主要从朗读的方式和对象两方面去评价。

3. 仿说儿歌。

师：生活中还有谁和谁好呢？你能仿照儿歌中的句子说一说吗？

4. 和父母一起阅读，完成亲子阅读单。

阅读书目	阅读方式	阅读时间	自我评价	家长寄语
《谁和谁好》				
其他儿歌				

【设计意图】要让学生喜欢读故事，必先激起他们阅读的欲望。本环节让学生思考想和谁读，以及怎样与大人读这个故事。这样一来，读故事就有情境感和对象感，读书的趣味也就浓了。

板书设计：

谁和谁好

藤和瓜不吵不闹

蜜蜂和花采蜜、仰脸笑

白云和风跟着跑

我和同学一起唱歌、上学

快乐读书吧

一、文本解读

本次“快乐读书吧”有鲜明的主题“读读童谣和儿歌”。教材呈现的是一本书的样式，书的主体是一首童谣《摇摇船》和一首儿歌《小刺猬理发》。这本书的边上还有学习小伙伴的对话，这里的对话重在激发学生的阅读兴趣，产生阅读童谣和儿童书籍的欲望，引导学生大胆展示自己的阅读成果，乐于和同伴分享自己的书籍。

这一单元是识字单元，这一单元的课文以及语文园地中的“字词句运用·读一读”以及“和大人一起读”的文本材料，都是一篇篇节奏鲜明、朗朗上口的作品，特别适合一年级的学生朗读。在这样的基础上，“快乐读书吧”推荐学生读读童谣和儿歌，也就水到渠成了。另外，童谣和儿歌因为短小、有趣、生动、顺口，符合一年级学生的特点，学生爱读，能读，想读。更重要的是，经典的童谣和儿歌，在人们不知不觉的吟诵中，给人以美的熏陶和爱的启发。

二、学习目标

1. 基础目标。

初步认识童谣和儿歌，感受阅读的快乐，激发阅读的兴趣。

2. 特色目标。

初步体会童谣和儿歌的特点，引导学生大胆展示自己的阅读成果，并从中感受童谣和儿歌所要告诉我们的道理或由此表达出来的情感。

3. 发展目标。

尝试进行自主阅读，结合生活实际增强阅读体验。由典型的童谣和儿歌的荐读到读整本书——曹文轩和陈先云主编的《读读童谣和儿歌》，并乐于和同伴分享自己的书籍。

三、核心内容

项目	具体内容
语言内容	诵读展示《摇摇船》《小刺猬理发》《小老鼠偷油吃》
思维内容	在《摇摇船》中发现文字背后的秘密：外婆对我的爱。在《小刺猬理发》的朗读中发现儿歌要告诉我们的道理：讲卫生。在《小老鼠偷油吃》的朗读中，找到能表达自己心情的依据
文化内容	向学生推荐《读读童谣和儿歌》
方法内容	通过多样的朗读，搭建不同的平台，让学生在熟读中感受，在展示中提高。通过对核心问题的思考，大胆表达自己的阅读感受，与伙伴们分享

四、学习设计

板块一　谈话导入

1. 交流读书。

交流平时都爱看什么书，会背哪些童谣和儿歌。

2. 导入新课。

师：今天，我们一起来读一首童谣和一首儿歌。

【设计意图】通过交流读书感受，从谈话导入新课，引出童谣和儿歌。

板块二　趣读《摇摇船》

1. 学生自由读。

借助拼音读一读《摇摇船》。读准字音，读通童谣。

2. 多种形式朗读童谣。

(1) 同桌对读。同桌互相检查朗读，互相正音。

(2) 拍手读。伸出小手，一边拍手一边读。

(3) 男女生比赛读。男生一句女生一句，看看谁读得又快又准。

3. 动作演示读童谣。

(1) 带上动作读一读，自由练读。

(2) 指名上台表演读童谣。

4. 发现《摇摇船》中包含了外婆对“我”浓浓的关爱。

【设计意图】本环节通过多种形式的朗读，让学生读得轻松愉悦，读得趣味盎然。鼓励学生大胆表达自己的感受，引导学生感受儿歌和童谣的快乐。

板块三　趣学《小刺猬理发》

1. 学生自由读。

借助拼音读一读《小刺猬理发》。读准字音，读通儿歌。

2. 多种形式朗读儿歌。

3. 感受趣味。

(1) 师：读了儿歌，你觉得有趣吗？为什么？

(2) 对比体会，加深感受。

课件呈现：

小刺猬，去理发，
嚓嚓嚓，嚓嚓嚓，
理完头发瞧瞧他，
不是小刺猬，
是个小娃娃。

长发孩子，去理发，
嚓嚓嚓，嚓嚓嚓，
理完头发瞧瞧他，
不是长发孩子，
是个小娃娃。

交流反馈：喜欢哪一则儿歌？说说理由。

4. 同桌合作练读，多形式展示。

配上动作，律动读。

5. 养成讲卫生的好习惯。

懂得儿歌里的小男孩由不讲卫生变得讲卫生，越来越惹人喜爱。适时渗透讲卫生的好习惯。

【设计意图】本环节教学的主要目的是激发学生阅读童谣和儿歌类书籍的兴趣，因此采用了多种朗读方式，让学生在趣读中感受阅读的乐趣，从而爱上阅读。

板块四　拓展延伸

1. 搭建展示平台。

(1) 分享自己喜欢的童谣或儿歌。

(2) 背一背熟记的童谣或儿歌。

（3）讲讲自己的发现。

2. 拓展诵读《小老鼠偷油吃》。

（1）课件出示《小老鼠偷油吃》，教师范读。

（2）会背的学生可以背一背这首童谣。

（3）师：你们喜欢这只偷油吃的小老鼠吗？说一说原因。

3. 互相推荐童书。

（1）学生推荐书籍。

课件出示：

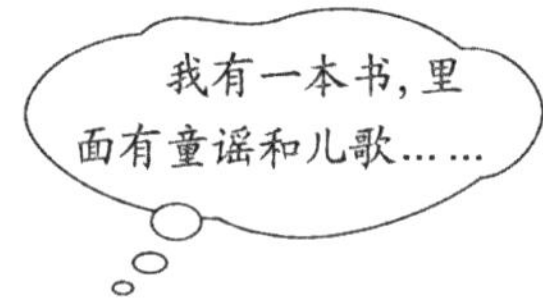

想想：怎样让同学喜欢你推荐的书？

提示：读一读自己喜欢的童谣和儿歌，说说自己喜欢的理由，并用自己喜欢的方式来介绍、推荐。

（2）向好朋友推荐自己喜欢的关于童谣和儿歌的书。

（3）同伴互相换书，约定归还的日期。

4. 教师推荐《读读童谣和儿歌》。

师：《读读童谣和儿歌》是曹文轩和陈先云主编的，共四册，书中选编了百余首中外经典童谣、儿歌，内容丰富多彩，文字浅显易懂，读起来朗朗上口。你们可以读一读，相信你们一定会喜欢这套书的。

【设计意图】本环节设计的目的：一是为了让学生乐于向同学分享自己喜欢的书籍，乐于与同学交流读书；二是为了引导学生尝试开展简单的自主阅读，激发学生阅读课外书籍的兴趣，让阅读成为生活的一部分。

板书设计：

读读童谣和儿歌

童谣　　《摇摇船》　　关爱

节奏美、音韵美

儿歌　　《小刺猬理发》　　可爱

第二单元 课文（一）

本单元围绕“心愿”主题，安排了《吃水不忘挖井人》《我多想去看看》《一个接一个》《四个太阳》这四篇课文。它们内容不同、特点鲜明，既有现代儿童生活题材的诗歌，又有革命年代伟人的小故事。更为重要的是，每一课都突显了语文素养。《吃水不忘挖井人》中，“读一读，记一记”力求让学生通过朗读，联系生活积累运用；《我多想去看看》中，要求学生注意读好带感叹号的句子，并第一次提出写话的要求，以“我多想……”为开头，规范完整地写下自己的愿望；《一个接一个》中，“想想你有没有和‘我’相似的经历，和同学说一说”关注的是儿童的生活，让学生能借助课文情境联系生活，运用语言来表达生活；《四个太阳》中，“说说‘我’为每个季节画了什么颜色的太阳”，就是培养学生找出课文中明显信息的能力。

1　吃水不忘挖井人

一、文本解读

1. 文体特点。

（1）故事。故事是对过去的事的记忆和讲述，它是通过叙述的方式，讲一个带有寓意的事件。《吃水不忘挖井人》是一年级下册的第一篇课文，它讲述了毛主席带领战士和乡亲们在沙洲坝挖了一口水井，新中国成立以后，乡亲们立碑不忘挖井人的故事。故事内容简单，学生能够理解。

（2）革命题材。这是本文的一大特点。这篇课文描写的时间是革命战争年代，故事发生在 1933 年 4 月，地点是在沙洲坝。因故事发生的背景离学生的生活实际比较遥远，因此在学习上会有一定的难度。

（3）主题鲜明。文末以一句非常熟悉而亲切的话语“吃水不忘挖井人，时刻想念毛主席”，点出了饮水该思源的道理。学生读来朗朗上口，易记又易悟。

2. 文化底蕴。

（1）伟人精神。当我们坐在窗明几净的教室里，当我们沐浴在温暖的阳光下，我们就会想起毛主席。他为中国人民的解放事业、为社会主义革命与建设事业立下了不可磨灭的功勋。让新时代的儿童学习这篇课文，就是要让他们感受伟人的精神。

（2）饮水思源。毛主席和战士们挖了一口井，乡亲们饮水思源，立碑想念毛主席。和平年代的儿童从小生活在幸福中，学习这篇课文，可以让他们学会感恩。

（3）革命精神。这是一篇对学生进行爱国主义教育的文章，能让学生懂得今天的幸福生活来之不易，能激发学生对革命先辈的崇敬之情。

3. 语言表达。

（1）主题引领。儿童故事本身对儿童的人格塑造起着示范和启蒙的作用，教给儿童做人的道理，这篇课文就有这样的示范引导作用。

（2）故事范例。故事的价值在于“传承历史，教授知识”。这篇课文重在传承历史，弘扬革命精神，增强学生的民族自尊心、自豪感。

（3）语言朴素。这篇故事没有心理活动、对话和景物描写，也没有人物形象的刻画，作者以讲述的口吻，记叙了故事的起因、经过、结果，通过故事的推进，人物形象自然就鲜活起来了。

二、学习目标

1. 基础目标。

（1）运用多种方法引导学生认识“吃、忘、井、村、毛、主、席、乡、亲、战、士、面”等生字，认识“心”和“广”等偏旁。

（2）正确流利地朗读课文。能在朗读中表达出对毛主席的崇敬之情。

（3）通过观察、比较，正确书写“吃、叫、主、住、以、江、没”七个生字，认识新笔画横折弯。

2. 特色目标。

（1）通过朗读，感悟毛主席为人民着想的思想，感悟乡亲们饮水思源的善举。

（2）通过朗读课文、补充资料，让学生理解战争年代的艰苦，从而懂得珍惜今天的幸福生活。

3. 发展目标。

通过阅读这篇文章，激发学生阅读革命小故事的兴趣，弘扬革命精神。

三、核心内容

项目	具体内容
语言内容	朗读课文，重点学习“井、席、忘、亲、战”等生字
思维内容	培养学生观察、思考、朗读、表达的能力
文化内容	通过朗读，补充资料，联系生活，引导学生感悟革命精神，懂得饮水思源的道理
方法内容	结合字理教学，引导学生运用规律识字

四、学习设计

第一课时

板块一 揭示课题 整体感知

1. 学习“井”字。

师：小朋友，你在生活中见过井吗？它是什么样子的？（课件出示井的图片）井口有的是圆的，有的是方的。古时候，人们根据井的样子写了“井”字，我们来看看吧！[出示：井（甲骨文）⟶井（金文）⟶井（现在）] 甲骨文的井就像方方的井口；金文中间还加了点，表示井里有水；现在的井字就是两横一撇再加一竖。读一读，读准后鼻音。

2. 揭示课题，认识生字。

师：我们学的这篇课文就跟井有关。（板书课题，齐读课题。认识“吃、忘”）

（1）教学“吃”字。师：为什么是口字旁？（强调翘舌音）

（2）教学“忘”字和心字底。师：说说“忘”为什么是心字底？（在心里消失，不记得了就是忘，所以忘是心字底）（学生认读）

3. 范读课文。

师：课文讲了一个什么故事？听老师读课文，注意听生字的读音。

4. 自由读课文。

请学生自由读课文。出示要求：借助拼音，读准字音，把课文读通顺。

5. 再读课文。

边读边找找画画：“挖井人”是谁？“不忘挖井人”的人又是谁？

6. 贴出词卡。

根据学生交流，贴出词语“毛主席、战士、乡亲们”。

【设计意图】通过教师范读、学生自由读，在朗读中感知课文。通过演示汉字的演变过程，让学生识记生字，了解汉字文化。

板块二　认识人物，语境识字

1．认识毛主席。

师：（课件出示毛主席的画像）他是谁？你在哪里见过他的画像？（课件出示人民币中的毛主席画像，天安门前毛主席的画像）（学生认读生字：毛主席）

2．识记生字“席”。

（1）教学新偏旁“广”。师：（出示古文字）说说像什么？（广字旁表示房子，“席”就是房子里坐卧时垫着的东西）

（2）课件出示“竹席、草席、席地而坐”，学生读一读。

3．认识战士。

（1）出示图片。课件出示解放军战士的图片，让学生说说他们是谁。认读新词“战士”。

（2）学习生字。师：（记字形）战，右边是“戈”，指的是战士们背着刀、枪等武器。士，说说“士”跟我们学过的什么字很像？（与土进行比较）

4．认识乡亲们。

（1）识记生字。师：毛主席带领战士们为（谁）挖了一口井，（谁）忘不了挖井人呢？（乡亲们）（认读新词“乡亲们”，并学习生字“亲”）

（2）组词扩词。师：（扩词）爸爸叫（父亲），妈妈叫（母亲），爸爸妈妈爷爷奶奶都是我们的（亲人）。毛主席、战士和乡亲们虽然不是亲人，但却胜似亲人，他们为乡亲们挖了一口井。这口井挖在哪里呢？我们来读读课文的第一自然段。

【设计意图】通过呈现图片，在情境中认识生字，把认识生字与认识人物联系起来。通过部首表义的识字方法学习生字，渗透汉字文化。

板块三　认识地名　学习生字

1．自由朗读。

学生边读第一段，边画一画这口井在哪里。

2．学生交流。

课件出示：江西、瑞金、沙洲坝。

3．借助地图厘清地理关系。

厘清江西、瑞金、沙洲坝的地理关系。

4. 学习生字。

读生字“村”，给“村”组词并理解。

5. 指导朗读。

指名读第一段，读好这些地名。

【设计意图】通过自由朗读课文，在地图上找地名，学生从形象感知中理解了第一段的内容。

板块四　归类比较　书写生字

1. 读儿歌。

课件出示儿歌，在儿歌中复习生字。自由读，指名读，齐读。

瑞金城外小村子 / 名字叫做沙洲坝 / 毛主席，那儿住 / 带领战士挖口井 / 乡亲们，心感激 / 吃水不忘挖井人。

2. 读生字“叫、吃、主、住”。

3. 发现规律。

师：每一组字有什么相同点和不同点？仔细观察，说说要注意什么。

4. 重点指导。

口字旁：口在左侧，略小偏上。

“住、主”：三横布白均匀。“主”字的竖压住竖中线；“住”字注意左窄右宽。

5. 教师范写，学生书空。

6. 独立练写。

每个字，学生都描一个写一个。

7. 展示评价。

(1) 投影展示。投影展示学生的字，评价关键的笔画和部位。

(2) 修改练写。学生修改自己写得不好的字，再各自练写一个。

【设计意图】书写汉字，归类指导，让学生在写一类字中，掌握同一偏旁的书写要领，提高学生的书写能力。

板书设计：

1　**吃水不忘挖井人**

乡亲们　毛主席　战士

亲人

第二课时

板块一　复习导入

1. 温故知新，巩固字词。

(1) 课件出示上节课学过的词语：水井　井口　叫声　叫好　乡亲　亲人　主席　主人　战士　战友

(2) 指名学生认读，“开火车”读词语。

2. 回顾故事。

课件出示课文填空，请学生说一说。

(毛主席) 住在沙洲坝，带领 (战士) 和 (乡亲们) 挖了一口井，(乡亲们) 时刻不忘毛主席。

【设计意图】复习导入，既复习生字，又感知课文内容，为学习课文做好铺垫。

板块二　朗读感悟

1. 自由读文。

学生自由读文，边读边思考：毛主席为什么要带领战士给乡亲们挖一口井？课文哪一段告诉了我们？

2. 读懂挖井原因。

(1) 学生交流。

(2) 出示句子：村子里没有水井，乡亲们吃水要到很远的地方去挑。

(3) 想象说话。想一想：乡亲们要到很远的地方去挑水，会遇到什么困难呢？

(4) 指导朗读。“村子里没有水井，乡亲们吃水要到很远的地方去挑。”让学生读读这句话并读出自己的感受。

(5) 教师补充资料。

有一回，毛泽东看到村子里的人总是挑着浑浊的水往家里去，就问：“老表，这水挑来做什么用？”老表回答说：“吃呀！”毛泽东又问：“水这么脏，能吃吗？”老表苦笑着说：“没法子，再脏的水也得吃呀。”毛泽东又问：“是从哪里挑的？”老表回答：“塘里挑来的。”毛泽东要老表带他去看看。走了一阵，只见一口不大的池塘，杂草丛生，水混浊得怕人。一村人洗衣、洗菜、吃水全在这里。毛泽东皱了皱眉，关切地问：“能不能到别处去挑水吃？”老表摇摇头，说：“我们沙洲坝就是缺水呀！河又远，挑担水要走好几里路。”毛泽东又问：“不能在村子附近打口井吗？”老表苦笑着摇了摇头。毛泽东若有所思地走了。

（6）朗读句子。师：毛主席若有所思，你知道他在想什么吗？（指名学生回答。教师课件出示句子：毛主席带领战士给乡亲们挖了一口井）（齐读）

3. 感悟挖井艰难。

（1）朗读第三段。随机学习生字“面”，组词理解。

（2）出示图片。课件出示沙洲坝井旁的石碑——吃水不忘挖井人，时刻想念毛主席。

（3）读中感悟。齐读石碑上面的字，思考：乡亲们为什么要立这块石碑？

【设计意图】在朗读中感悟毛主席为老百姓着想的品质。补充资料，丰富文本内容，让学生更好地理解、感悟文本。

板块三　联系实际

1. 说说想法。

用“不忘”这两个字对帮助过你的人说一句话。

2. 唱唱儿歌。

课件播放儿歌，学生跟着唱一唱。

从小爷爷对我说 / 吃水不忘挖井人 / 曾经苦难才明白 / 没有共产党哪有新中国 / 从小老师教我唱 / 唱支山歌给党听 / 几经风雨更懂得 / 跟着共产党才有新中国。

【设计意图】在说一说，唱一唱中，让学生联系生活实际，懂得应该学会感恩，应该珍惜现在的幸福生活。

板块四　书写生字

1. 观察生字。

出示生字：江、没、以。

2. 重点指导。

（1）比较学习新笔画。比较横折弯与横折弯钩这两个笔画的相同点和不同点。

（2）学习写“江”“没”。注意“三点水”书写的位置，强调中间一点稍稍靠左。“江”左长右短，“没”左右等高。

（3）学习写“以”字，注意右边一撇穿插到左半格。

3. 教师范写，学生书空。

4. 学生练写，评价反馈。

【设计意图】归类学习两个三点水的字，让学生在比较中明白，左右结构的字中，三点水的摆放位置是有区别的。

2　我多想去看看

一、文本解读

1. 文体特点。

儿歌。《我多想去看看》这篇课文的第一自然段原本是一首诗歌，用第一人称，通过“我”和妈妈的对话，讲自己非常想到遥远的北京城，去看天安门广场的升旗仪式。这个“我”是新疆天山下的孩子。茫茫的大山隔阻了“我”的视线，却隔不断“我”对山外世界的向往，对首都北京的向往。课文又加上了第二自然段，出现了另一个“我”，通过“我”和爸爸的对话，讲自己非常向往遥远的新疆，想去看天山上的雪莲。诗歌感情真挚、语言朴实，字字句句浸透着作者的情，流动着作者的情。

2. 文化底蕴。

（1）热爱首都。每个学生对首都北京有一种天然的向往之情，课文中的第一个孩子也是如此，虽然身处离北京遥远的天山，却心心念念地想去天安门广场上看看升旗仪式。

（2）心系边疆。北京的孩子——“我”听了爸爸的介绍，对新疆的天山充满了浓浓的兴趣，迫切想去冰天雪地的天山上看看那洁白的雪莲。

（3）民族情谊。我们的祖国地大物博，每个地方都有各自的特点，每个民族的孩子都有一颗爱国心和好奇心，都想感受外面的世界来了解祖国的大好河山。

3. 语言表达。

（1）韵律十足。文章每一个自然段都由三句话组成，而且两个自然段的句式都相同，易于学生背诵。另外，每句话最末一字押“an”韵，读起来朗朗上口，韵味十足。

（2）分散识字。本课要求学生认识十一个生字，采用了分散识字的方法，在导课时出示北京风光图片，下面配以文字说明，学生在欣赏图片的同时，就会不知不觉认识本节课要求会认的部分字。这样避免了识字过于集中、枯燥，符合学生的认知规律。

（3）书写分层。本课要求写的字有“会、走、北、京、门、广”。类似“会、京、门、广”等结构的字，学生已不再陌生，可迁移运用以前学过的方法，让学生谈谈写好这些字应注意的要点。重点要教学生书写“走”这个字。如果一个枯燥的汉字中还藏着一个小故事，学生肯定特别感兴趣。因此，课上可以播放一个展现汉字演变的课件。这种识字方法不但会加深学生对字形的记忆，更会向学生渗透一些汉字文化，潜移默化地激发学生喜爱汉字、喜爱祖国文化的思想感情。教学“北”时，要强调笔顺，左边是先竖后横提，右边是先撇后竖弯钩。

二、学习目标

1．基础目标。

（1）通过猜字谜、结合熟字等方式，认识“想、告、诉、京、安、门、广、非、常、壮、观”这十一个生字。

（2）借助以往的写字经验，端正书写“会、走、北、京、门、广”六个生字。

（3）通过形声字的字形梳理以及象形字的演化过程，进一步培养学生多样的识字能力。

2．特色目标。

（1）借助诗歌结构对称的特点，运用填空的方式，锻炼学生的背诵能力。

（2）通过图片画面、联系生活等方式，了解北京天安门广场的升旗仪式和新疆天山的雪莲。

3．发展目标。

通过课文的学习，激发学生的写话兴趣，以“我多想……”开头，写下自己的愿望。

三、核心内容

项目	具体内容
语言内容	（1）重点指导书写“走、北”两个生字 （2）感受对句的韵律美，重点感受“an”韵
思维内容	感受北京天安门升旗仪式的壮观和新疆天山雪莲的美丽
文化内容	（1）感受天山孩子对首都北京的向往 （2）感受北京孩子对新疆天山的神往
方法内容	（1）播放升旗仪式和天山风光的视频，感受升旗仪式的壮观和天山的美丽 （2）以朗读来激发学生对祖国山河的热爱之情

四、学习设计

第一课时

板块一　导入课题　随机识字

1. 谈话引入。

师：小朋友们，你们喜欢旅游吗？旅游可以看到不同地方的美丽风光。老师带来了几张美景图，让我们一起来欣赏吧。

2. 欣赏图片。

课件出示风光图片：天山雪莲、杭州西湖、安徽黄山、万里长城、海南风光、西双版纳、北京天安门。

3. 认读生字。

欣赏“北京天安门”的图片，认读“京、安、门、广”等字。

4. 揭题读题。

师：看完刚才的图片，你们想说些什么呢？看到这么美的风景，相信每个小朋友都在心里说：“我多想去看看!”（板书课题，认读“想”，复习“心字底”。带着真实的情感，读读课题）

5. 朗读课文。

师：课文里的小朋友也有和你们一样的心愿。今天，我们共同来学习《我多想去看看》。给课文标上自然段。借助拼音，轻声朗读课文，要读准字音，把句子读通顺。

【设计意图】学生自由朗读，形成整体感知，为下文的学习奠定基础。

板块二　精读品味　随文识字

1. 谈话引入。

师：读第一自然段，圈一圈文中的“我”住在哪里。

(1) 出示第一句话，借助中国地形图，介绍新疆天山。

(2) 出示词卡，读准词语“告诉”。“告”：编谜语识记。（一口咬掉牛尾巴）“诉”字言字旁。说说“告诉”是什么意思?

(3) 用“告诉”说话。老师告诉我……妈妈告诉我……

2. 学词品句。

出示第二句话，学词品句。

(1)“遥远的北京城”。

①出示地图，了解天山和北京的距离。从天山到北京，相隔千山万水，如果坐火车就得花上几天几夜的时间。

②小结。师：这么远的距离，用一个词语来说，就是——遥远。

③读一读词语“遥远”。

(2)“雄伟的天安门”。

①师：想一想，遥远的北京城中有什么？（学生自由回答，根据学生的回答出示故宫、长城、天坛等图片）

②出示天安门的图片，感受雄伟。北京城中最具有代表性的建筑物就是天安门。

③学习“京、安、门、广”。读准字音，说说怎么记住这三个字。

“京”：读准后鼻音，象形识字。

“安”：读准前鼻音，宝盖＋女＝安，组词安心、安全、平安。

“门”：读准前鼻音，象形识字。熟字比较：门—们。

“广”：出示广场图感受“大”，大大的场地叫“广场”，组词。

(3)“非常壮观”。

①播放视频，观看天安门广场上的升旗仪式。用一个词语形容它：非常壮观。

②理解“非常”。换意思相近的词：十分、特别。

3. 体会心情。

感受天山小朋友对北京天安门升旗仪式的期待、向往之情。带着期待、向往的心情读好这句话。

4. 读好词组。

(1) 出示“弯弯的小路、雄伟的天安门、壮观的升旗仪式、遥远的北京城”四个词组。

(2) 读好短语，指名读，开火车读。

【设计意图】引领学生走进文本，一句一句品读，体悟文情，并运用多种识字方法学习生字。观看录像，让学生对天安门广场的升旗仪式有直观印象，身临其境地体会那种庄严、肃穆的感觉。结合课文的构词特色，读一读课后习题中的三组词组，让学生感受语言美。

板块三　朗读指导　读出韵味

1. 师生表演。

教师扮演的妈妈动情讲述，学生扮演的孩子说出：“妈妈，您带我去北京看看吧！”（指导朗读最后一句“我对妈妈说，我多想去看看，我多想去看看！”）

2. 男女生分角色读第一段。

（配乐）

3. 教师把这段话变成了一首诗。

师：小朋友，你们读一读，发现了什么？（每一句最后一个字的韵母都是“an”）

4. 再配上音乐读一读天山孩子的美好心愿。

5. 想象说话。

师：感受完山里孩子的美好心愿，你有什么话想对这个山里孩子说吗？

【设计意图】感受诗句的押韵，通过反复练习朗读，读出语言的韵味美。

板块四　仔细观察　书写生字

1. 观察生字。

出示生字：走、北、京。

2. 重点指导。

走：上下结构，两竖分开写。北：左右结构，左低右高，注意笔顺。京：上下结构，上宽下窄。

3. 教师范写，学生书空。

4. 学生练写。

“走、北、京”，描一个写一个，教师巡视指导。

5. 教师评议。

投影出示学生写的生字，评议；再写一个，争取有进步。

【设计意图】书写汉字，渗透抓关键笔画将汉字书写端正的方法，力求让学生养成良好的书写习惯。

板书设计：

2　我多想去看看

天山——————————北京城

天安门

遥远　　　升旗仪式

第二课时

板块一 复习引入

1. 复习导入。

出示生字卡片，开火车认读生字并组词。

2. 齐读第一自然段。

把生字送回第一自然段里，让学生一起读一读。

【设计意图】复习生字，为学习新知做好准备。

板块二 学法迁移

1. 分角色朗读。

师：上节课，我们认识了一位天山少年，他想去北京看看升旗仪式。这节课，我们还要认识一位小朋友，他又住在哪里呢？他有什么心愿呢？请学习小组一起合作，读一读第二段。像学习第一段时那样，把爸爸的话和“我”的话，分别用横线和波浪线画出来，再分角色读一读。

2. 学习小组合作学习。

教师巡视，适当指导。

3. 汇报交流。

课件校对学生画出来的语句。

4. 播放风光片。

播放新疆天山的风光片，指导读好第二段中的第二、三句话。一、二两组读爸爸的话，三、四两组读“我”的话。

5. 全班配乐读全文。

【设计意图】第一段和第二段的语言结构相同，所以在学习第一段的基础上，放手让学生在学习小组里自主学习第二段，学法迁移，学以致用，达到事半功倍的效果。

板块三 写字说话

1. 读读短语。

师：文中两个小朋友的心愿很美好，同学们也读得很好，尤其是这些地方读得特别好。（出示：弯弯的小路、宽宽的公路、美丽的天山、洁白的雪莲、雄伟的天安门、壮观的升旗仪式）你还能照样子说一说吗？

2. 教师范写。

师：你们的知识面真广啊！（板书：广）老师把这个字送给你们，这个字有个好兄弟——厂。（教师范写“厂”）

3．指导书写。

师：聪明的你，能猜出这是什么字吗？（出示：一人站在云端上）写“会”时，你想提醒大家什么？

4．说说“门”的笔顺。

5．学生练习写字。

学生练习写“广、会、门”。教师巡视、指导，学生评议。

【设计意图】课后读读记记的短语对学生来说，也是积累语言的重要途径，适当地拓展，为下一环节的写话作铺垫。

板块四　写话练习

1．说说心愿。

师：在我们的国家，有许多的文化古城，如北京、西安、南京等；还有许多奇山秀水，如黄山、庐山、漓江、西湖等。随着年龄的增长，我们要更多地了解祖国的秀丽风光。课文里的两个小朋友有自己的心愿，你们有吗？（学生各抒己见）

2．写写心愿。

以“我多想……”开头，写下自己的愿望。（写在心愿卡上）

3．交流愿望。

把心愿卡贴在班级板报的心愿树上。

【设计意图】适当拓展写话，不但能让学生更好地学习课文，还能使学生的情感得以延续，达到“课已尽，而意未了”的境界。

板书设计：

2　**我多想去看看**

遥远

新疆————————北京城

天山　　　　　　天安门

雪莲　　　　　　升旗仪式

3　一个接一个

一、文本解读

1. 文体特点。

（1）儿童诗。儿童诗是以儿童为主体接受对象，适合于儿童听赏、吟诵、阅读的诗歌。儿童诗内容浅显有趣，逼真地传达出儿童那种美好的感情、善良的愿望、有趣的情致，激起小读者感情上的共鸣。《一个接一个》是一首描写儿童日常活动的儿童诗，文中出现了踩影子、做美梦、跳房子等学生喜欢的事情，也介绍了学生正开心时，却被要求去睡觉、去上课等不开心的瞬间。如此贴近生活气息的内容，形成了阅读期待，使学生易于以饱满的情绪进入阅读状态。

（2）图文并茂。课文中出现了两幅插图：月夜踩影子和上课。学习本文时，学生可以借助插图，联系生活实际，体会月光下踩影子和课堂上听老师讲故事的快乐，激起无穷无尽的想象。这样的图文结合，符合一年级学生的认知特点。

（3）音乐性强。儿童诗的音乐性主要表现在押韵和节奏上。通过韵脚的变化、句式的错落有致，使诗歌具有较强的音乐感和节奏感，形成全诗回环整齐的美感。《一个接一个》这首儿童诗共四节，每一行长短不一，错落有致，句尾押“ɑ”“i”“eng”韵，读起来朗朗上口。

2. 文化底蕴。

（1）韵律和谐。本文内容贴近儿童生活，句式错落有致，韵脚富有变化，读起来朗朗上口，能带给学生韵律美。

（2）乐观向上。作者在文中介绍的是儿童熟悉的生活场景：踩影子玩得正开心，大人叫着去睡觉；睡得正香，大人叫着去上学；跳房子正开心，听到了上课铃声响起。儿童遇到好玩的事情就想着多玩一会儿，不想停下来，但是大人不允许的情况下，只好停下来，去做大人让做的事情。然后做着做着，就觉得第二件事情也很有趣很快乐了……字里行间体现了儿童的天真可爱、乐观向上。

（3）画面优美。如果你有一双发现美的眼睛，你的生活中将处处是美。本文呈现的画面带着浓浓的中国水墨画元素，能带给学生视觉上的冲击，让学生享受到艺术美的熏陶。

3. 语言表达。

（1）句尾押韵。本文内容贴近学生的认知，句式错落有致，好似讲故事般娓娓道来，比较符合一年级学生的特点。某些句子的最后一个字，使用“a”“i”“eng”押韵，朗诵时产生音律和谐感。

（2）巧用叹词。本文以儿童的心情变化为线索，体会感叹词“唉”在文中的妙用。“唉，我好想再多玩一会儿啊。”“唉，要是不上学就好了。”“唉，要是没有上课铃就好了。”学生在学习的过程中，既能感受到汉字用词的准确，又能感受到汉字的丰富奇妙。

（3）想象丰富。文中的儿童踩影子、睡觉、跳房子正开心时，被打断了。作者在最后一节用提问的方式引导学生思考，结合学生自己的生活经验，提供了广阔的想象空间，使学生通过反复朗读能够驰骋在丰富的语言世界中。

二、学习目标

1. 基础目标。

（1）运用多种方法引导学生自主认记“接、觉、再、做、各、种、样、伙、伴、却、也、趣、这”十三个生字，认识单耳旁。

（2）借助图片和动作演示，初步理解“接、睡觉、各种各样、伙伴、有趣”等词语的意思。

（3）抓住主笔，指导书写“过、各、种、样、伙、伴、这”七个生字。

2. 特色目标。

（1）运用游戏活动，体会生活中的高兴和不高兴，感受情绪的不同变化。通过多种形式的朗读体验，熟记短语。

（2）借助课文插图，创设情境朗读，感受诗歌的韵律美，激发学生热爱生活、热爱学习的情感。

3. 发展目标。

看图想象说话，引导学生说一说自己的相似经历，仿说一段话。

三、核心内容

项目	具体内容
语言内容	通过多形式朗读，感悟本文句尾押韵的特点，熟记短语
思维内容	感受每一节内容前后之间和下一节之间的内在联系
文化内容	借助课文插图，创设情境朗读，感受诗歌的韵律美，激发学生热爱生活、热爱学习的情感
方法内容	结合字理教学，引导学生运用规律识字，联系旧知识字

四、学习设计

第一课时

板块一　整体感知

1. 谈话引入。

（1）揭题读题。师：今天我们学习一首儿童诗，写的是我们小朋友的事情，诗的题目叫做《一个接一个》。（板书课题）

（2）教学生字。教学生字“接”，给“接”字组词。请学生读“一个接一个”。

2. 初读感知

自由读小诗，把诗读正确，读通顺，碰到不认识的生字借助拼音多读几遍。

3. 检查生字词。

（1）检查朗读。请四个学生分四小节读读这首诗。

（2）相机正音。

出示带音节的字：接、觉、再、做、各、种、样、也、伙、伴、却、趣、这。

重点正音。平舌音：再、做。翘舌音：种、这。前鼻音：伴。后鼻音：种、样。

4. 自由练读。

读准字音后，练习读诗歌。

5. 读书圈画。

（1）圈画出“我”这一天当中做了哪些事情。

（2）板贴名称。根据学生的回答，在黑板上板贴：踩影子、做好梦、去上学、跳房子、讲故事。

【设计意图】了解诗中儿童的生活，让生活贴近课文，使课文联系生活。安排学生自由朗读，形成整体感知，为下文的学习奠定基础。

板块二　随文识字

1. 学习第一节。

（1）学习第一句。

①出示插图，想象心情。想一想：“我”在玩什么？心情怎么样？

②学习“觉”字。“觉”字上下结构，多音字，不同的意思有不同的读音。睡觉（jiào）和睡眠有关；觉（jué）得，是感觉的意思。

（2）学习第二句。

①借助插图，体会心情。师：当你和小伙伴玩得正开心时，大人喊你回家睡觉，你会怎么想？（学生可以谈自己的感受，也可以读文中的句子）

出示句子：“唉，我好想再多玩一会儿啊。”

②学习“再”字。指的是第二次，如再见、再会、再次等。

③朗读句子，指导读好“唉、啊”。

（3）学习第三句。

①教师引读：不过……学生接读：回家睡着了，倒可以做各种各样的梦呢！

②识记“各种各样”。各：熟字加偏旁，折文＋口＝各。种、样：形声字识字。

③说说词组“各种各样的（　　）”。

2. 学习第二节。

自由练读第二节，体会心情变化。

（1）思考：这节诗中“我”的心情有什么变化，为什么？

（2）反馈交流。学习词语“伙伴”。

（3）想象心情，读好第二节。

【设计意图】小学一年级学生，识字是重点，因此，本环节通过多种方式，让学生能够结合语境来识字、识词，培养学生养成自觉识字的习惯，达到教学目标。

板块三　朗读指导

1. 教师范读，读出诗歌停顿、节奏，读出心情的变化。

2. 学生自读，读出韵律美。

3. 师生共读，体会情感变化。

【设计意图】通过多样朗读，创设情境朗读，让学生感受诗歌的韵律美。

板块四　书写指导

1. 出示生字，观察书写“种、样、伙、伴”。

2. 抓住关键，指导书写。

四个字都是左窄右宽。“伙”的撇和捺要舒展。

【设计意图】在写字环节中，教师要为学生创设静心书写的环境，可采用现代化的多媒体技术，及时将学生的书写情况进行梳理反馈，并认真组织学生进行评价，引导学生在写字时一个比一个写得好。

第二课时

板块一　复习引入

1. 复习旧知。

师：上节课，我们跟着“我”踩影子、上学，接下来，让我们一起来读读这几个词语。（出示词语：踩影子、睡觉、做好梦、小伙伴、各种各样）

2. 引入新知。

师：今天这节课，我们继续跟着“我”的步伐，走进学校去看看。

【设计意图】找准新旧知识的联结点，能使学生更好地进入新知识的学习。这一环节的设计既是一种对旧知的检测，又是一种对新知的引入，可谓一举两得。

板块二　识字仿说

1. 出示插图，观察说话。

（1）交流讨论。到了学校，“我”喜欢做的事情是什么？“我”还会和小伙伴玩什么呢？学习“却”字，认识单耳旁。组词：忘却、冷却。

（2）观察插图。用完整的一句话说说看到了什么。

①学习“趣”。结合字理，了解“趣”字在古代是指一个人快步走过来取走一样物体。

②学习“也”。体会用法：和小伙伴玩是很快乐很有趣的事情，听老师讲故事也是很快乐很有趣的事情。

2. 指导朗读，读出情感。

由“开心”变成“沮丧”又转向“开心”，读出情感变化。

3. 以读促写，深化理解。

交流是否遇到过类似的经历，学着课文说一说。

课件出示：

正做着____________________

听大人叫我_________________

唉，我好想_________________

不过______________________

【设计意图】通过多样的方法让学生自主识字。比如，“却”采用生字组词法识记，“趣”采用字理教学法识记。

板块三　朗读指导

1. 学生互读，读出韵律美。

2. 师生共读，体会情感变化。

师：月夜，正玩着踩影子，就听大人叫着："快回家睡觉!"

生：唉，我好想再多玩一会儿啊。

师：不过，回家睡着了，

生：倒可以做各种各样的梦呢!

师：正做着好梦，又听见大人在叫："该起床上学啦!"

生：唉，要是不上学就好了。

师：不过，去了学校，

生：就能见到小伙伴，多么开心哪!

师：正和小伙伴们玩着跳房子，操场上却响起了上课铃声。

生：唉，要是没有上课铃声就好了。

师：不过，听老师讲故事，

生：也是很快乐很有趣的呀!

3. 朗读背诵。

师：（出示韵脚）这些使用了同一韵母的地方，称为韵脚，诗歌中常常押韵，读起来会更好听。

4. 课堂小结。

师：我们也是这样，遇到好玩的事情就想着多玩一会儿，不想停下来，但是大人不允许的情况下，我们只好停下来，去做大人让做的事情。然后做着做着，就觉得第二件事情也很有趣很快乐了。

5. 解题读题。

师：现在，你知道诗题中所说的"一个接一个"是指什么吗？（是指一件又一件"我"本来不喜欢的事情，后来都变成了"我"喜欢做的事情）

【设计意图】通过多样朗读，让学生理解作者所表达的思想感情。文中的"我"正是跟我们教室里的学生一样：贪玩、调皮、任性，但是又活泼、听话、向上。

板块四　书写指导

1. 出示生字，观察书写"过、这、各"。

2. 抓住关键，指导书写。

（1）过、这：强调书写笔顺，示范走之底的写法，横折折撇要一笔写成。

（2）各：上下结构，注意撇和捺交叉的地方在田字格的中点位置。

【设计意图】一年级的写字指导应该特别关注第一次出现的笔画、偏旁、结构的书写，这是学生写好字的基础。教师在指导时应尽量把好关。

板书设计：

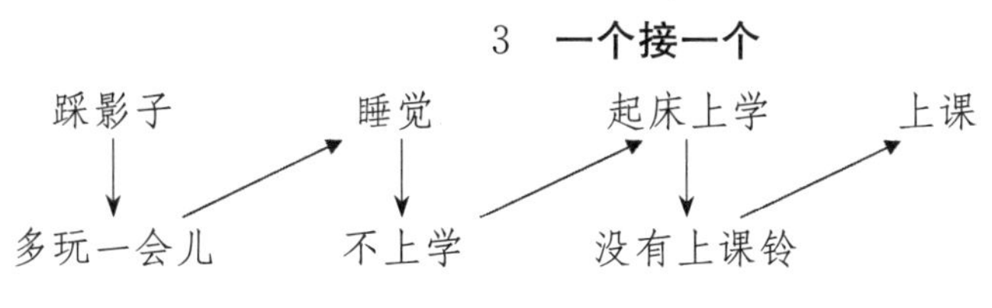

4 四个太阳

一、文本解读

1. 文体特点。

（1）散文诗。散文诗是兼有诗与散文特点的一种现代抒情文学体裁，题材丰富，形式短小灵活。本篇课文内容浅显易懂，共四个小节，每个小节结构相近，在写法上采用并列的形式，读起来朗朗上口，语言明快，节奏感强，其间运用拟人化的手法，充满童趣。

（2）选材新颖。这是本文的一大特点。作者凭借丰富的想象力和独特的创造力，画出了四个不同颜色的太阳，分别送给“夏、秋、冬、春”，表现作者希望一年四季时时美丽、处处舒适的美好心愿，内容催人向上，富有人文关怀。

（3）自然美好。春、夏、秋、冬是学生熟悉的一年四季，文中的“太阳、高山、田野、果园、落叶”亦是大自然中美好的景物，其间词语与短语所呈现出来的画面又富有自然气息，适合低年级学生阅读。

2. 文化底蕴。

（1）音韵美。本文作为散文诗，虽不像诗歌那样严格分行和押韵，但不乏内在的音韵美和节奏感，所以读起来朗朗上口，能带给学生美的享受。

（2）用词新奇。本课短语中的修饰词和动词使用新奇，能激发学生的学习兴趣。比如用“绿绿的”来修饰太阳，以“多彩”来形容“春天”，落叶会忙着“邀请”小伙伴等。学生在学习的过程中，既能感受到汉字用词的奇特，又能感受到词语的丰富，较好地渗透了汉语文化教育。

（3）画面美。春、夏、秋、冬四季本身就是一幅幅图画，本课呈现的画面更是富有自然气息。本课出示的词语、短语，体现了汉字多变的妙用现象，能打破学生的传统思维，丰富学生的想象，让学生浸润在美的世界中。

3．语言表达。

（1）运用“的”字短语。本课的短语以“（　　）的（　　）”形式出现，贴近一年级学生的说话特点。这样的短语也因为短小简洁，特别适合学生识记。此外，这一课的短语还有一定的规律，都是偏正结构，修饰部分多运用表示颜色的词语，适合学生积累与运用。

（2）结构相近。本篇课文共四个小节，前三节都以“我画了个怎样的太阳”开头，便于学生模仿，展开想象，进行说话练习。可仿照前三小节改写第四小节，以“我画了个彩色的太阳”开头，表达自己的想法，体会语言运用的美妙。

（3）形象生动。本文运用了形象的拟人化手法，“金黄的落叶忙着邀请小伙伴”，落叶邀请时会说些什么？“小伙伴”都有谁呢？让学生想象补白，富有童趣，不知不觉中将学生带入一个快乐美好的自然世界中。

二、学习目标

1．基础目标。

（1）运用多种方法引导学生自主认记“太、阳、道、送、忙、尝、香、甜、温、暖、该、颜、因”等生字，认识舌字旁和页字旁两个偏旁。

（2）借助动作和生活经验，初步理解“尝、温暖、邀请”等词语的意思。

（3）抓住主笔和左右结构的特点，指导书写“太、阳、校、金、秋、因、为”等生字。

2．特色目标。

（1）通过多种形式的朗读体验，积累表示颜色的词。运用“的”字短语。

（2）创设情境朗读，感受四个太阳对应的四个季节的美，激发学生热爱大自然的情感。

3．发展目标。

仿照课文前三个自然段，引导学生发挥想象，进行以“我画了个（彩色的）太阳，（　　）春天”为开头的说话练习，从中发现大自然的美，欣赏大自然的美，表达大自然的美。

三、核心内容

项目	具体内容
语言内容	通过多样朗读，感悟本课短语的构词特点，熟记“的”字短语
思维内容	培养学生观察、思考、想象的思维能力
文化内容	创设情境，展开想象，引导学生感受四季的美，引导学生进一步发现大自然的美，激发学生热爱大自然的情感
方法内容	结合字理教学，引导学生运用规律识字，联系旧知识字

四、学习设计

第一课时

板块一　整体感知

1. 质疑导入。

（1）质疑课题。板书课题，指名读课题。交流读课题后产生的疑问之处。

（2）谈话导入。带着问题读课文。

2. 初读感知。

（1）学生自读。借助拼音，读准字音，把课文读通顺。

（2）同桌互读。同桌合作，互相纠正字音。教师巡视，相机指导。

3. 交流反馈。

（1）交流疑问。师：现在你知道怎么会有四个太阳了吗？结合理由，说说这四个太阳中你最喜欢哪一个。

（2）反馈小结。师：四个季节，四个不同的太阳，多有意思啊！让我们一起走进课文去体验一下吧。

【设计意图】本文贴近学生的生活实际，课题很能引起学生的疑惑，以此导入能激发学生的兴趣，使学生迅速进入课文的学习状态中。带着问题学，带着自己的喜好学，学生学得更主动、更有积极性。

板块二　随文识字

1. 创设情境，走进“绿绿的太阳”。

（1）创设情境，朗读第一自然段。师：炎热的夏天，火辣辣的太阳炙烤着大地，如果此时你就站在太阳底下，你最想什么？文中的小男孩听到了，于是画了个绿绿的太阳，谁来读读？

（2）出示“道”，教学“道”字。师：谁愿意读？谁能给它找找好朋友？（一字开花：味道、知道、道理、跑道、街道）

（3）看图读词，理解“到处”。师：除了街道，还有哪些地方因为这个绿绿的太阳变得不一样了？（根据回答出示图片：高山、田野、校园）除了这些地方，还有吗？所有的地方都是，就叫做“到处”一片清凉。

（4）读出“清凉”。师：谁能把这种感受读出来？

2. 想象画面，走进“金黄的太阳”。

（1）想象画面。师：听着老师的朗读，你仿佛看到了些什么？

（2）积累、运用表示颜色的词语。师：秋天的果园里，都有哪些果子成熟了呢？请你用上表示颜色的词语。文中还用到了哪些呢？

（3）相机教学“送、忙、尝、香、甜”。师：金黄的太阳让果园大获丰收。这时候，落叶可“忙”了呢。他“忙”着干什么呢？他会邀请哪些小伙伴呢？（“送、忙、尝、香”都是后鼻音，“甜”是前鼻音。“香”采用字理识字，“禾”的象形字指禾苗，“日”在“香”的古体字中实是“甘”，意为口，“香”字解释为五谷粮食做成热食时怡人的气味。“甜”可编字谜“伸出舌头舔甘蔗”）

【设计意图】本课要求会认的生字较多，采用随文识字的方法便于学生接受、记忆。低年级的生字教学要做到“字不离词，词不离句”，反复出现，加深学生的印象。对文中出现的有特点的偏正短语进行积累、运用，对作者表达的空白点进行想象说话，以提升语文素养。

板块三　朗读指导

1. 学生自读，读出“香甜”。

2. 录音范读，学生跟读。

3. 师生共读，反复体验。

【设计意图】通过多样朗读，让学生感悟本课偏正短语的构词特点，熟记短语并能运用；创设情境，多次引读，让学生感受秋天的美，引导学生进一步发现大自然的美。

板块四　书写指导

1. 出示生字，观察书写“太、金、阳”。

2. 抓住关键，指导书写。

“太”的撇、捺和“金”的撇、捺作比较，发现“金”的“人”更舒展；“阳”字第一次指导书写横折弯钩，要注意一笔写成，要小巧玲珑，左耳旁瘦而长，

“日”字要压线。

【设计意图】写字教学是低段语文教学的重点。在这个环节中，教师要为学生创设静心书写的环境，引导学生观察、比较，及时将学生的书写情况进行梳理反馈，并认真组织学生进行评价，引导学生在书写时，一个字比一个字写得好。

板书设计：

4　四个太阳

板贴：

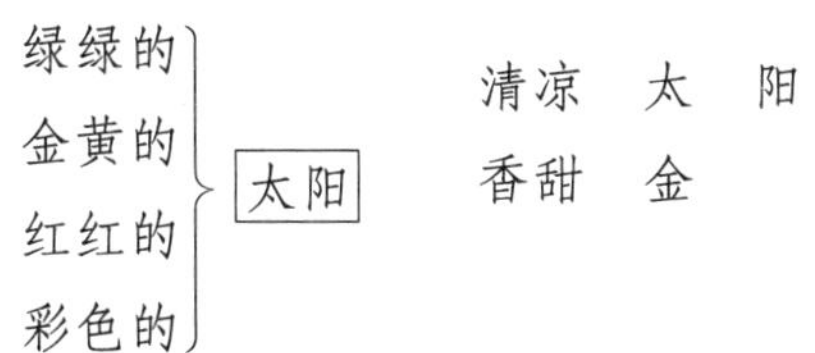

第二课时

板块一　复习引入

1. 复习旧知。

复习词语：太阳、街道、送给、忙着、尝尝、香甜。

2. 引入新知。

师：这节课，让我们继续走进这四种不同的太阳。

【设计意图】找准新旧知识的联结点，能使学生更好地进入新知识的学习。这一环节的设计既是对旧知的检测，又是对新知的引入，可谓双赢。

板块二　随文识字

1. 走进“红红的太阳”。

师：“我”画绿绿的太阳送给夏天是为了……画金黄的太阳送给秋天是为了……那画“红红的太阳”又是为了……（指名读第三自然段）

2. 出示第三自然段，教学“温”和“暖”。

(1) 师：（出示：温、暖）谁愿意读？

(2) 教学“温”和“暖”字。师：你有什么好办法记住“温”字吗？（编个字谜：太阳晒着盆里的水）你还记得我们以前学过的三点水旁的字吗？（随机出示：活、法、洞、海、没、江）你在生活中见过“暖”字吗？（相机示图：暖壶、暖炉、暖风、暖房）

(3) 师生合作朗读第三自然段。重点指导读好“温暖、冻僵”两个词语。

3. 出示第四自然段，教学“该、颜”两个生字。

（1）自由读第四段。

（2）教学“该、颜”两个生字。师：谁有好办法记住这两个字？（“该”可用熟字“孩”换偏旁记；“颜”强调偏旁是“页”，出示它的甲骨文“[甲骨文字形]”，表示人的头部、脸部，词语“颜面、笑颜、容颜”都和“脸”有关，再复现词语卡片“颜色”）（“开火车”读。小老师带读。齐读）

（3）展开想象，说话练习。引导学生仿照前三个自然段，用“我画了个（彩色的）太阳，（　　）春天”开头，说说为什么要给春天画彩色的。

【设计意图】通过编字谜、熟字换偏旁、形旁归类识字、看图等多样的方法，让学生自主识字。当然，这里的识字教学并不是孤立进行的，而是结合在具体的语境之中，以提高学生识记的效率。

板块三　朗读指导

1. 学生互读，读出自问自答。

2. 师生共读，反复引导。

3. 男女生赛读，读好自问自答。

4. 配上音乐，朗诵全文。

【设计意图】通过多样朗读，让学生体会自问自答的语气。在美妙的音乐中，让学生感受不同的太阳对应不同季节的自然美景，徜徉在缤纷的四季中。

板块四　书写指导

1. 出示生字，观察书写：校、秋、因、为。

2. 抓住关键，指导书写。

（1）“校”和“秋”：左窄右宽，左右等高，左右穿插。

（2）“因”：先外后里再封口，注意“大”字一捺变一点。

（3）“为”：关注笔顺，撇要舒展。

【设计意图】一年级的写字指导应该特别关注第一次出现的笔画、偏旁、结构的书写，这是学生写好字的基础。教师在指导时，应尽量把好关，引导学生“一看二写三对照”，养成写字的好习惯。

板书设计：

4　四个太阳

板贴：

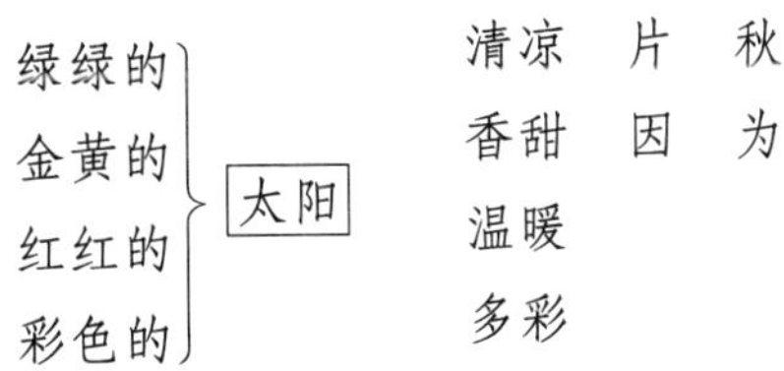

语文园地二

一、教材解读

“语文园地二”安排了五块内容。第一块内容是“识字加油站”。通过本次学习，让学生了解什么是数量词，学会运用简单的量词。第二块内容是“字词句运用”。通过找一找，连一连，复习“语文园地一”已学过的大写字母，既是对前面所学知识的复习，又加深了印象。通过读一读，想一想，认识同偏旁的字，培养学生运用规律识字的能力。第三块内容是“展示台”。利用其他课本认识汉字，拓宽识字渠道，体现大语文观。第四块内容是“日积月累”。安排了一首孟浩然的古诗《春晓》，通过读一读，背一背的方式，让学生养成多积累的好习惯。第五块内容是“和大人一起读”。安排了一篇有趣的文章《阳光》，内容浅显而贴近生活，适合和大人一起朗读，并在朗读中让学生感受阳光的美好与宝贵。

1. 趣味识字。

“识字加油站”中呈现的是六组量词。一年级小学生对数词、量词这种抽象概念还不是很了解，面对这种情况，教师不能硬性地强加给学生概念性的知识，而是应该在具体活动情境中让学生去理解、体会、运用。教学时，精心设计、收集图片，将枯燥的文字与精美的图片结合起来，让学生在学习数量词的正确搭配时，学会观察图片，表达自己的所见，同时轻松、快速地记忆所学内容。让学生在有趣的游戏活动中，充分展示自己平时积累数量词的成果，并在师生、生生互动的交流中，学会正确使用数量词。

2. 日积月累。

（1）文本特点。本次“日积月累”安排的是一首孟浩然的诗《春晓》。《春晓》是唐代诗人孟浩然隐居在鹿门山时所作，诗人抓住春天的早晨刚刚醒来时的一瞬间展开联想，描绘了一幅春天早晨绚丽的图景，抒发了诗人热爱春天、珍惜春光的美好心情。首句破题，写春天睡得香甜，也流露出对朝阳明媚的喜爱；次句即景，写悦耳的春声，也交代了醒来的原因；三句转为写回忆；末句又回到眼前，由喜春转为惜春。全诗语言平易浅近，自然天成，言浅意浓，景真情真，深得大自然的真趣。

（2）文化传承。古诗是我国文化中的瑰宝，值得学生好好学习。这首古诗是作者春晨即兴之作，字里行间，荡漾着春晨浓浓的气息，流露出作者喜春、爱春、念春、惜春的春恋之情。通过诵读，让学生养成善于观察生活的习惯，培养学生热爱春天、热爱大自然的情操。这是诵读积累的材料，也是文化传承的载体。

（3）注重积累。这是学生第一次接触孟浩然的诗，却以“日积月累”的方式出现，可见它承担的责任不是介绍孟浩然，也不是理解诗歌的含义，而是承担着课外积累的任务，告诉学生学好语文的一大要义是大量积累课外优秀的文字，让他们养成积累的好习惯。

3. 和大人一起读。

（1）文本特点。《阳光》这篇课文以抒情的笔调，诗一般的语言，描绘了阳光给万物带来的生机与美丽。课文共有五个自然段，只有第二自然段是三句话，其他各段都是一句话，最后一个自然段点明文章的主题：阳光像金子，阳光比金子更宝贵。文章插图色彩明丽，文本部分语言流畅，富有童真童趣，贴近儿童生活，能引起学生想要感受阳光的强烈愿望，生发对大自然无限热爱和珍惜的思想感情。

（2）文化底蕴。学生每天都在阳光的陪伴下生活成长，但刻意留意阳光的时候并不多，这一篇文章的意义不仅仅是让学生留意到阳光、感受到阳光，而且是要让学生充分地感受大自然、亲近大自然，生发对大自然无限热爱和珍惜的思想感情。而这一切，正是现在许多学生所欠缺的精神品质。禾苗更绿了、小树更高了、河面也成了长长的锦缎，有形、有色，一幅幅色彩斑斓的图景让学生明白，这一切都是阳光的功劳。课外朗读，家人聊天，这样的方式更能打开学生的话匣子，让学生在阳光的陪伴下快乐地成长，让热爱生活、热爱大自然的人文精神在亲子之间缓缓流淌。

（3）亲子阅读。通过大人和孩子一起读文，启发学习，孩子知道阳光与金子的关系，了解到阳光的珍贵性。同时，通过读课文，孩子有了一个思维的空间，展开想象，获得初步的情感体验，感受语言的优美。亲子阅读就是大人、小孩依偎在一起，有共同的话题，趣味盎然地朗读着交流着，在不知不觉中，让孩子感受到读书的乐趣。教育不是目的，培养孩子课外阅读的习惯是目的。大自然的奥秘无穷无尽，大人可以把孩子带进大自然中去仔细观察、体验，让他们身临其境，激发他们学习的兴趣。

二、学习目标

1. 基础目标。

（1）复习字母表，能熟练背诵，区分大小写。

（2）通过交流讨论、合作等方式，认识汉字，学会运用简单的量词。

（3）通过"日积月累""和大人一起读"这两个活动，培养学生课外积累和课外阅读的习惯。

2. 特色目标。

（1）通过"日积月累"的朗读背诵，体会作者热爱春天、珍惜春光的感情。

（2）通过师生讨论、生生讨论等方式，激发学生课外阅读的兴趣。

3. 发展目标。

通过讨论交流识字方法，培养学生在生活中识字的能力，激发学生主动识字的积极性。

三、核心内容

项目	具体内容
语言内容	（1）背诵《春晓》，感受诗歌的节奏美、情感美 （2）通过朗读《阳光》，仿说"因为有了阳光，什么怎么样"的句式
思维内容	了解什么是数量词，学会运用简单的量词
文化内容	（1）体会作者热爱春天，珍惜春光的感情 （2）感受阳光的美好与宝贵
方法内容	（1）能熟练背诵字母表，区分大小写 （2）利用其他课本认识汉字

四、学习设计

第一课时

板块一　认识量词

1. 猜一猜。

（1）谈话引入。师：今天，老师给大家带来了很多礼物，大家想不想知道里

面到底装的是什么？（课件出示图片）

（2）观察图片。师：说说图上画的都是什么，根据每一幅图中物体的多少来说一说。（板书：三个、一串、四盘、两堆、一篮、五瓶）

（3）师：（指板书）“一、三、四、五、两”，我们叫它们数词。那么，用“·”标出的“个、串、盘……”这些是什么词呢？（量词）它常用在数字后面，表示事物的多少。今天，我们就来学习正确使用量词。数词和量词在一块儿就成了数量词。

2. 读一读。

（1）师：（出示书中的六组数量词）说一说，你是怎么记住这些量词的？

（2）重点比较“棵”和“颗”。解释马为什么要用“匹”。

（3）师：一册书，还可以换成什么？（一本书、一箱书等）

3. 说一说。

师：生活中每一样东西都有属于它的量词。现在请小朋友们在教室里找一样东西，把它的量词说出来，看谁的量词用得准确。（学生找实物，说量词）

4. 玩一玩。

（1）游戏规则：纸盒中放着一些物体卡片，卡片背面写有相应的奖品名称。学生从纸盒中摸出一张卡片，如果说对其量词，就可获得相应的奖品。

（2）师生共同游戏。

【设计意图】这是本节课的重点。通过活动，使学生在愉快、轻松的氛围中，自主地掌握知识，训练能力，发展思维。通过扎实的猜、读、试、说、玩等环节，让学生学会正确地使用量词。

板块二　学会运用

1. 复习字母歌。

师：“语文园地一”中的《字母歌》还记得吗？一起来唱一唱。

2. 找一找，连一连。

出示字母大小写，让学生连一连。

3. 对一对，读一读。

师：你有什么好办法记住这些大写字母？

4. 看一看，想一想。

教师出示两组词“明、星、早、阳”和“过、时、对、村”，让学生仔细观察，发现特点。

教师小结：我们可以利用汉字的这一特点来认识更多的汉字。

【设计意图】通过小组合作探究两组词的特点，认识同偏旁的字，培养学生运用规律识字的能力。

板块三　交流展示

1. 认一认，说一说。

师：（出示课本上出现的其他字）你们认识这些字吗？

集体交流。师：你是怎么认识这些字的？你在哪本书上看到过？怎么记住的？（学生根据实际情况回答）

2. 读一读，考一考。

引导学生自由地读一读出示的汉字，不会读的可以问同桌，也可以问老师。同桌互相考一考。

3. 指名领读。

4. 交流讨论。

师：你还从哪些课本上认识了哪些字？

【设计意图】创设情境，引导学生在生活中识字，充分尊重学生已有的知识经验。学生在自读、同桌互助、请教老师的过程中，主动识字，逐步养成良好的识字习惯。

板书设计：

语文园地二

量词　一本书　一棵树
　　　一册书　一颗枣
　　　一箱书

第二课时

板块一　谈话导课

1. 谈话导入。

师：“一年之计在于春，一天之计在于晨。”小朋友们，听过这句话吗？春天是一年中最美的季节，而早晨则是一天当中最宝贵的时间。

2. 看图说一说。

师：（出示图片）从这张图片中，你们能不能看出是什么季节、什么时间的景色？图画中都有谁？他们在干什么？

3. 初读诗歌。

自由朗读，借助拼音读准字音，把古诗读正确。

【设计意图】对于低年级的学生来说，形象、直观的表象是理解古诗的桥梁。此环节借助多媒体，创设了丰富、生动的图像，既引起学生对古诗学习的兴趣，又把图文结合了起来，同时引导学生掌握一边读一边想象画面的学习方法。

板块二　朗读背诵

1. 检查字音。

（1）同桌互读。同桌读给同桌听，若同桌有读错的帮一帮，若同桌读得特别好，赞一赞。

（2）个体朗读。请几位学生试读。重点正音“声”是后鼻音，“春、眠、闻”是前鼻音。

（3）集体练读。重点指导读正确。

2. 节奏朗读。

（1）教师范读。读出停顿与节奏，标出停顿号。

（2）学生发现。教师朗读时停顿明显，节奏感强。

（3）师生合作。师生合作朗读，教师读前面两个字，学生读后面三个字。

春眠——／处处——／夜来——／花落——。

（4）同桌对读。

（5）男女生对读。

（6）展示朗读。请学生自告奋勇展示读。重点感受停顿与节奏。

3. 尝试吟诵。

（1）教师范读。注意停顿，朗读时稍显夸张。

（2）学生学读。

（3）个别展示。不在意会读，只在于感受。

（4）集体吟诵。

4. 猜测意思。

（1）板书诗人。在学生回答的基础上，相机板书：孟浩然。

（2）猜猜诗意。指名说说诗中写了春天的哪些景物。

5. 集体背诵。

师：初春的早晨，空气里飘着泥土的清香，眼前一片绿色，心情真的棒极了，让我们怀着这样的心情，闭上眼，美美地背背这首诗吧！

【设计意图】“日积月累”重在让学生背诵。本环节通过多种形式朗读，尤其引入“吟诵”，增加背诵的趣味，让学生在有趣味的情境下背会此诗。

板块三　拓展延伸

1. 推荐试背。

师：小朋友，古诗中，描写春天景色的还很多，你还知道哪些古诗？（如《春夜喜雨》《咏柳》）

2. 教师小结。

师：小朋友，我们国家可是诗的国度，这样有意思的诗还有许许多多，我们要学会多积累。

【设计意图】引入《春夜喜雨》《咏柳》，积累古诗，拓宽学生的视野，渗透语文积累的重要性。

板书设计：

春　晓

春眠/不觉/晓，
处处/闻/啼鸟。
夜来/风雨/声，
花落/知/多少。

第三课时

板块一　谈话导课

1. 提出话题。

师：清晨，一轮金色的太阳从东方慢慢地升起来，阳光立刻洒遍了田野、高山和小河。啊！阳光，你早！听，鸟儿唱起了欢快的歌。看，禾苗、小树、小河在向阳光招手。想一想，阳光明媚的日子，你和爸爸妈妈去哪里玩了？

（1）想一想。回忆最近这段时间自己与父母相处的时光。

（2）说一说。同桌间互相说一说，个别展示说。目的不在于说得有多好，只是通过这种方式激起学生的兴趣，鼓励他们多说。

2. 读读文章。

师：小朋友，又到了我们和大人一起读书的时刻，今天读的这篇文章是《阳光》。（相机板书）

（1）自由练读。师：这是怎样的一个故事呢？请小朋友自由读一读，遇到不认识的字，借助“拼音宝宝”，力求把故事读正确。

（2）分节朗读。师：请五位小朋友分节读这个故事。（相机正音）

3. 再次练读。

师：小朋友，让我们再自由地练习读一遍，用自己喜欢的方式自由朗读，读后说说你读懂了什么。

（1）自由练读。

（2）汇报交流。板书：阳光。

【设计意图】从聊入手，把学生带进生活，让他们走进大自然去仔细观察、体验，身临其境，激发学习的兴趣。

板块二　感情朗读

1. 交流讨论。

师：为什么说阳光像金子？为什么说阳光很宝贵？

（1）学生读句子：田里……山上……河面……

（2）指导感情朗读。

2. 拓展说话。

师：还有谁因为有了阳光，就更好了？

（1）自由练说。

（2）集体交流。

3. 联系生活。

师：阳光有没有跳进过你的窗户？（学生说感受）是的，阳光会跳进你的窗户，我的窗户，他的窗户，阳光是大家的。

4. 积累词句。

师：你喜欢哪些词语或优美的句子？与组里的同学交流交流，读一读，背一背。

【设计意图】要让学生喜欢读文章，必先激起他们阅读的欲望。让学生在生活中积累语文知识，并且感受到大自然的可爱和美好，培养学生的审美情趣。

板块三　扩展活动

1. 说说阳光。

（1）师：阳光可爱吗？为什么？

（2）师：阳光可以帮人类做些什么事？如果地球没有阳光，那会怎样？画一幅图，表现阳光的美好。

2. 作业。

（1）和爸爸妈妈一起读一读这首儿歌。

（2）试着仿说“因为有了阳光……怎么样”。

【设计意图】读书习惯的养成并非一朝一夕，而在于长期坚持。通过与大人一起读优美的短文，激发学生的阅读兴趣。在教师的引导下，通过各种活动，帮助学生提高阅读质量，引导学生有意识地积累好词佳句，从而丰富语言积累。

板书设计：

更绿　更高

阳光　跳进　　　　　　　　像金子，比金子更宝贵

捉不住

第三单元 课文（二）

本单元围绕着“如何与人相处”这一主题，安排了《小公鸡和小鸭子》《树和喜鹊》《怎么都快乐》以及“口语交际”中的《请你帮个忙》四篇课文。从人文角度看，《小公鸡和小鸭子》《树和喜鹊》采用童话故事的形式，讲述了动物与动物是如何相处的，让学生明白与人相处要互帮互助。《怎么都快乐》则以儿童诗的形式告诉学生，一个人该如何独处，很多人又该如何相处，在一个又一个的游戏活动中，渗透了让自己快乐的方法。“口语交际”中的《请你帮个忙》讲述的是，遇到困难时，如何有礼貌地请别人帮忙，培养学生遇到困难时应有懂得请求别人帮忙的思维，同时培养学生口头语言表达的能力。从语文要素看，本组课文既要让学生学会一些常用的礼貌用语，又要学习能根据不同语境、不同标点读出不同语气的方法。同时，学习本组课文，还应培养学生能根据要求提取简单信息的能力。

5 小公鸡和小鸭子

一、文本解读

1. 文体特点。

（1）叙事童话。《小公鸡和小鸭子》以小公鸡和小鸭子为主人公，讲述了小公鸡和小鸭子一起出去玩，小公鸡捉虫给小鸭子吃，小鸭子捉鱼给小公鸡吃的故事。虽然只有四个自然段，却清晰明了地告诉我们事情发生的起因、经过、结果。这样的叙事形式，读者一读，就轻而易举地提取了文本的主要信息。

（2）儿童视角。《小公鸡和小鸭子》用儿童的眼光或口吻来讲述故事，故事的呈现过程具有鲜明的儿童思维特征。比如第二自然段——“小公鸡找到了许多虫子，吃得很欢。小鸭子捉不到虫子，急得直哭。”这“吃得很欢”和“急得直哭”就完全是儿童的表现。第三自然段——“小公鸡不信，偷偷地跟在小鸭子后面，也下了水”和“他飞快地游到小公鸡身边，让小公鸡坐在自己的背上”中的“偷偷地”和“飞快地”这两个词，生动地展现了小公鸡好奇、小鸭子迅捷的特点，也折射了儿童生活中常有的表现。这些动作与语言不仅充满着童真童趣，还符合儿童心理，无形之中拉近了读者与文本的距离，给人一种亲近感。

（3）镜头感十足。《小公鸡和小鸭子》在讲述故事的同时，再现了两个场景：一个是草地里，另一个是小河边。两个场景中，前一个是紧抓动作写出了小公鸡帮助小鸭子的场景，后一个不仅抓住了两个主人公的动作描写，还抓住了主人公的语言描写，将小公鸡和小鸭子相互帮忙的过程展现得淋漓尽致。这种身临其境的感觉，无疑激发了学生的表演欲望。

2. 文化底蕴。

（1）互帮互助。生活中处处充满爱，尤其是朋友之间更应该互相关心和帮助。在文中，小公鸡和小鸭子就向学生展现了他们珍贵的友谊。对于儿童来说，现阶段正是形成正确的朋友价值观的关键时刻，朋友之间首先要做到互相友爱、互相帮助。如：小公鸡面对不会找虫的小鸭子，不是嘲笑和冷漠，而是积极地帮助小鸭子找虫吃；小鸭子看到不会游泳却有些逞能的小公鸡不慎落水，没有责怪，反而奋不顾身地将小公鸡救起。

（2）取长补短。小公鸡和小鸭子这两个主人公在整个故事中传递着互帮互助的美德，故事的背后还可以给学生另一种很好的启发：朋友之间也应互相学习，认清自己的不足，取长补短，才能相得益彰。

（3）文明和谐。俗话说：“良言一句三冬暖，恶语伤人六月寒。”礼貌用语就属于良言。文中最后一个自然段——小公鸡上了岸，笑着对小鸭子说：“鸭子哥哥，谢谢你。”其中的“谢谢”就是礼貌用语。对小鸭子而言，或许只是微不足道的帮助，但对于小公鸡来说，这是雪中送炭。小公鸡合情合理地表达了自己诚恳的谢意，让人觉得倍感温暖。课文就是个很好的例子，告诉我们适时适宜地运用礼貌用语，就能使文明之花绽放，社会和谐共生。

3. 语言表达。

（1）归类识字。本课要求学生认识的十二个生字中，“块、捉、河、行、信、跟、喊”都是左右结构的字，可迁移联系学生以往学过的字，进一步巩固换偏旁识字的方法。本课要求认识两个新偏旁，分别是提土旁和足字旁。本课要求写的字有七个：“也”是独体字；“他、河、说、地、听”是左右结构的字；“哥”是上下结构的字，上下一样是个“可”字。这些字结构简单，可充分调动学生已有的书写经验进行书写指导。

（2）对话推进。《小公鸡和小鸭子》采用对话的形式讲述故事，简短但含义丰富。虽无一字提到朋友之间要互相帮助，但读完全文，却能让学生感受到朋友间浓浓的关怀。而课后的“读一读，比一比”，则给了学生较好的引领，那就是学会用最生动、最合适的语言来表现主题。另外，在对话的过程中，还运用了对比的手法。因为小鸭子和小公鸡有本质上的不同，所以才有了不同的本领，才有了互相帮助的基础。

（3）富有情趣。《小公鸡和小鸭子》语言优美、生动，富有情趣，读来朗朗上口。可以采用分角色朗读、表演读等形式，再现当时的情境。比如，小鸭子说：“公鸡弟弟，我到河里捉鱼给你吃。”小公鸡说：“我也去。”小鸭子说：“不行、不行，你不会游泳，会淹死的！”多么有趣的语言，非常符合孩童的言语习惯，学生读来倍感亲切。

二、学习目标

1. 基础目标。

（1）通过看图想象、结合生活实际等方式，认识“块、捉、急、直”等十二个生字。

（2）借助以往的写字经验，端正、匀称地书写“他、也、地、哥”等七个生字，认识提土旁和足字旁。

（3）通过自由读、分角色读、表演读等方式，体会小动物之间的互相关爱。

2. 特色目标。

（1）依据童话特色，采用自由读、分角色读等多种朗读方式，做到正确朗读课文，感受童话告诉我们的，伙伴之间要团结友爱、互相帮助的道理。

（2）利用删比法，初步感受小公鸡好奇和小鸭子动作敏捷的特点。

3. 发展目标。

（1）懂得伙伴之间要团结友爱、互相帮助，并能运用到生活中去。

（2）通过多种朗读形式，初步感受“取长补短”的意义。

三、核心内容

项目	具体内容
语言内容	（1）通过看图、结合生活等方式，认识“块、直”等十二个生字 （2）指导书写“他、也、地、哥”等七个生字，认识提土旁和足字旁
思维内容	感受不同动物有不同特点的思维内涵

文化内容	（1）感受伙伴之间要团结友爱、互相帮助 （2）感受适时适宜正确使用礼貌用语
方法内容	（1）利用删比法和多种朗读方式，初步感受人物形象的特点 （2）抓关键笔画，端正汉字的书写方法

四、学习设计

第一课时

板块一　读题解题

1. 猜谜导入。

师：今天，老师带来了两位客人，你们猜猜是谁？

（1）出示谜面。“尖嘴巴，花毛衣，爱吃小虫和大米，浑身上下毛茸茸，说起话来唧唧唧。”“走路扭达达，唱歌嘎嘎嘎，爱在水里游，捉鱼翘尾巴。”

（2）生读谜面。

（3）生猜谜底。

（4）板书课题。

2. 理解题意。

（1）初知课题。师：请一位小朋友读一读课题。从课题上看，课文是讲谁和谁的事？（小公鸡和小鸭子）

（2）理解“和”的意思。师：“和”在题目中是什么意思？（表示事情发生在小公鸡和小鸭子之间。小公鸡怎样对待小鸭子，小鸭子又怎样对待小公鸡）

【设计意图】通过对题目的理解，让学生知道这篇童话讲的是小公鸡与小鸭子之间的故事。

板块二　随文识字

1. 读文分段。

师：这篇课文一共有几个自然段？几幅图？（四个自然段，两幅图）这是一篇童话故事，小朋友们一边看图，一边读课文，说不定能把课文给读懂了。

2. 读准字音。

师：你认识课文中的哪几个生字？（出示：块、捉、急、直、河、行、死、信、跟、忽、喊、身）（在文中圈出对应的字，在整体朗读中识记生字）

3. 多样识字。

出示生字卡片，“开火车”读，小老师带读。

4. 字理识字。

（1）师：在这些字朋友中，有一个字特别有意思。你知道古时候的“身”是怎样写的吗？（出示“身”字）

师：身，躯体，像人的身体。所有与身体相关的字，都采用“身”作偏旁。“身”与“孕”本同源，后分化。身，甲骨文像一个女人挺着大肚子。有的甲骨文像一个人隆起的腹部内怀着一个胎儿。有的甲骨文写成指事字，在隆起的腹部内加一点指事符号，表示腹内有子。造字本义：妇女腹部隆起，怀胎孕子。在甲骨文里，半圆在“人”的前部为“身”（孕）；半圆在“人”的后部为“臀”；半圆在“又”（手臂）的下方为“肱”。

（2）了解字形。

金文	篆文	隶书	楷书	行书	草书	标准宋体
身	身	身	身	身	身	身

（3）聚焦“跟”，请学生说一说，怎样记住这个字，相机教学足字旁，然后归类出示“跑、跳、踢”，让学生发现，足字旁的字都跟脚有关系。

【设计意图】采用多种方式识字，激发学生识字的兴趣，培养他们独立识字和归类识字的能力。

板块三　理解故事

1. 学习第一自然段。

（1）自由读文。师：自由读一读，这段主要讲了什么？（小公鸡和小鸭子一块儿出去玩）

（2）交流不同。师：看看图上画的小公鸡和小鸭子，他们什么地方长得不同？（嘴：小公鸡尖嘴，小鸭子扁嘴。脚：小公鸡脚趾分开，小鸭子脚趾间有蹼相连）

2. 学习第二自然段。

（1）读中思考。指名读课文，让学生思考问题：①他们来到什么地方？②他们一块做什么？③谁帮助谁干什么？

（2）交流问题。这段讲了什么事？（小公鸡帮助小鸭子捉虫吃）小公鸡是怎样捉虫的？（爪……嘴……）

（3）质疑原因。小鸭子为什么捉不到小虫？（小鸭子的嘴是扁扁的，脚有蹼连着不容易捉到小虫）

【设计意图】图画都是直观、形象的，利用插图来理解小鸭子和小公鸡的外形，可以有效地降低学生理解课文的难度。

板块四　指导书写

1. 认读生字。

认读本节课要写的两个生字“也、哥”。

2. 观察字形。

师：仔细观察“也、哥”这两个字在田字格里所占的位置，你发现了什么？回顾“可”字的写法，自主练写“可”字。（“可”的第一笔横起笔在横中线上，第二笔竖钩在竖中线，最后写“口”字）“哥”字上下各一半，第六笔大横压横中线，上下两个“口”字右边压竖中线。

3. 范写练写。

遵循书写规律，教师范写，学生描一个写一个。

4. 互相评价。

根据书写规律进行互评。

5. 再次练写。

根据点评情况再次练写，争取一个比一个写得好。

【设计意图】低年级的书写指导，除了要引导学生写好字，更需要引导学生发现书写的规律，举一反三，触类旁通。

板书设计：

5　**小公鸡和小鸭子**

也　哥

第二课时

板块一　复习导入

1. 复习生字。

块、捉、急、直、河、行、死、信、跟、忽、喊、身。

2. 复习词语。

他们　大地　哥哥　河边　听说　也对

3. 回顾内容。

师：小朋友，你们还记得文中讲了谁与谁之间的故事吗？

【设计意图】复现汉字，让学生认读，然后让他们回忆课文讲了谁与谁之间的故事，这都为下面更好地读文奠定基础。

板块二　自主学文

1. 学习第三自然段。

(1) 生读解疑。师：这节课，我们继续来学习课文。谁来读一读课文第三自然段？其他小朋友在听的过程中要思考几个问题：①他们来到什么地方？②小鸭子为小公鸡做了什么？他说了几句话，表达了什么意思？③小公鸡怎样做？

(2) 再读解疑。师：读读小鸭子讲的话，说说他说的两句话是什么意思。（小鸭子要到河里去为小公鸡捉鱼吃；他不让小公鸡下水）

(3) 寻找原因。师：小公鸡为什么捉不到鱼？（小公鸡的爪子是细尖的，无法用来拨水，所以小公鸡不会游泳，也就捉不到小鱼）小鸭子为什么能捉到小鱼？

2. 学习第四自然段。

(1) 读中解疑。指名读，思考问题。

①了解结果。师：小公鸡不听小鸭子劝告，结果怎样？为什么会这样？

②抢救小鸡。师：小鸭子是怎样做的？从哪些词语看出小鸭子奋力抢救小公鸡？（忽然听见、飞快、背上）

③复述过程。师：这几个词语怎样表现出小鸭子是奋力抢救小公鸡的？

④表达感谢。师：小公鸡说了些什么，表示什么意思？（感谢小鸭子；承认错误）

(2) 寻找原因。师：文中的小公鸡和小鸭子为什么要互相帮助？好朋友之间应该怎样互相帮助？举例说一说。

【设计意图】通过对课文的理解，明白朋友之间要互相帮助。

板块三　学写生字

1. 认读生字。

读一读本节课要写的四个生字“他、河、地、听”。

2. 观察字形。

师：仔细观察“他、河、地、听”这四个左右结构的字在田字格里所占的位置，你发现了什么？

3．出示口诀。

师：它们都是左窄右宽的字。（出示书写口诀）

左边窄，要细长，

右边宽，要舒展。

笔画穿插不分家，

左右谦让最美观！

4．教师范写。

范写“他”字，体会左窄右宽在田字格中的具体体现：右边的字要占三分之二，且宽松多变。

5．学生练写。

练写“他、河、地、听”，描一个写一个。

6．互相评议。

根据“左窄右宽”的书写要点进行互评，再次练写。

7．自主练写。

【设计意图】低年级的书写指导，除了要引导学生写好字，更需要引导学生发现书写的规律，举一反三，触类旁通。

板块四　体会语言

1．出示句子。

第一组：小公鸡跟在小鸭子后面，也下了水。

小公鸡偷偷地跟在小鸭子后面，也下了水。

第二组：小鸭子游到小公鸡身边。

小鸭子飞快地游到小公鸡身边。

2．对比体会。

师：小朋友读一读这两组句子，看看这两组句子中的两句话有什么不同的地方。哪句好？为什么？（“偷偷”“飞快”等词，生动地表现了小公鸡好奇，小鸭子迅捷的特点）

3．对比朗读。

【设计意图】在读一读，比一比中，很好地训练学生的语文素养，让学生学会用最生动、最合适的语言来表现主题。

板块五　课本剧表演

1. 复述课文。

师：我们学习了《小公鸡和小鸭子》的故事，谁还记得它讲了一件什么事？

2. 集体学习。

学生集体学习角色对话和动作。师：小鸭子啄不到虫子时很着急会做什么动作？表情是怎样的？他说了什么？小公鸡是怎样喊救命的？小鸭子是怎样救小公鸡的？（鼓励学生大胆地表现角色的鲜明特征）

3. 个体展示。

选一位小朋友扮演小公鸡或小鸭子。教师也可在游戏中扮演另一角色，起示范引导作用，从而激发学生表演的兴趣。

4. 再次展示。

再选两位小朋友进行表演。要求台下的小观众做个文明的小观众，认真看看谁表演得最棒。鼓励表演的小朋友要认真表演。

5. 互动评议。

师：刚才小朋友的表现都非常棒，希望你们回家可以表演给爸爸妈妈看。

【设计意图】通过叙述、表演小公鸡和小鸭子之间的故事，学生亲身体验了朋友之间互助友爱的感情。

6　树和喜鹊

一、文本解读

1. 文体特点。

（1）儿童散文。儿童散文是散文中的一类，具有散文的一般特征，无论叙事、写景、状物、抒情，还是说理，都是以真人真事、真情实感抒写生命个体的精神世界，形式自由，不拘一格，形散而神不散。儿童散文的接受和阅读对象主要是儿童，因此儿童散文内容浅显，富有童真童趣。《树和喜鹊》属儿童散文中的叙事散文，讲述的是一棵树和一只喜鹊由孤单到快乐的变化过程，而这一变化正是因为周围树木的增多和喜鹊数量的增加。该散文具有故事性，能够吸引孩子的注意力，且内容浅显，易于孩子们理解。

（2）审美体验。美的事物能够让人感到愉悦。《树和喜鹊》的作者金波曾说过："儿童需要属于他们的文学，文学给他们快乐，给他们抚慰，甚至成为宣泄的一种方式。”《树和喜鹊》的审美客体是大自然中的树和鸟，文章不在于表现他们的外形美，而在于表现他们的情感美。儿童具有泛灵性，他们认为世界上的一切事物和人一样都拥有生命，具有喜怒哀乐等情感体验。这篇文章使用的人称代词是“他们”，而不是“它们”，也说明了作者将其拟人化。树和喜鹊的心情变化与儿童的主体情思和精神世界相联结，与儿童的心理接受能力和审美感知能力相联结。他们从孤单到快乐，结局美好，符合儿童希望结局圆满的心理需求，可以使儿童获得情感体验，发展感受能力。然而，儿童文学的功能不仅仅只是审美体验和娱乐宣泄，还在于教育、引导和美的提升。《树和喜鹊》中，树很孤单，喜鹊也很孤单，因为只有一棵树，只有一只喜鹊。后来，树变得快乐了，喜鹊也快乐了，因为树越来越多了，喜鹊也越来越多了，他们有了邻居，有了朋友，有了陪伴。这里，传达了美好的情感——关怀、陪伴、温暖、爱等，由此可以引导儿童进行美的提升。

（3）运用对比。《树和喜鹊》中，从前只有一棵树，一个鸟窝，一只喜鹊，后来树变多了，鸟窝变多了，喜鹊也变多了。而因这一变化，树和喜鹊的心情也发生了改变——从孤单到快乐。这两种变化，正是两种对比：冷清与热闹，孤单与快乐。这两种对比，带给学生的将会是强烈的思维冲击，他们会思考：树和喜鹊后来为什么会很快乐呢？这正符合《义务教育语文课程标准（2011 年版）》要求的“在发展语言能力的同时，发展思维能力”。

2. 文化底蕴。

（1）互助友爱。《树和喜鹊》中，“每天天一亮，喜鹊们叽叽喳喳叫几声打着招呼一起飞出去了”“天一黑，他们又叽叽喳喳地一起飞回窝里”。“叽叽喳喳”展现了一个热闹的场面，“打着招呼”“一起”，传递了一幅和谐的画面。他们叽叽喳喳地在说些什么？他们一起飞出去又是去干吗？也许是分享快乐，也许是倾诉痛苦，也许是一起衔稻草做窝，也许是一起捕虫子喂鸟。这正是和谐相处、守望相助的邻里情、朋友爱。从开始的孤单，到后来的快乐，也说明了陪伴的重要性。一年级的学生进入学校，正处在与同伴交往的阶段，他们也向往与同伴交流、相处。如果让学生扮演喜鹊体验体验这种情景，快乐就会洋溢在他们的心头。

（2）自然和谐。在这篇文章中，树与树、喜鹊与喜鹊、树与喜鹊相处的画面是和谐自然的。树是喜鹊赖以生存的空间，喜鹊与喜鹊是邻居、朋友的关系，一棵树与许多树、一只喜鹊与许多喜鹊是个体与群体的关系，无论关系如何，它们相处的方式都是和谐自然的。喜鹊昼出夜伏，白天叽叽喳喳，夜晚安安静静，符合自然规律。最重要的是，和谐相处的背后，一定要快乐。至于怎样快乐，看看散文诗中的描写就知道了：树有了邻居，喜鹊也有了邻居。树很快乐，喜鹊也很快乐。这样简明的语言，传递的就是纯粹的快乐。

（3）环保意识。散文中出现的大树和喜鹊都是自然界的个体，它们象征着大自然。作者金波创作这篇散文，来源于他的一次经历。有一次，他外出旅行，看见起伏不平的山丘上是一片黄土的颜色，没有绿草，没有野花，只有一棵树，一棵孤零零的树，树上只有一个鸟窝，一个孤零零的鸟窝。他觉得它们太孤单了。

在这个工业化的时代，如果人类乱砍滥伐，破坏环境，或许原本和谐的画面将不复存在，最后地球可能只剩一棵树，一棵孤零零的树，树上只有一个鸟窝，一个孤零零的鸟窝。人类应当与自然和谐相处。

3. 语言表达。

（1）韵律艺术。对韵律敏感是孩子的天性，我们常常可以看到随着音乐的响起，小孩的身体自然而然地随之舞动。儿童文学的韵律艺术不仅仅体现在儿歌和儿童诗中，在儿童散文中也能体现出来。在《树和喜鹊》中，韵律艺术不是表现在字与词上，而是通过作品整体上的谋篇布局，不同文句间的句式结构，语言表达的前后照应来体现韵律和节奏。如“从前，这里只有一棵树，树上只有一个鸟窝，鸟窝里只有一只喜鹊”和“后来，这里种了好多好多树，每棵树上都有鸟窝，每个鸟窝里都有喜鹊”，这两句句式基本一致，只是句子中的一些成分发生了变化，从“从前”到“后来”，从“一棵、一个、一只”到“好多好多、都有”，正是因为这些微妙的变化，突出了作者想要表达的故事氛围和情绪感受。又如，“树很孤单，喜鹊也很孤单”与“树很快乐，喜鹊也很快乐”前后照应，这两句又与“树有了邻居，喜鹊也有了邻居”结构相似，它们都是主谓宾的结构。这三句如果不是被其他文句分隔开来，实际上构成了完整的排比句。再如，“每天天一亮，喜鹊们叽叽喳喳叫几声，打着招呼一起飞出去了”和“天一黑，他们又叽叽喳喳地一起飞回窝里，安安静静地睡觉了”句式相同。《树和喜鹊》虽然是自由的散文体式，但同样具有韵律感和节奏感，读起来朗朗上口，这加强了作品的诗意和趣味。

（2）归类识字。本课要求学生认识的生字有十二个，其中有三个是他们之前接触过的多音字“只、种、乐”。所谓多音字，就是一个字有两个或两个以上的读音，不同的读音表义不同，用法不同，词性也往往不同。因为学生已经掌握“只、种、乐”的字形，所以，本课只要建立“字形→字音、字义”的联系。如何建立联系？只要将这些字放入具体语境中，分析它们在不同语境中的意思，进而确定读音。“窝、邻、招、呼、静、都、孤”都是形声字，可通过学习迁移，建立已有知识与新知识的联系，唤醒学生过去学习形声字的体验，进一步巩固形声字的识字方法。其中，“都”字声符为“者”，形符为“阝”。“阝”即“邑”，表示与城市有关。“都”的本义是建有宗庙的城邑，这里作副词，引申为“全部”。“单”是象形字。“居”一说为会意字：。表示妇女，是倒写的“子”，指刚出世的婴儿，指的是妇女生子，本义为在家休养生息。“居”另一说为象形字：。像人曲胫蹲踞形，本义为蹲着。无论是象形字，还是会意字，都可根据字理识字，演示其变化过程，激发学生学习汉字的兴趣，易于识字，因此，暂且将“单、居”归为一类进行识记。以“单”为例，根据字理识字，展示其演变：甲骨文，金文，小篆，隶书，楷书。“单”本义是用干戈、实弹攻城夺寨，引申为“弹丸”，后被“弹”代替；后来引申为“单独、一个”，如“单独”；再后来引申为“孤独”，如“孤单”。在教学过程中，可以通过猜一猜，说一说等方式，调动学生学习的积极性，引发他们思考，促进汉字的识记。

（3）书写分层。本课要求书写的汉字有“单、招、快、居、呼、乐”。“乐”字与学生已学的“东”“牙”相似，可以通过学习迁移，指导书写。“招、快、呼”是左右结构，它们的共同点是偏旁窄，即左窄右宽。其中，“招”字由“扌、刀、口”组成，这三个部件学生已学过，对其并不陌生，重点在于指导其书写的整体性。指导“呼”字书写要注意其书写顺序，且右边“乎”的头为平撇。“单”为上下结构，偏旁为倒八头，最后一笔为悬针竖。“居”为半包围结构，指导书写时尤其要提醒学生注意这一点。

二、学习目标

1. 基础目标。

（1）通过形声字识字法、字理识字法，认识“窝、孤、邻、招、呼”等字。

（2）通过将多音字放入具体语境中猜字义、组词的方法，识记“只、种、乐”三个字。

（3）借助以往的写字经验，通过学习迁移，正确书写“单、招、快、居、呼、乐”六个字。

2. 特色目标。

（1）通过朗读，感受儿童散文独特的韵律。

（2）通过朗读、想象画面等方式，感受树和喜鹊互助友爱、和谐的画面。

3. 发展目标。

进一步联系已有识字经验，发展学生据形猜义的解字方法。

三、核心内容

项目	具体内容
语言内容	（1）正确书写“单、招、快、居、呼、乐”六个字，通过据形猜义、联系上下文等方式，理解“孤单”的意思 （2）通过朗读，感受儿童散文独特的韵律艺术
思维内容	通过对比阅读，发展思维能力
文化内容	感受树和喜鹊互助友爱的和谐氛围
方法内容	掌握多音字放入具体语境中猜意思的识字方法

四、学习设计

第一课时

板块一　整体感知

1. 课题导入。

学生看教师板书，读题，猜文章内容。

2. 自由读文。

（1）独立读。要求圈出不认识的字，借助“拼音宝宝”，力求读准字音。

（2）合作读。同桌相互读，纠正错音，不会读的相互帮忙。

3. 集体对读。

（1）检查朗读。师：刚才小朋友们读得那么认真，真好！请小朋友们分节朗读。

（2）个别正音。在学生朗读的过程中，个别字音指导。

（3）相机正音。重点正音“招呼、孤单、邻居”。

（4）教学“招呼”。师：小朋友，向喜鹊打打招呼吧。

（5）教学“孤单”。师：小朋友，什么时候你觉得自己特别孤单呢？

（6）了解“邻居”。师：课文中说谁是谁的邻居？（板贴：喜鹊和大树）

4. 再读短文。

师：小朋友，现在你们一定会把课文读得更棒的。来，再读一次课文吧。

【设计意图】通过各种形式的朗读，形成整体感知，为下文的学习奠定基础。

板块二　分类识字

1. 词语教学。

师：小朋友们，你们刚才读得真好，词语宝宝想和你们交朋友了呢。（出示词语卡片：鸟窝、邻居、孤单、招呼）

（1）学生个别读。

（2）“开火车”读。

（3）谈谈发现。师：看看“窝、邻、招、呼”四字，你有什么发现？对，它们都由两部分组成，一部分表示读音，一部分表示字的意思。而“招”字比较特殊，“召”既表示读音，也表示意思。这样，我们就可以根据字形猜字义了。

（4）据图猜字。师：（出示）小朋友，请你们猜一猜，你们觉得这个是什么字？说一说你们猜的理由。

（5）讲解字形。师：指的是妈妈在家里生宝宝。生完宝宝，妈妈就要在家里休息哦。所以，可以组词：居住、安居乐业、居所。后来发展为居住的意思。

（6）齐读词语。

2. 朗读句子。

师：小朋友，有几个生字宝宝藏在句子中了，你们还会读吗？

只：从前，这里只有一棵树，树上只有一个鸟窝，鸟窝里只有一只喜鹊。

种：后来，这里种了好多好多树，每棵树上都有鸟窝，每个鸟窝里都有喜鹊。
　　不过，回家睡觉了，倒可以做各种各样的梦。

乐：树很快乐，喜鹊也很快乐。
　　我喜欢听音乐。

（1）学生练读。

（2）指名朗读。指导学生读准多音字。

3. 畅谈发现。

师：小朋友，读着这些句子，你们发现生字宝宝有什么特点吗？

4. 顺势小结。

师：小朋友，这些生字都是多音字，读准多音字，就能更好地读好句子。

5. 找朋友。

师：小朋友，你们还能给这三个多音字再找几个朋友吗？

6. 朗读词卡。

师：小朋友，现在这些词语你们一定能读得更好了。

【设计意图】首先，根据形声字的特点，既可以据形猜音，又可以据形猜义，易于识字。其次，将多音字放入具体语境中，让学生根据不同读音组词，利于区分多音字不同读音的不同意思、不同用法。

板块三　对比朗读

1. 感知内容。

师：小朋友，我们把词语放回课文吧，请你们再读一读课文，并想一想，开始的时候，喜鹊是怎样的？大树是怎样的？后来，他们又是怎样的？

2. 集体交流。

根据学生提取的信息，相机出示以下两句相对应的句子。

从前，这里只有一棵树，树上只有一个鸟窝，鸟窝里只有一只喜鹊。

树很孤单，喜鹊也很孤单。

后来，这里种了好多好多树，每棵树上都有鸟窝，每个鸟窝里都有喜鹊。

树有了邻居，喜鹊也有了邻居。

树很快乐，喜鹊也很快乐。

(1) 自由朗读。师：请同桌之间互相读一读这几句话，看看谁读得最好。

(2) 学生发现。师：小朋友，读着读着，你们发现了什么？（根据学生说的出示相对应的词组）

一棵树　　　　　　好多好多树

一个鸟窝　　　　　每棵树上都有鸟窝

一只喜鹊　　　　　每个鸟窝里都有喜鹊

(3) 师生对读。师：读着读着，你们知道了什么？是的，从前本来只有一棵树，一个鸟窝，一只喜鹊，后来有了许多的树，许多的鸟。

(4) 继续发现。师：小朋友，从前一棵树、一只鸟的时候，他们是怎样的呢？后来许多树、许多鸟之后又是怎样的？（出示相对应的词组）

	一棵树			好多好多树	
从前	一个鸟窝	孤独	后来	每棵树上都有鸟窝	快乐
	一只喜鹊			每个鸟窝里都有喜鹊	

(5) 师生对读。教师读从前，学生读后来；教师读孤单，学生读快乐。

（6）展开想象。师：你们猜，从前鸟和树能玩什么？后来鸟和树又能玩什么？

（7）情韵朗读。师：你们理解得很好。谁能读出这种感觉呢？（学生挑战读）

（8）说话练习。师：（看着屏幕）我想你们都能讲这个故事了吧？你们先自己练一练，然后老师请小朋友来讲一讲。

3. 句子仿说。

出示句子：

树很孤单，喜鹊也很孤单。

树有了邻居，喜鹊也有了邻居。

树很快乐，喜鹊也很快乐。

（1）学生朗读。师：有了邻居就快乐。你发现这三句话有一样的地方吗？

（2）聚焦“也”字。师：你也能说“也字句”吗？

喜鹊睡觉了，鸟儿也____________________。

____________________，____________________也________________。

（3）自由说说。师：刚才小朋友们说得那么认真，真好！现在，哪位小朋友愿意把自己说的说给大家听听？

（4）全班交流。

【设计意图】首先，对比朗读既利于发现儿童散文结构对称的特点，又利于形成思维冲击，培养学生的思维能力。其次，对比朗读也利于促进学生对文章的理解，为下面的学习奠定基础。

板块四　书写生字

1. 出示生字。

师：小朋友，你们真厉害。如果能写一手好字就更棒了。

2. 合作指导。

请学生说说书写时应注意什么，教师指导。如“居”是半包围结构，竖撇要包住“古”，“招、呼”左窄右宽。

3. 教师范写。

4. 独立练写。

请学生先描一个，再写一个，注意写好关键部件和关键笔画。

5. 集体讲评。

选具有代表性的学生作品，屏幕呈现，然后师生合作讲评。评价指向关键部件和关键笔画。

6. 修正练写。

讲评之后，请学生再各练写一个，最后展示讲评。

【设计意图】书写汉字，注意间架结构，感受汉字形体美，养成良好的书写习惯。

板书设计：

6 **树和喜鹊**

孤单 快乐

居 招 呼

第二课时

板块一 复习导课

1. 词语复习。

师：小朋友们，这些词语还会读吗？（出示词语：鸟窝、邻居、招呼、孤单、快乐）

（1）“开火车”读。

（2）全班齐读。

2. 导入新课。

师：通过上节课的学习，你们知道课文讲了树和喜鹊之间的什么故事吗？

（1）学生讲述。

（2）相机板书：孤单、快乐。

【设计意图】复习旧知，温故而知新，并以孤单和快乐作为导课的切入点，一下子拉近了学生与文本的距离。

板块二 探究原因

1. 自由读文。

师：是啊，课文讲述喜鹊和大树由孤单变得快乐了。上节课，我们就知道要读好这两句。（出示句子）

树很孤单，喜鹊也很孤单。

树很快乐，喜鹊也很快乐。

2. 聚焦“孤单”。

师：小朋友，孤单就是一个人是吗？我们来看看这两个字。

（1）师：（出示字）你们猜一猜这是什么字？

（2）讲解字形。师：外形很像弹弓，本义是打仗的意思。喜欢打仗的人可交不到朋友，就变得孤单了。

（3）师：（出示“孤”字）你们发现这个字是什么偏旁？这个字的意思是指失去父亲的儿子。儿子失去父亲就变得孤单、孤独了。

（4）理解词意。师：小朋友，这两个字放在一起读“孤单”。猜一猜，当时小鸟和大树的心情是怎样的？

（5）读好句子。

出示句子：树很孤单，喜鹊也很孤单。

3. 理解快乐。

师：后来，是什么原因让他们变得快乐的？请小朋友读一读第三至第六自然段。

（1）学生读书。

（2）同桌交流。师：是啊，后来这里种了许多树，就飞来许多鸟，这样大家就有了邻居，就有了玩伴。

（3）聚焦短语。

出示短语：好多好多树、每棵树、每个鸟窝。

（4）想象画面。师：读着这些词，你仿佛看到了什么？

（5）体会热闹。师：是的，多么热闹的画面，我们一起读一读第三自然段吧。

（6）理解内容。师：小朋友，有这么多鸟儿了，他们可以做些什么呢？是啊，可以做这么多游戏，多么快乐！

4. 分享快乐。

师：我们去看看他们是怎样生活的。（出示第五自然段）

（1）朗读发现。师：小朋友，请你们读一读，发现了什么？是啊，他们很快乐，你们是从哪里看出来的？

（2）圈画词语。

出示词语：每天、叽叽喳喳、安安静静。

（3）发现规律。师：小朋友，你们看看“叽叽喳喳”这个词，发现了什么？是啊，都是口字旁，是小鸟的声音。我们一起读一读。你们瞧，旁边这个词和它很像哦，对“安安静静”。你们还知道类似这样的词吗？（出示词语：快快乐乐、

开开心心、干干净净、高高兴兴）

（4）移情体验。师：小朋友，每天早上，小鸟们叽叽喳喳打招呼，他们会说些什么呢？我们来当当小鸟和大树，互相打打招呼吧。说得真好！我相信，睡觉前，他们也一定会互相说晚安的吧，他们会怎么说呢？

（5）朗读体验。师：多么温馨的画面，多么有趣的情景，来，让我们一起读好这段话吧。

（6）填空背诵。每天天一亮，喜鹊们（　　）叫几声，打着招呼（　　）。天一黑，他们又（　　）地（　　），（　　）地睡觉了。

（7）仿说句子。师：你们猜一猜，他们还会一起干什么呢？

每天，他们一起（　　　　　　　　），一起（　　　　　　　　）。

5. 教师小结。

师：原来那么多人在一起才快乐啊。现在，你们知道喜鹊和大树为什么从孤单到快乐了吗？

（1）学生互说。

（2）指名交流。

6. 回顾全文。

师：小朋友，让我们配上音乐，再一起走进这个故事吧。

（1）师生合读。随着音乐，师生合作阅读。

（2）定格句子。树很快乐，喜鹊很快乐。

【设计意图】抓住关键词，体会喜鹊和树由孤单到快乐。在体会的过程中，依然以识词解词作为教学的重点，让学生在品味词语的过程中，感受大伙儿在一起的快乐，渗透和谐的人文内涵。

板块三　书写生字

1. 出示生字。

单　快　乐

2. 合作指导。

请学生说说书写时应注意什么，教师指导。如“单”字的偏旁倒八头要写得小，“快”字左窄右宽。

3. 教师范写。

4. 独立练写。

请学生先描一个，再写一个，注意写好关键部件和关键笔画。

5. 集体讲评。

选具有代表性的学生作品，屏幕呈现，然后师生合作讲评。评价指向关键部件和关键笔画。

6. 修正练写。

讲评之后，请学生再各练写一个，最后展示讲评。

【设计意图】书写汉字，注意汉字的关键笔画，让学生在书写的过程中逐渐掌握汉字书写的规律，最终养成良好的书写习惯。

板书设计：

6　**树和喜鹊**

孤单　快乐

叽叽喳喳　安安静静　一起　一起

单　快　乐

7　怎么都快乐

一、文本解读

1. 文体特点。

（1）儿歌。儿歌又称童谣，是儿童练习口才的工具，是儿童的诗。它不仅给儿童在生活上带来乐趣和享受，还可以帮助儿童体验快乐，并在快乐的游戏中健康成长。《怎么都快乐》是一首描写儿童活动的童谣。文中出现了很多学生喜闻乐见的游戏，比如，折纸，踢毽子，跳绳，搭积木，看书，画画，听音乐……这些活动，直接联结儿童的课余生活。一碰触到这些文字，就会勾起学生快乐的记忆，再现当时活动的场景。同时，读着这样的文字，能激发学生的情感。折纸快乐，踢毽子快乐，跳绳快乐……怎么都快乐，玩什么都快乐，快乐萦绕学生的周围。又因为采用诗歌的形式来讲述，言语变得简短，节奏变得明快，儿歌快乐的特点就更加明显了。

（2）故事描述。这些活动镶嵌在儿歌的四个小节中，快乐的氛围弥漫在整首儿歌中。儿歌还根据儿童的思维品质，抓住这些活动的形象特点，具体描述了在不同的时间空间里，儿童是怎样活动的。整首儿歌如一幅画卷在学生面前缓缓展开。“独自一个，静悄悄的”营造了一个人独处的静谧空间；“你讲我听，我讲你听”“你讲我们听，我讲你们听”描绘了儿童间相互讲述故事的温馨情节。四个人、五个人、许多人一起游戏，又是一幅热闹的画面。儿童喜欢故事，文本采用诗歌的形式，讲述学生课余的故事，浅显却充满活力。读着这样的故事，学生的心中满是熟悉的味道，满是快乐的元素。在教学的过程中，应引导学生在多种形式的朗读中，把自己也带进故事里。

（3）想象空间。儿童的天性是想象，想象又根植于生活。儿歌描绘的四个场景都是对儿童生活的高度概括和集中。在这浓郁的生活气息背后，有着儿童想象的空间。一个人，可以折船，折马，可以踢毽子，跳绳，搭积木，也可以看书，画画，听音乐……两个人，可以你讲我听，我讲你听，可以下象棋，打羽毛球，坐跷跷板……三个人，可以讲故事，可以跳绳……很多人，可玩的游戏就更多了，拔河，打排球，打篮球……每一个场景描写活动之时，都有一个省略号，这省略号就给予学生想象的空间，激起学生运用文字创作儿歌的欲望。如当读到“折船，折马……”联结儿童生活，学生可以信手拈来折房子，折灯笼，折篮子……也就可以编成“正好用纸折房子，折灯笼……”如此，故事中的快乐也就在学生想象中进入了课堂的快乐。

2. 文化底蕴。

（1）快乐生活。学生生活空间受限，又独生子女居多，很多学生觉得生活十分无聊。这首儿歌，正好为学生打开了一扇生活之窗。原来快乐就在我们的身边，快乐就在我们的生活中，快乐是需要我们制造的。一个人可以有一个人的快乐，两个人有两个人的快乐，一群人有一群人的快乐，这样的生活方式植入学生的思维之中，学生的生活就处处有了欢乐。《怎么都快乐》这首儿歌，为感到无聊的学生找到快乐生活的途径。

（2）和谐相处。儿歌中展示了好几种人与人之间的相处模式：人与自我相处，人与他人相处，人与群体相处。不管是哪种相处模式，都是那么和谐。不仅人与人之间是和谐的，连丰富的活动与活动之间也是和谐的，玩累了这样就玩那样，做够了这样就做那样。和谐共处，相互关照，让自我与同伴的生活变得快乐起来。

（3）动静相宜。一个人独处，世界是安静的，一切的活动也显得安静了。不管是无声的折纸，看书，画画，还是有声的踢毽子，跳绳，搭积木，听音乐。一个人有一个人的自在，有一个人的快乐。多了一个人，环境就热闹起来了。两个人就有两个人的快乐，可以讲故事给对方听，可以下象棋，打羽毛球，坐跷跷板，等等，一切的活动都具有了互动性。人越多，就越热闹，活动也就越丰富，学生感受到了与人相处的快乐，活动的快乐，合作的快乐。

3. 语言表达。

（1）组块呈现。《怎么都快乐》描述活动都用组块的形式呈现。全文四个小节，共十四句话，用了十八个短语描写活动。每一小节结构相似，先说“几个人玩，很好”，紧接着出现可以玩什么活动，这样总起分说的结构形式，很适合一年级学生学习。另外，每种活动都以动宾结构出现，比如“踢毽子”“跳绳”“搭积木”“下象棋”“打羽毛球”……都由一个动词和一个名词组成。同类短语集中出现，利于学生形成类的概念，有助于学生更好地积累，也更好地打通了学生与生活的壁垒，激活学生思维，在鲜活的语境中运用此类词语，甚至创编儿歌。

（2）活泼明快。儿童处于学习语言、提高语言表达能力的黄金阶段。浅显、简短、有节律的语言易于学生诵读积累。《怎么都快乐》虽有四小节，但每一小节长短句结合，节奏明朗，生动活泼，一个阳光快乐的男孩形象就呈现在学生的面前，利于激发学生的愉悦感。小到句子与句子之间，也是两两相对，节奏明快。比如“你讲我听，我讲你听”，四字成句，你我相对；“一个人玩，很好！两个人玩，很好！三个人玩，很好！”……人数递增，其他文字往返回复，体现汉语语言的回环美与生动活泼。

（3）归类识写。一年级下学期的学生已经有一定的识字经验，应慢慢培养他们自主识字的能力。本课要认的十三个生字中，有九个藏在活动中，结合语境识字，既降低了难度，又能培养学生解字的能力。对于难记、有疑问的字，引导学生通过字理，联系生活趣味识记。“独”字，学生不免会生出疑问，“独”为何是反犬旁？一看“独”字的小篆 就能明白字的含义。“篮”字是本课生字，容易与“蓝”字混淆。联系生活、结合图片，竹编的篮子，投到篮框里的叫篮球，促进形象记忆。要求书写的七个生字有五个是左右结构的字，且都左窄右宽，应让学生掌握这一写字技巧。“当”和“音”是上下结构的字，尤其要让学生注意“当”字上面的小字头，先写中间的竖笔，再写左点右短撇。

二、学习目标

1. 基本目标。

（1）通过结合图片、联系生活、字理识字等方式，识记“独、排、跳、绳”等十三个生字。

（2）借助以往的写字经验，端正地书写“讲、许、行”等七个生字，掌握左窄右宽的写字技巧。

（3）通过图文结合、联系生活、字义由来等方式，培养学生多样化的识字能力。

2. 特色目标。

（1）集中积累儿歌中写活动的短语，联系实际拓展同类词语。

（2）通过想象画面、联系生活、动情诵读等方式，感受玩什么都快乐，和谁玩都快乐。

3. 发展目标。

反复诵读，拓展活动短语，创设情境，加入新的词语创编儿歌。

三、核心内容

项目	具体内容
语言内容	（1）指导积累儿歌中写活动的词语，联系实际拓展同类词语 （2）重点指导“玩、讲、很、当”四个生字
思维内容	感受学生所处的时空与所做活动的内在联系
文化内容	（1）感受不同活动的快乐 （2）感受和自己，和他人和谐相处的氛围
方法内容	（1）指导学生掌握集中积累同类词语的方法 （2）写好左右结构的字，掌握左窄右宽的方法

四、学习设计

第一课时

板块一　谈话激趣

1. 谈话导入。

师：你们喜欢玩游戏吗？喜欢玩什么游戏？

2. 关注指导。

指导学生说完整的话：我喜欢玩（　　）。

3. 谈话迁移。

（1）聊游戏。师：玩游戏多么有意思呀！玩自己喜欢的游戏怎么都快乐。

（2）书写课题。师：这节课，我们要学习的诗歌，题目就叫《怎么都快乐》。（板书：怎么都快乐）

（3）书空课题。学生一边看教师板书一边书空。

（4）集体读题。

【设计意图】联系生活，激发学生学习兴趣，培养学生说完整话的良好习惯。

板块二 初读感知

1. 师示范读。

师：请小朋友们把书翻到第35页，听老师读课文。文中的小朋友都玩了些什么游戏，他们快乐吗？

2. 趣味诵读。

（1）师生共读。师：你们想读吗？咱们一起读。想想看，老师和你们合作读，有几种方式呢？（第一种，学生一句老师一句；第二种，老师一节学生一节）

（2）同桌合作。师：如果让你和同桌合作读，你要怎么读呢？自己练练。

（3）男女对读。师：男女生合作，怎么读呢？练一练。

3. 自由练读。

（1）自由读。师：自己能读下来了吗？自己练习读吧。

（2）圈生字。师：如果有不认识的字，请你圈起来，用我们学过的方法认识它。注意要读准字音。

（3）标小节号。师：读完后，标一标，全文一共有几个小节。

4. 指名轮读。

（1）标出小节。师：你们知道有几个小节吗？（集体校对小节数）

（2）“开火车”读。师：我们按小节“开火车”读，每一小节中，都有我们要认识的新朋友，我们要把它们读正确。

5. 相机正音。

师：小朋友，有几个生字宝宝想和你们交朋友呢！

（1）屏幕显示：怎、绳、讲。

（2）读准字音。师：孩子们，“怎”是什么音？（前鼻音、平舌音）“绳”是什么音？（翘舌音、后鼻音）“讲”呢？（后鼻音）

（3）记住字形。师：小朋友，你们有什么办法记住这三个生字？（联系旧知）“怎”，怎样，好像遇到了困难，心里在想，所以是心字底。那绳子呢，见过吗？（出示草绳的图片）你们发现了吗？以前的绳子是用线丝缠绕起来的。

（4）一字开花。师：小朋友，会读会认了，你们能给这几个字组组词吗？

6. 认读多音字。

（1）屏幕显示。

dé　得到　得奖
得　de　觉得　跑得快
děi　总得　得注意

（2）集体认读。师："得"字有好几个读音，我们一起读一读，记一记。

7. 师生合作。

师：小朋友，如果这些字都会读了，那么，诗歌一定就会读得更好听了。我们合作起来读一读吧。

【设计意图】充分地让学生自己去学，引导学生提出练读的方式，并根据学生提出的方式进行师生合作读，同桌合作读，男女生对读。通过多种形式的朗读，学生对儿歌不仅有了整体的感知，而且也在多种诵读中读准了几个难读的字音，这为下文集中学词做好了铺垫。

板块三　集中学词

1. 导出词语。

（1）提出疑问。师：小朋友，课文读得很好了，请你们想一想，你们最喜欢课文中的哪一种活动呢？

（2）板贴词卡。

（3）练习说话。师：（指着词卡）谁再来说一说，这些活动，最喜欢哪一个呢？（关注说完整的话：我最喜欢——）

（4）朗读词卡。师：小朋友，这些活动你们都很喜欢，那就快乐地读读吧。

2. 集中积累。

（1）自由练读。师：小朋友们，想不想把这些词语读好？来练一练吧。

（2）领读词语。

（3）"开火车"读。

（4）师生共读。师：你们读得真好，老师忍不住也想和你们一起读。我读一个，你们读一个。

3. 发现规律。

（1）加红动词。师：小朋友，读着读着，你们发现了什么？

（2）畅谈发现。学生发现红色的字都表示动作。

（3）做动作读词。师：有了动作，整个词语都动起来了。选择你喜欢的活动，边做动作边读一读。

4. 联系生活。

师：小朋友，联系你们的课余生活，你们还能说出类似表示活动的词语吗？

5. 练习过关。

师：小朋友，你们的课余生活可真丰富。那你们觉得你们的游戏都适合几个人玩呢？请你们再认真读一读儿歌，完成下面的练习。

（1）出示练习。

（　　）纸　（　　）马　（　　）毽子　（　　）绳

（　　）积木　（　　）书　（　　）音乐　（　　）故事

（　　）象棋　（　　）羽毛球　（　　）跷跷板　（　　）河

（　　）排球　（　　）篮球　（　　）足球　（　　）运动会

（2）巩固动词。请学生读儿歌，完成练习题。

6. 合作小结。

（1）教师示范。师：小朋友们读得真快乐！老师知道了，折纸很好玩，踢毽子很好玩，打羽毛球也很好玩。

（2）练习说话。师：谁也能像老师这样说一说呢？

（3）顺势小结。师：是啊，我们说的是同一个意思，玩什么都很快乐。

【设计意图】本课词语很有特点，都用动宾结构展现课余活动。通过说一说，读一读，学生自主发现词语的规律，并联系生活，拓展同类词语。这一环节做到了化繁为简，把时间和空间让给学生。

板块四　书写生字

1. 一字开花。

师：小朋友，你们把课文读得很好，生字宝宝也忍不住和你们打招呼了。你们能给生字宝宝找些朋友吗？（出示：玩、讲、许）

2. 观察发现。

师：要写好这三个字，你们有什么好建议呢？

3. 重点指导。

（1）左右结构。师：这三个字都是左右结构，而且都是左窄右宽的。

（2）注意穿插。“玩”字王字旁和“元”的撇穿插，“讲、许”言字旁的横折提的提注意和“井、午”的横穿插。

4. 教师范写。

请学生看教师范写，然后举起右手书空。

5. 独立书写。

请学生在课后的方格里，端正地写一个，注意写字姿势。

6. 集体讲评。

（1）屏幕呈现。选择具有代表性的学生作品，屏幕呈现。

（2）集体评价。师生合作评价，指向左窄右宽和笔画穿插。

（3）评价标准。一评，写对一颗星；二评，注意关键笔画，把字写好看两颗星。

7. 同桌互评。

再写一个，同桌根据两点要求打星互评。

【设计意图】生字归类书写，能够凸显一类字的共同特点，有利于学生掌握书写规律。有效评价，指向书写规律，利于学生写端正汉字。

板书设计：

7 怎么都快乐

板贴：

折纸	搭积木	讲故事	拔河	踢足球
折马	看书	下象棋	老鹰捉小鸡	开运动会
踢毽子	画画	打羽毛球	打排球	
跳绳	听音乐	坐跷跷板	打篮球	

玩什么都快乐

第二课时

板块一 知识复习

1. 复习导入。

师：小朋友，这节课我们继续学习《怎么都快乐》。（读题）上节课我们学习了很多活动，你们还记得吗？

2. 认读词语。

师：请小朋友“开火车”认读词语，并板贴词语卡片。

3. 思维碰撞。

师：读完课文后，你知道哪些游戏适合一个人玩，哪些游戏适合两个人玩，哪些游戏人多更好玩吗？说说理由。

4. 师生对读。

师：这些活动的词语都跑到课文中去了，你还能读好吗？我们一起合作读一读吧。

【设计意图】知识复习，复现儿歌中的活动，呈现活动多样化，即玩什么都快乐。引导学生思维碰撞，链接几个人玩都快乐，为学习新知做好准备。

板块二 读编儿歌

（一）扶学第一小节

1. 过渡到段。

师：刚才，我们合作读儿歌真好玩。你们想不想去看看儿歌中的小朋友玩得快不快乐？儿歌中的小朋友一个人都玩些什么游戏呢？

(1) 动笔圈画。师：我们请一个小朋友来读，其他的小朋友拿出铅笔，把他玩过的游戏画出来。

(2) 讨论交流。师：一个人都玩过哪些游戏？谁来告诉我们？

2. 观察插图。

师：看一看文中的插图，那位小朋友在玩什么游戏？

3. 字理识字。

(1) 关注“静悄悄”。师：小朋友们真会观察。现在请看一看儿歌中有一个词“静悄悄”，什么意思？你们能用“静悄悄”说一句话吗？

(2) 联系生活。师：小朋友，独自一个，静悄悄，你有过独自一个的经历吗？

(3) 质疑识字。师：“独”是形声字。形声字偏旁表示意思，反犬旁的字一般和什么有关？猜一猜，独字为什么是反犬旁？

(4) 思辨解疑。师：（出示小篆 獨）左边是犬，犬性格很好斗，一般都是独居。右边是“蜀”，本指“带孔眼的网罩”。“犬”与“蜀”联合起来就是“犬关在带格栅的犬舍里”。“独”的本义是一个笼子里关着一条狗，很孤独。所以，它有这些朋友——孤独、独自、单独。

4. 关注标点。

(1) 拓展说话。师：小朋友们，当你们一个人在家时，你们都玩些什么呢？老师知道小朋友们肯定还有很多游戏没有说出来。

(2) 质疑发现。师：这么多游戏我们能把它们都写下来吗？所以呀，文中出现了一个标点符号——省略号。

(3) 顺势小结。师：小朋友们真能干，能自己和省略号交上朋友了。这个省略号太神奇了，它代表了那么多那么多的游戏。可见，一个人玩，确实很好！

5. 动情朗读。

师：一个人玩，很好！小朋友，你能快乐地读一读儿歌吗？谁来试试快乐地读一读。

6. 创编快乐。

师：小朋友们读得可真快乐呀！来看屏幕，你能照着这个样子，看着黑板说一说吗？

一个人玩，很好！

独自一个，静悄悄的，

正好

________，________，________，

当然还有________，________，

________……

7. 小结过渡。

师：小朋友们真厉害，都会编儿歌了。你们看，一个人玩，很好！如果两个人玩，三个人玩，更多的人玩，你们就会得到更多的快乐。你还喜欢哪一个小节，就大声地读读这个小节，并请观察课文的插图，看一看你都会玩哪些游戏。开始自己读一读。

（二）合学第二、三、四小节

1. 合作学习。

师：哪位小朋友喜欢第二小节？喜欢第二小节的小朋友一定有一个要好的朋友，请你邀请你的好朋友一起来读一读吧。

2. 运用圈画。

师：儿歌告诉我们，两个人可以玩哪些游戏呢？

3. 韵律朗读。

师：两个人可以玩的游戏真多。儿歌中写什么活动的字数最多？（讲故事）小朋友，儿歌中写讲故事的字数最多，还很好玩呢！我们一起来读一读吧。

4. 玩创儿歌。

(1) 趣填儿歌。师：把字数变多真好玩，你能编一编吗？

打羽毛球得有两个人才行，

你________我________，你________我________。

坐跷跷板得有两个人才行，

你________我________，你________我________。

（2）连句成诗。你还知道哪些游戏呢？接着编一编。

两个人玩，很好！

________得有两个人才行，

你________我________，你________我________。

还有________，________，

________……

5. 快乐加倍。

师：哪些小朋友喜欢第三小节？三个人呀，肯定玩得非常快乐。三个人可以玩什么？看来三个人玩更快乐。（小组赛读。全班读）

6. 快乐诵读。

师：第四小节我们一起读。许多人可以玩哪些游戏？看来儿歌中的小朋友可真会玩呀！许多人玩更快乐！当我们大家一起玩的时候，大家都快乐。（全班读）

7. 感情朗诵。

（1）加动作读。师：快乐就在我们的身边，现在，请你们自己快乐地读儿歌，还可以加上自己喜欢的动作。

（2）填空诵读。师：小朋友，老师相信，这首儿歌你们已经会背了。

（三）课堂小结

1. 出示首句。

一个人玩，很好！

两个人玩，很好！

三个人玩，很好！

许多人玩，更好！

几个人玩都快乐！

2. 学生发现。

请学生自由读，说说发现：句末是感叹号，人数逐增，非常快乐……

3. 动情读好。

【设计意图】通过动笔圈画、关注标点、联系生活等方法，学生学会学习。整个学习过程由扶到放，并在读读说说中趣编诗歌，符合儿童的学习规律。

板块三　书写生字

1. 复现生字。

师：小朋友，学到这里，你们还认识课文中的生字吗？

2. 游戏闯关。

打地鼠游戏。红色的字站着读，黑色的字坐着读。

3. 书写生字“很、行、当、音”。

（1）一字开花。师：小朋友，给生字找找朋友。

（2）注意结构。“很”和“行”是左右结构的字，左窄右宽。“当”和“音”是上下结构，重点指导当字的小字头，先写中间的竖。

（3）独立书写。学生独立书写这四个字。

（4）同桌互评。师：小朋友，与自己的同桌评一评，然后再写一个，争取一个更比一个好。

（5）展示评价。选择有代表性的学生作品，屏幕呈现，集体讲评。

【设计意图】学生已有一定的写字经验，教学过程中重点指导学生写好关键部件，正确书写汉字笔顺。

板书设计：

7 **怎么都快乐**

一个人玩，很好

两个人玩，很好

三个人玩，很好

许多人玩，更好

几个人玩都快乐

口语交际：请你帮个忙

一、文本解读

1. 文本特点。

（1）口语交际。这是一年级下册第二次“口语交际”的内容。口语交际是指特定环境里产生的言语环境，不同于听话、说话，它是由听说双方共同构成的一种交际方式。其核心是“交际”，基本特点是听说双方互动，只有交际双方处于互动的状态，才是真正意义的口语交际。因而口语交际是在场交际，要考虑到听说双方的需求和特点。唯如此，口语交际才能凭借着听、说进行交流、沟通，联络感情、处理问题等等。要让口语交际变得高效而顺畅，就必须培养交际对象倾听、表达和应对的能力。所以，口语交际在小学阶段，应重在培养学生倾听和交流的良好习惯。此文本就明显呈现“交际”这一特点，图画中的每个孩子都遇到困难，然后向人发出请求，交流、沟通和应付等都包含其中了。

（2）图文并茂。在一年级上册的基础上，本次“口语交际”向学生提出了更高要求：当自己遇到困难时，应该有礼貌地请求别人帮助。这里面包含着大声说、认真倾听、态度诚恳等等交际原则，这也是对一年级所学知识的一次小结。出于这样的思考，文本分四个片段呈现，每一片段都图文结合。图上画的一边是孩子遇到的困难，一边是孩子可以请求帮忙的对象。画面清晰地告诉学生当时发生了什么，文字则是提醒学生该如何向别人发起请求。比如，“叔叔，您好！请问，书店怎么走?”这样的图文结合，非常符合一年级学生的认知规律，易于激发他们交际的“欲望和冲动”。

（3）贴近生活。交际需要现场感，学生越熟悉的生活场景，越容易激起他们的同理心。文本中的三个孩子遇到的三个问题，皆来自于生活。三个问题发生在三个地点。一个发生在马路上，一个发生在课堂上，一个发生在足球场上。这样的问题，每一个学生都会遇到，至于如何解决就不得而知。此次“口语交际”就提供了解决类似问题的范例，要大胆、有礼貌地请求别人的帮忙。问题来源于生活，似乎也发生在自己的身上，如此的问题情境是每一个学生都愿意参与的。

（4）目标明确。口语交际重要的目的之一就是规范学生的口头用语，让学生养成倾听、会话等良好习惯。对于一年级的学生来说，他们自我中心意识很强，都是将自己放在第一位。于是，与人会话时，经常是“我怎么样，我怎么样……”很少考虑交际对象的存在。本次的“口语交际”则很明确地告诉学生，在交际时，对象放在第一位。比如，文本中出现的“叔叔、李山、大姐姐”都放在发起交际的首位。另外，第四幅图的文字则进一步明确地告诉学生要有礼貌——“请、请问、您、您好、谢谢、不客气”。文本这样的安排，就让学生明白，此次的“口语交际”要做到态度诚恳而有礼貌，也为教者指明了教的方向。

2. 文化底蕴。

（1）礼貌待人。《义务教育语文课程标准（2011年版）》指出，学生应当具有日常口语交际的基本能力，在各种交际活动中，学会倾听、表达与交流，初步学会文明地进行人际沟通和社会交往。文明中的一条就是“有礼貌”。中国素有“礼仪之邦”的美誉，“习礼仪、知诗书、达事理”是我们五千年文明古国世代相传、国人为之自豪的传统美德。在本次的“口语交际”中，最为重要的一点就是“在学生熟知的生活交际场景中做到有礼貌”，这也是礼仪文化传承的凭借点。

（2）规范用语。一年级的学生基本上具备了日常的交际能力，汉语是他们的母语，进入小学之前，他们已经运用汉语六七年了，所以不存在交际陌生感，只存在能不能更好地交际。这就涉及交际时的态度、倾听等方面的习惯。本次“口语交际”在规范用语方面要求明确，请求别人帮忙时，必须得用上礼貌用语，必须得说清楚自己遇到什么困难，别人帮忙之后，必须得说“谢谢”。这样的小要求渗透在本次“口语交际”中的每一个环节，目的是培养学生规范用语的习惯，让学生成为有素养的言语人。

（3）集体文化。学生是社会人，生活在大集体中。“它山之石，可以攻玉”“取长补短，相得益彰”“尺有所短，寸有所长”……这些短语都在告诫我们与人合作是很重要的，同时也彰显了在集体中“团结就是力量”的文化内涵。生活中，路不会走怎么办；学习时，没带学习用具怎么办；运动时，球滚到球场外该怎么办……只要抬头看看周围，就会发现身边有着无尽的资源，可以请教叔叔，可以寻求同伴，可以请求大姐姐帮忙，这样一来，问题就解决了。问题解决的同时，也让学生感受到生活在集体中的有利因素，反过来也会让学生思考，假如身边的人遇到困难，自己该怎么做。互帮互助、团结合作的集体文化在无形中植入了学生的心田。

3. 语言表达。

（1）得体适切。得体的语言能体现一个人的整体言语素养。得体的语言是指根据语境条件恰当地运用语言，语言能够符合对象和自己的身份，同时也符合交际的要求。本次“口语交际”的语境是明确的——自己遇到困难，需要向别人发起请求，如何请求就成了本次“口语交际”的要求。因而，文本中提供了得体语言的范例，发起人必须运用礼貌用语——“请、您好、谢谢”等。另外，发起人必须交代清楚自己遇到了什么困难。于是，就出现了文本中如下的言语形式：“叔叔，您好！请问书店怎么走？”“李山，我忘了带水彩笔，可以用一下你的吗？”“大姐姐，我想请你帮个忙……”直观的言语形式，正是此类语境下得体适切的语言，学生需要多加练习。

（2）句式迁移。文本中出现的三幅画面，每一幅画面的边上都有一句话，这三句话就是学生练习的重点。三句话都是向别人发起请求，但却有细小的区别。第一句是“叔叔，您好！”开始，第二句是“李山，我忘了带……”开始，第三句是“大姐姐，我想请……”开始。一年级学生语感不强，看似简单的语言，运用起来却不易。因而，让学生区别在什么情况下说哪句话，就非常有难度。所以，创设情境，让学生实际演练就显得十分重要。文本显然考虑到这点，第一句和第二句呈现完整的句子，第三句却以省略号结束，这样的设计层次分明，易于激发学生表达的欲望，为他们迁移规范的句式提供了基础。

（3）实践表达。文本中提供了三个交际场景，让学生和教师有据可依，有法可寻。在教学的过程中，让学生掌握了这三种常用的请人帮忙的交际话语之后，提供实践表达就非常重要。学生实际遇到的困难，交际场景要比文本中提供的复杂得多，应让学生举一反三。文本就有这样的目的，在第四幅图中提供了很多的礼貌用语，就为学生和教师留下空白。教师要为学生打开生活之窗，联系学生真实的交际情景——在什么地方遇到什么困难，准备如何请别人帮忙；别人帮忙之后，又该怎样表达谢意。文本在后续的交际场景中没有提供范例，这就为学生的创造做好了铺垫，也为学生的实践表达提供了多种可能。

二、学习目标

1. 基础目标。

（1）通过观察图片，激发学生交际的欲望和冲动。

（2）通过讨论、实践演练等方式，体会请别人帮忙时应做到有礼貌。

（3）通过同桌、师生合作等方式，进一步养成交际过程中良好地倾听和表达的习惯。

2. 特色目标。

（1）借助本次练习，掌握请别人帮忙时应用上礼貌用语的话语形式。

（2）通过实践演练，明白请别人帮忙时应有诚恳的态度。

3. 发展目标。

在交际展开的过程中，让学生体会到在集体中互帮互助的重要性。

三、核心内容

项目	具体内容
语言内容	（1）请别人帮忙时要用上礼貌用语 （2）在真实的交际场景中，说清自己的困难，并提出希望
思维内容	自己遇到的困难与帮助自己的人之间的逻辑关系
文化内容	（1）在请别人帮忙时，态度诚恳 （2）感受集体中互帮互助的重要性

方法内容	（1）遇到困难时，应有礼貌地向周围的人发起请求 （2）明了在交际中，应根据不同的困难向不同的人发起请求

四、学习设计

第一课时

板块一　创境导题

1. 创设情景。

教师走到讲台前，左右查看手提电脑包和讲台，然后显匆忙状，引发师生交流。

（1）请生帮忙。师：不好意思，刚才老师把课本掉在了办公室，谁愿意去老师办公室帮忙拿一下呢？

（2）师生交流。师：某某某，请你去帮老师拿一下好吗？

（3）师表感谢。师：谢谢你，帮老师拿回语文书，这样我们才可以上课了。

2. 提出话题。

师：同学们，生活中，我们经常会遇到一些困难，然后请别人帮忙，是吗？（板书：请你帮个忙）

（1）同桌聊聊。师：小朋友们，平时的生活中，你们遇到了哪些困难呢？与你的同桌聊一聊。

（2）集体汇报。师：原来，每个人都会遇到困难。当你们遇到困难时，是如何请别人帮忙的呢？

3. 明确要求。

师：这节课，我们就学一学怎样向别人提出帮忙的请求吧。（学生读课题）

【设计意图】创设情境，请学生帮教师拿语文书，然后教师表示感谢。在上课伊始，呈现完整的“请你帮个忙”的情景，接着提出这节课的学习要求，为下文的学习奠定了基础。

板块二　模仿演练

1. 模拟角色。

师：小朋友们，有几位小朋友在生活中遇到了一些困难，你们愿意帮他们解决吗？

（1）观察图片。师：请把书本翻到第 38 页，小朋友看看，图上出现了几个小朋友，分别遇到了什么困难呢？

（2）想到对策。师：是啊，这些小朋友遇到了这些困难，他们都想到对策了吗？

（3）角色模拟。师：让我们就当当文中的小朋友，来演一演当时的情景吧。

2. 导学对话。

屏幕显示第一幅图。

（1）自由练说。师：小朋友们，文中的小朋友遇到了什么困难？向谁发起了请求呢？自己先说一说。

（2）同桌练说。同桌一位当叔叔，一位当小朋友，自由练一练。

（3）上台表演。请一对同桌上台表演，其他学生当评委，评一评他们演得怎么样。

（4）提出要求。师：小朋友，刚才你们说他们演得很好，好在什么地方呢？谁愿意来赞一赞？（师生合作讨论，相机板书：有礼貌、声音响亮）

（5）出示对话。出示完整的请叔叔帮忙的对话片段，男女生合作练一练，然后圈出表示礼貌的用语。

3. 顺势小结。

师：小朋友们，用上礼貌用语，然后声音响亮、态度诚恳地请叔叔帮忙。叔叔是很乐意帮忙的，而且叔叔的回答也很有礼貌呢。

4. 合学对话。

屏幕显示第二幅图。

（1）师生合作。师：小朋友，你们看第二位小朋友又遇到了什么困难？我们合作试一试。

（2）上台表演。师：哪位小朋友愿意上台与老师合作演一演？（师生合作表演）

（3）集体评价。请学生评价表演得如何，评价的指向是——是否用上礼貌用语，是否声音响亮，是否说清楚了自己的困难。

（4）同桌合演。师：小朋友，看来你们学会了“请人帮个忙”的对话了，那请你们和同桌一起试一试。

（5）礼貌用语。师：用上礼貌用语是十分重要的，你们还知道哪些礼貌用语呢？（出示第四幅图上的礼貌用语，请学生朗读）

5. 方言对白。

师：在家里，我们经常会遇到困难，然后请家里人帮忙。如果让你用方言说

这几个礼貌用语，你会说吗？（出示词语：请、请问、您、您好、谢谢、不客气）

（1）学生练说。师：小朋友，我们的家乡话可有意思了，你们试一试。

（2）上台表演。师：哪位小朋友愿意用方言来教教大家怎么说这些礼貌用语？

6. 独学对话。

屏幕显示第三幅图。

（1）独立练习。师：小朋友，现在你们已经很厉害了。看看这幅图，你们会请大姐姐帮忙吗？请你们自己练一练，看看能否说清楚自己遇到了什么困难，能否用上礼貌用语且态度诚恳地请姐姐帮一帮。然后也思考思考，姐姐会怎么回答。

（2）推荐表演。师：小朋友，请你们推荐两位同学上台表演，如果能用方言就更棒了。

（3）师生评价。师：小朋友，请你们对两位小朋友的表演评一评，你们觉得他们可以得几颗星星呢？

（4）再次表演。师：哪几位小朋友愿意再来演一演？请一组一组 PK 表演。

7. 形成规律。

师：小朋友，你们真棒！在请求别人帮忙时，声音响亮，说清了自己遇到的困难，最重要的是用上了礼貌用语，真棒！

（1）出示句子。出示文本中的三个句子，请学生说一说发现了什么。

（2）发现规律。师：虽然三句话说得有点不一样，但什么都是一样的呢？

（3）体会快乐。师：原来，我们每个人都会遇到困难，但是，只要向周围的人发起有礼貌的请求，我们的困难基本上都能解决。就像课前某某小朋友帮老师拿了语文书那样，老师真的好开心。

（4）强调方言。师：在我们的周围，遇到自己的同乡最亲切。如果用方言来请求帮忙，会增加亲切感，你们说对吗？我们再来用方言说一说礼貌用语吧。

【设计意图】这个片段的教学是本节课的重点，也是本节课核心内容落实的片段。通过模拟角色、导学、合学、独学、表演等方式，让学生明白了“请你帮个忙”的基本话语图式，为将来解决自己的生活困难提供了言语基础，也规范了学生的话语习惯。

板块三　实践表达

1. 拓宽思路。

师：小朋友们，课前你们都说自己遇到了一些困难，现在你们知道该怎么办了吗？和同桌说一说。

2. 实践表达。

师：如果你在生活中遇到困难，准备怎样请别人帮个忙呢？

(1) 选择问题。师：请你选择其中的一个困难，试着寻求别人帮忙。

(2) 模拟演练。师：小朋友，老师暂时充当万能人，你们向老师发起请求吧。

(3) 谈谈收获。师：学到这里，小朋友，你们有什么收获了吗？

3. 对象意识。

师：小朋友们，我们请求的对象不同，说的可能就会不一样。

(1) 普通话版。师：请你们想一想，什么时候我们用普通话版更好？

(2) 方言版。师：同样的，什么时候用方言版更合适呢？

(3) 英文版。师：遇到外国人，我们可能要采用英文版哦。这几个礼貌用语的英文版，你们会说吗？

4. 课后延伸。

(1) 出示习题。出示一幅图，呈现学生请别人帮忙的图片。

(2) 对象转换。师：小朋友，你们能根据不同的对象，运用不同的语言来请求别人的帮忙吗？

(3) 再次演练。请学生采用不同的语言版本上台表演。

5. 课堂小结。

看着板书，说一说这节课的所学所得。

【设计意图】口语交际要有交际对象。在结课环节，创设情景，让学生根据不同的对象，运用不同的语言，既是对课堂的回顾，又增加了情趣性，让口语交际发挥实际的效用。

板书设计：

请你帮个忙

声音响亮

有礼貌：请　请你　您　您好　谢谢　不客气

态度诚恳

语文园地三

一、教材解读

“语文园地三”安排了三块内容。第一块内容是“查字典”。通过本次学习，让学生认识工具书——字典，并学会音序查字法。第二块内容是“日积月累”。安排了一首李白的古诗《赠汪伦》，通过读一读，背一背的方式，让学生养成多积累的好习惯。第三块内容是“和大人一起读”。安排了一篇有趣的文章《胖乎乎的小手》，内容浅显而贴近生活，适合和大人一起读，并在读中让学生体会勤劳的意义。

1. 查字典。

（1）认识字典。字典是为字词提供音韵、意思解释、例句、用法等等的工具书，种类繁多。本次“语文园地”学习应让学生认识《新华字典》。《新华字典》是我国第一部现代汉语字典。该字典收集常用汉字为主，对收集的汉字的读音、意思解释等作出详尽的记录，是学生认字解词的好帮手。进入小学以来，这是学生第一次接触字典，也是第一次正式向学生介绍工具书。让学生明白，除了老师，工具书也可以帮助他们学习知识。既然是第一次认识，就要让学生彻底了解字典的组成、功能。字典是由新旧字形对照表、音节表、部首检字表、难检字笔画索引、正文等部分组成。在正文里，每一个字都单独呈现，读音、解释、组词、例句，讲得清清楚楚。但是这样复杂的内容，要让学生掌握是不容易的。所以本次主要让学生在学习音序查字法时，掌握一些必要的知识。

（2）音序查字法。查字典的方法有音序查字法、部首查字法、难检字查字法。本次“语文园地”里重点安排的是音序查字法，这是遵循学生的学习认知规律的。那么，何为音序查字法？顾名思义，就是根据汉字的读音在字典里查找这个字。显然，这个字学生是认识的（或者是知道读音的），但是不理解该字的意思，于是就可以采用该查字法来了解这个字的意思。因而，知道读音是该查字法的关键，而且要让学生分清该读音的两部分内容，一是音序，二是音节。音序就是该字音节的第一个大写字母，而音节就是该汉字的读音，俗称该字的拼音。运用音序查字法，要熟练掌握音序和音节这两个概念。查字时，首先要找到该拼音的音序，然后根据音序找到音节，再根据音节找到正文中的页码，最后找到该字。这个步骤需要学生熟练掌握，所以，教材中有一口诀帮学生熟记此法。

（3）学以致用。查字典是一项技能，每一项技能都是熟能生巧。因而，教学中，要让学生多练，然后在后续的学习中要不断地请字典帮忙，解释一些学生不理解的字。正因为出于“练”这一目的，本次“查字典”的内容安排就凸显了这一特点。首先，插图出现一个放大镜，镜中是汉字“厨”，边上的一个小男孩说：“‘厨’字是什么意思呢？让我们借助拼音来查字典。”接着，出现查字典的步骤，每一步骤都有一个放大镜提示：音序、第几页、正文中关于该字的内容（什么部、组词、小②表示第二种解释）。然后，教材总结出音序查字法的口诀。最后，出示了一道练习题：用音序查字法在字典里找到“漂、踪”两字并组词。这样的内容安排，很好地表明了编者的意图：让学生在实践中掌握音序查字法，并在练习中运用音序查字法，最终达到学以致用。

2. 日积月累。

（1）文本特点。本次“日积月累”安排的是一首李白的诗《赠汪伦》，该诗是一首送别诗。当年李白从泾县（今安徽皖南地区）游历到达桃花潭时，认识汪伦。相传汪伦经常用自家酿的美酒来款待李白，两人便由此结下深厚的友谊。此诗就是李白将与好友汪伦离别，李白写给汪伦的一首赠别诗。诗中描绘李白乘舟欲行时，汪伦踏歌赶来送行的情景，十分自然地表达出汪伦对李白那种朴实、真诚的情感。“桃花潭水深千尺，不及汪伦送我情”两句，李白信手拈来。先用“深千尺”赞美桃花潭水的深湛，紧接着，“不及”两个字笔锋一转，用比较的手法，把无形的情谊化为有形的千尺潭水，形象地表达了汪伦对李白那份真挚深厚的友情。全诗仅四句二十八字，读来脍炙人口，让我们充分感受到了伟大诗人丰富的想象，真挚而热忱的情感，是一首千古佳作，也是学生积累的好素材。

（2）文化传承。古诗是我国文化中的瑰宝，值得学生好好学习。这是学生第一次接触大诗人李白的诗，诗歌传达的是浓浓的友情。虽然送别的那一情景离我们久远，但是细细诵读，我们依然感觉到他们的分离仿佛就在昨天。“李白乘舟将欲行，忽闻岸上踏歌声”，踏歌相送，感动李白。李白看着眼前的桃花潭，听着踏歌声，灵感突现，“桃花潭水深千尺，不及汪伦送我情”，那是诗人的情怀，那是情到深处的表白。在古诗中，感人的送别诗还有许多，“劝君更尽一杯酒，西出阳关无故人”“莫愁前路无知己，天下谁人不识君”，以及李白的另一佳句“孤帆远影碧空尽，唯见长江天际流”。此类佳句，成为送别诗的文化印记，直到现在一想到朋友分别，很多人会情不自禁地动情诵读。这是诵读积累的材料，也是文化传承的载体。

（3）习惯养成。虽然这是学生第一次接触大诗人李白的诗，却以“日积月累”的方式出现，可见它承担的责任不是介绍李白，也不是理解诗歌的含义，而是承担着课外积累的任务，告诉学生学好语文的一大要义是大量积累课外优秀的文字，让他们养成积累的好习惯。教材编写者，紧接着在第四单元第二篇文章安排了李白的《静夜思》。在没有接触该文本前，学生可能对此诗就已熟读成诵。以这样熟悉的诗歌为切口来了解伟大诗人李白，是有其合理的逻辑基点的。在展开《静夜思》的教学中，可以回顾《赠汪伦》，易于丰富李白的诗人形象，为认识“诗仙”

李白铺了一条康庄大道。往复回环出现大诗人李白的经典诗歌，传递给学生的意识是，对于优秀诗人的作品，我们要大量背诵。

3. 和大人一起读。

（1）文本特点。这是一篇温情地描写家人间互相帮忙的短文。它以“兰兰”的一张画为线索，家人间的互相对话为方式，营造了家人间互相帮助的温暖情景。兰兰是文章的中心点，围绕着兰兰，相继出现了爸爸、妈妈和姥姥。原来，兰兰的这双小手为家人做过许多事情。文章共六个自然段，除了第一和最后一段，都是以对话的方式展开，易于学生朗读。而且第三、四、五自然段三段结构一样，语势一致，都是家人看到兰兰这幅画，想起兰兰这双小手为家人分别做过什么事情，非常适合独立朗读。这样的故事结构也容易将学生带进故事情景，易于勾起自己曾经为家人做事的回忆，为读后和家人聊天提供适切的话题。这样的文体特点，利于激起学生阅读欲望，找到情感的喷发口。

（2）文化底蕴。从小我们就告诉孩子，自己的事情应该自己做，这样才证明自己长大了。而这一篇文章传递的长大不仅仅是自己的事情自己做，而且还要在自己力所能及的范围内，向家人贡献自己的力量。兰兰的小手为爸爸拿拖鞋、给妈妈洗手绢、给姥姥挠痒痒，只是举了三个典型的例子，但兰兰的这双小手肯定还能做许许多多尊敬长辈、体贴父母的事情。这正是家人喜欢这双手的原因。读到这里，文中说的是家人喜欢这双手，其实是通过喜欢这双手来表达喜欢兰兰这个人。喜欢兰兰的什么？喜欢她的勤劳、喜欢她对家人的关心、喜欢她承担起了家人应有的责任。而这一切正是现在许多孩子所欠缺的精神品质。课外朗读，家人聊天，这样的方式更能打开孩子的话匣子，让勤劳、无私的人文精神在亲子之间缓缓流淌。

（3）亲子阅读。这是一篇教育意向明显的文章，如果放在教读课文中，显然脱离了相应的话语情境，失去一定的意义。于是，编者将这篇课文放在了“和大人一起读”，它就有了活生生的生活情境。可以和爸爸一起读，可以和妈妈一起读，当然，还可以和姥姥一起读。当孩子拿着课文，依偎在爸爸、妈妈或者姥姥的怀抱里朗声诵读时，会出现怎样温馨的场景？读着读着，爸爸、妈妈或姥姥握着孩子的小手，亲切地说，这双小手也为我做过许多事情呢。这样的画面是醉人的，这也是亲子阅读最好的方式。亲子阅读就是大人、小孩依偎在一起，能够有共同的话题，趣味盎然地朗读着交流着，在不知不觉中，让孩子感受到读书的乐趣。教育不是目的，培养孩子课外阅读的习惯才是目的。这文本很好地营造了亲子阅读的场景。

二、学习目标

1. 基础目标。

（1）复习汉语拼音表、音节表等内容，分清音序和音节。

（2）通过讨论、合作等方式，明确音序查字法的步骤，掌握音序查字法。

（3）通过“日积月累”“和大人一起读”这两个活动，培养学生课外积累和课外阅读的习惯。

2. 特色目标。

（1）通过“日积月累”的朗读背诵，激发学生了解李白大诗人的欲望。

（2）通过师生讨论、生生讨论等方式，激发学生课文阅读的兴趣。

3. 发展目标。

掌握音序查字法，鼓励学生运用字典这一工具，培养学生独立识字的能力。

三、核心内容

项目	具体内容
语言内容	（1）背诵《赠汪伦》，感受诗歌的节奏美、情感美 （2）通过朗读《胖乎乎的小手》，仿说“我的小手给谁做过什么事”的句式
思维内容	熟记音序查字法的先后顺序，掌握顺序间的逻辑关系
文化内容	（1）感受李白与汪伦间深厚的友谊 （2）体会家人间互帮互助的浓浓情感，培养学生对家庭的责任意识
方法内容	（1）区分音序和音节，能较快辨别音序与音节 （2）清楚音序查字法的步骤，掌握音序查字法

四、学习设计

第一课时

板块一　初识字典

1. 创设情境。

师：小朋友们，有一位朋友遇到了一个问题，你们愿意帮忙吗？（屏幕显示：厨）“厨”字是什么意思呢？让我们借助拼音来查字典吧。

2. 认识字典。

师：原来，小朋友不知道“厨”字，但可以查字典了解它的意思，你们知道字典是什么吗？

（1）发放字典。师：小朋友，字典可是我们的小老师，平时若遇到不了解意思的字，字典就可以帮助我们。今天，我们就去认识我们的朋友——字典。

（2）翻阅字典。师：小朋友们，在你们手上的就是《新华字典》，它的作用可大了，请你们自己翻一翻，和同桌说一说，发现了字典身上有些什么秘密。

（3）讨论小结。根据学生们的发现，屏幕呈现字典的一些信息（检字表、部首目录、正文、页码等）。

3. 明确目标。

师：小朋友，看来我们的朋友挺复杂的，但今天我们只要掌握借助拼音来查字典就可以了，我们称它为音序查字法。（板书：音序查字法）

（1）记读。师：请小朋友读一读，记住这种查字典法的名称。

（2）质疑。师：小朋友，读了这个名称，你们有什么疑问吗？

（3）解说。师：小朋友，音序查字法就是根据汉字的拼音来查字典，到底怎么查呢？这节课，我们就来学习这项本领，帮助帮助文中的这位小男孩，好吗？

【设计意图】首先，创设情境，引入新内容的学习，易于激发学生学习的兴趣。其次，字典是学生第一次接触的工具书，学生一定是充满好奇的，所以，让他们翻一翻，问一问，先初步了解字典的样式，为下文学习奠定基础。

板块二　掌握方法

1. 复习拼音。

师：小朋友，要掌握音序查字法，必须得借助拼音，你们还记得拼音的组成部分吗？

（1）复习音节。师：小朋友，你们记得拼音是由几部分组成的吗？比如“chú”。小朋友们在讲说的过程中，要明确什么是音节。音节是由声母和韵母组成，其实就是整个拼音。（当学生回忆起什么是音节之后，请他们举例说明）

（2）认识音序。师：小朋友，你们回忆起了音节，真好。但是，音序查字典还必须知道音序，你们知道什么是音序吗？

（3）复习字母表。师：音序就是拼音的第一个大写字母。（板书演示圈画“chú”的音序，然后强调大写。出示汉语拼音字母表，让学生回忆）

（4）练习书写。师：小朋友，对照拼音字母表，你们已经知道什么是音序了吧？（出示练习题让学生练一练，将音节相对应的音序连起来）

yīn　　C

xù　　Y

chá　　Z

zì　　X

fǎ　　F

2. 尝试练习。

师：知道了音节和音序，我们就可以帮助那位小男孩了。

（1）演示过程。师：小朋友，现在就让我们试一试吧。“chú”的音序是——C，请小朋友先翻开字典，和老师一起翻到音节表，找到音序“C”；再找到音节“chú”，并看右边的页码；最后翻到字典正文中相应的页码，找到“厨”字。（学生练习一次）

（2）自己尝试。师：都找到了吗？哪位小朋友说一说，刚才查字典我们是分几步进行的？（根据学生的解说，相机板书：三步——一找音序，二找音节，三找页码）小朋友，你们会了吗？你们重新来查查“厨”字。

（3）了解信息。师：小朋友，你们都找到了“厨”字，请你们看看字典上的“厨”，发现什么小秘密了吗？（屏幕显示下图，了解以下相关信息）

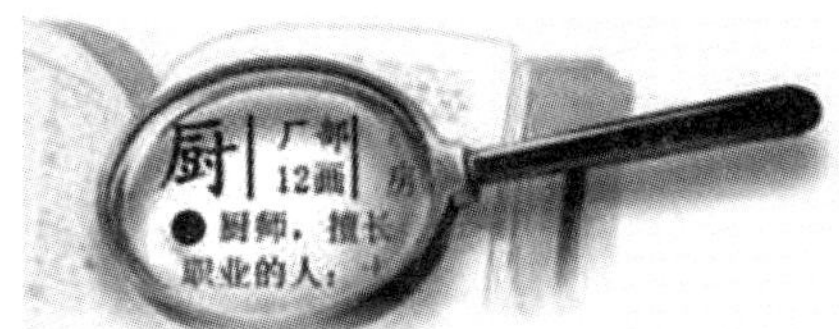

①读音　②笔画　③部首

④义项　⑤组词

3. 朗读口诀。

师：有个小朋友为音序查字法编了个小口诀，我们来记一记吧。

音序查字要牢记，先把大写字母找。

字母下面找音节，看看它是第几页。

4. 巩固方法。

师：让我们一起来完成课文中的这张表格吧。（出示下表）

生字	大写字母	音节	页码	组词
厨(chú)	C	chu	46	厨师
漂(piào)				
踪(zōng)				

（1）扶学。师生合作完成“漂”的填空，然后熟读口诀。

（2）独学。比一比，哪位学生完成表格的速度最快，并说一说是怎样找到“踪”字的。

（3）交流汇报。学生汇报自己的学习过程，重点强调大写、音序以及查字典的步骤，然后互相说一说了解了这个字的哪些信息。

（4）互帮互助。同桌学生互相帮一帮，说一说。

【设计意图】这是本节课的重点，从教师示范，到学生熟读音序查字法口诀，再到合作学习、独立学习、汇报交流，循序渐进，符合学生学习的思维逻辑。通过扎实的看、做、试、说等环节，让学生切实掌握音序查字法。

板块三　实践操作

1. 畅谈收获。

师：小朋友，学到这里，你们知道什么是音序查字法了吗？

（1）重读汉语拼音字母表。

（2）背诵音序查字法口诀。

2. 实践操作。

拿出课堂作业本，完成查字典练习。

（1）独立完成。

（2）同桌检查。

（3）集体讲评。

3. 课堂小结。

师：小朋友，字典是我们的小老师，也是我们学习汉字的工具，以后我们就把它带在身边吧。

【设计意图】学习的最终目的是学以致用，安排做课堂作业本这一环节，既巩固了知识，又把课堂作业引进课堂，提高了课堂的效率。

板书设计：

查字典

音序查字法

大写

一找音序　二找音节　三找页码

读音　部首　笔画　义项　组词

第二课时

板块一　复习导课

1. 知识复习。

师：小朋友，上节课我们学会了——音序查字法，哪位小朋友能说一说是怎么查的吗？

2. 实践演练。

屏幕显示“赠（zèng）汪伦”三字，让学生用音序查字法查“赠”字，并找到相应的义项。

3. 初读诗歌。

师：小朋友，你们的速度真快，一下子就查到“赠”字，并知道“赠”就是送的意思。读这三个字，猜一猜是什么意思，并想一想有什么问题要问吗？

（1）猜一猜。生：汪伦是个人，有人把东西送给汪伦。

（2）问一问。师：到底是谁送什么东西给汪伦呢？

（3）读一读。师：小朋友自己读一读，借助“拼音宝宝”能读正确吗？

【设计意图】知识复习，既巩固查字典的方法，又了解了赠的意思，为质疑诗题，激发学生的学习兴趣做了铺垫。

板块二 朗读背诵

1. 检查字音。

师：小朋友，短短的一首诗，读好却不容易。昨天老师读了好多遍才读会的，你们刚读了一两遍，就会读了吗？

（1）同桌互读。同桌读给同桌听，若同桌有读错的帮一帮，若同桌读得特别好，赞一赞。

（2）个体朗读。请几位学生试读，重点正音“乘、将、行、汪”等是后鼻音，“闻、岸、潭、伦”是前鼻音。

（3）集体练读。重点指导读正确。

2. 节奏朗读。

师：小朋友，这是古诗，古诗读起来是很有味道的。你们听老师朗读，听一听老师的朗读和你们的朗读有没有什么不一样的地方。

（1）教师范读。读出停顿与节奏，标出停顿号。

（2）学生发现。教师朗读时停顿明显，节奏感强。

（3）师生合作。师：小朋友，你们都感觉到了老师的停顿，那我们合作起来读一读，老师读前四个字，你们读后面三个字。

李白乘舟——

忽闻岸上——

桃花潭水——

不及汪伦——

（4）同桌对读。

（5）男女生对读。

（6）展示朗读。请学生自告奋勇展示读，重点感受停顿与节奏。

3. 尝试吟诵。

师：小朋友，你们可能已经知道，古人读书，可以摇头晃脑，像唱歌一样的哦，想不想学一学？

（1）教师范读。师：注意平长仄短，朗读时稍显夸张。

（2）学生学读。师：你们练一练，一会儿哪位小朋友来挑战读。

（3）个别展示。不在于会读，只在于感受。

（4）集体吟诵。全体学生摇头晃脑诵读。

4. 猜测意思。

师：刚开始的时候，你们提出了一个问题，谁送谁什么东西呢？

（1）板书诗人。在学生回答的基础上，相机板书：李白。

（2）猜猜诗意。师：小朋友，李白送什么给汪伦？他们之间发生了什么事呢？

（3）送别朋友。师：小朋友，原来李白要走了，汪伦踏歌相送，李白感动了，于是送这一首诗给汪伦。这首诗就是讲朋友相送的事，它可有名了，已经流传很久很久了，让我们也把它深深地记在心里吧。

5. 集体背诵。

【设计意图】“日积月累”重在让学生背诵。本环节通过多种形式的朗读，尤其引入“吟诵”，增加背诵的趣味，让学生在有趣味的情境下背会此诗。

板块三　拓展延伸

1. 讲讲故事。

师：小朋友，读到这里，我们知道两位好朋友要分开了。那你们知道李白是谁吗？（简要介绍李白与汪伦的故事，然后着重强调李白是伟大的诗人）

2. 推荐试背。

师：小朋友，李白可是位很厉害的诗人，他还写过一首送别朋友的诗呢。（出示：《送孟浩然之广陵》）

重点诵读：孤帆远影碧空尽，唯见长江天际流。

3. 顺势小结。

师：小朋友，我们国家可是诗的国度，这样有意思的诗还有许许多多，我们要学会多积累。

【设计意图】引入《送孟浩然之广陵》，拓宽学生视野，渗透语文积累的重要性。

板书设计：

赠汪伦

送

李白　伟大诗人

吟诵

第三课时

板块一　聊书导课

1. 提出话题。

师：小朋友，上节课后，老师给你们布置了一个任务：想一想最近和爸爸妈妈都读了哪些故事。你们想过了吗？

（1）想一想。让学生回忆最近这段时间自己与父母亲共读的故事。

（2）说一说。同桌间互相说一说，个别展示说。目的不在于说得多好，只是通过这种方式激起他们的兴趣，鼓励他们多说。

2. 出示故事。

师：小朋友，又到了我们和大人一起读书的时刻，今天读的这个故事是《胖乎乎的小手》。（相机板书）

（1）自由练读。师：这是怎样的一个故事呢？请小朋友自由读一读，遇到不认识的字，借助“拼音宝宝”，力求把故事读正确。

（2）分节朗读。请六位学生分节读这个故事，教师相机正音。

3. 再次练读。

师：小朋友，让我们再自由地练习读一遍，并想一想：这个故事讲了谁和谁之间的故事呢？

（1）自由练读。

（2）汇报交流。兰兰的小手帮家人做了很多的事情。（板书：兰兰）

【设计意图】从聊自己最近读的故事开始，再到读文中的故事，都离不开一个话题——故事，这样就提出了“聊故事”这个话题。

板块二　出谋划策

1. 整理故事。

师：小朋友，这个故事就是讲了兰兰为家人做了许多事情，那兰兰都为家人做了些什么事情呢？

（1）读书圈出。师：请你们再读一遍书，圈出兰兰为谁做了什么事情。

（2）集体交流。根据学生的汇报形成如下板贴：

为爸爸　拿拖鞋
兰兰　给妈妈　洗手绢
给姥姥　挠痒痒

（3）自由练说。师：小朋友，兰兰真了不起，你们能看着板贴说说兰兰分别为谁做了什么事吗？

2. 了解兰兰。

师：小朋友，你们觉得兰兰是个怎样的孩子呢？

3. 情感升华。

师：多么勤劳的兰兰，怪不得故事的开头这样说：全家人都喜欢兰兰画的这张画。

（1）集体朗读这句话。

（2）思考。师：全家人真的只喜欢这张画吗？

（3）出示结尾。学生诵读。

（4）猜一猜。师：兰兰的这双小手还做过了什么？将来还会做什么？

4. 模拟场景。

师：小朋友，如果让你回家和大人一起读这个故事，你准备和谁一起读？怎么读？

（1）再读思考。请学生再读这个故事，想一想，最想跟谁怎么读这个故事。

（2）集体交流。主要从朗读的方式和对象方面去评价。

5. 头脑风暴。

师：小朋友，你们刚才都说自己想和谁一起读。听了你们的介绍，老师发现你们也很勤劳。那你们能说一说，你们的小手为家人做过什么事吗？

（1）自由畅说。

（2）自由讨论。师：回家和爸爸妈妈读这个故事。你最想和爸爸妈妈聊的问题是什么？你能想出一个吗？

【设计意图】要让学生喜欢读故事，必先激起他们阅读的欲望。本环节让学生思考：想和谁一起读这个故事，设计一个问题与大人一起读这个故事。这样一来，读故事就有情景感和对象感，读书的趣味也就浓了。

板块三　分享经验

1. 分享方式。

师：小朋友，听了你们刚才的分享，这个故事读给家人听一定会是幅很温馨的画面。你们以前和爸爸妈妈一起读故事，觉得最有意思的是什么呢？

2. 故事来源。

师：小朋友，刚才你们说了那么多有趣的事情。那么，你们和爸爸妈妈共读的故事都来源于哪里，可以和同学们一起分享吗？

3. 提出建议。

师：小朋友，你们最喜欢爸爸妈妈以怎样的方式和你们一起共读怎样的故事？

（1）书写心愿。师：小朋友，老师发给你们一张亲子共读卡片，把你们希望怎么读故事、喜欢读怎样的故事的想法写在上面。

（2）付诸行动。师：小朋友，把你们的心愿带回家，读给爸爸妈妈听一听。

4. 建立档案。

师：小朋友，你们和爸爸妈妈一起读过很多故事，时间久了，可能会忘记，那怎么办？老师希望你们和爸爸妈妈一起建立一个读书资料袋。

【设计意图】读书习惯的养成并非一朝一夕，而在于长期坚持。此环节让学生们分享各自的读书乐趣，并向他们建议建立读书资料袋，目的就在于让他们养成读故事的好习惯。

板书设计：

胖乎乎的小手

为爸爸 拿拖鞋

兰兰 给妈妈 洗手绢

给姥姥 挠痒痒 我

怎么读？

第四单元 课文（三）

本单元以“思念”和“童真”为主题，安排了《静夜思》《夜色》《端午粽》《彩虹》四篇课文。从人文角度看，《静夜思》《端午粽》都蕴含作者浓浓的思念之情。诗人李白思念家乡，《端午粽》中的“我”思念端午节，思念外婆。《夜色》《彩虹》则从儿童的视角讲述故事，让学生明白勇气与善良都藏在自己的心中。从语文要素看，以上文本既有古诗、现代诗，也有记叙文，在朗读教学中，培养学生通过感受不同语气、不同节奏，揣摩文章蕴藏的情味。《静夜思》《端午粽》节奏感强，是训练学生情韵朗读的好材料。《端午粽》《夜色》中长句很多，应让学生明确合适的停顿是朗读长句的好方法，并加以落实。另外，学习本组课文还应培养学生积累好词句的习惯，同时进一步培养学生根据适当要求提取简单信息的能力。

8 静夜思

一、文本解读

1. 文体特点。

（1）五言绝句。这是“诗仙”李白的一首五言绝句，作者用简简单单的四句二十个字，向我们展示了一幅思乡的清新图画。短短四句诗，语言凝练，感情真挚，意境深远，成功地反映了外出游子静夜思乡之情。如霜的月光就好似一只看不见的手，无声地拨动着作者的心弦，举头仰望，低头沉思，俯仰之间，神驰万里，表现了诗人对故乡的无尽思念。这么深沉的情感，作者却用那么简洁的语言来表达：举头望明月，低头思故乡。对于一年级的学生来说，这样浅显的语言，他们是愿意朗读的。

（2）动作含情。诗人推开窗户，一抬头，看到那皎洁的月儿，勾起了思念家乡的情愫。可是，一低头，却发现自己孤身一人。“举、低”，这两个简单的动作，表明了诗人的心迹。

（3）耐人寻味。这是一首大家耳熟能详的诗歌，不管男女老少都会背，一年级的学生看到这首诗可能会发笑，这么简单。这就是诗人高明之处，简单才是真理。“床前明月光，疑是地上霜。举头望明月，低头思故乡。”如白开水一样的语言，浅显易懂。但是，每一个游子读到这首诗时，内心却不能平静，他们会思潮起伏，进入诗中不能自拔，这就是诗歌的魅力。《静夜思》能成为千古绝唱，可能就在于它是简单的，又是耐人寻味的。

2. 文化底蕴。

（1）意境悠远。诗歌通过意象营造意境，然后读者通过真切的意境，感受诗人的情怀。明月，霜满地，平常生活中是很难把它们联系在一起的，但是，诗人却抓住了它们的相同之处，营造悠远的意境。霜满地，那是寒冷的冬天，在这样的日子里，月光应该也是寒冷的。诗人睡不着觉，看到明亮的月亮，原本觉得是温暖的，可是笔锋一转，它像霜。如此强烈的对比，原因就是作者此时此刻内心的孤独。于是，我们在诗人营造的意境里看到了诗人孤单的背影，看到了月光下，诗人被拉得好长好长的背影。读着诗歌，我们仿佛也进入了孤独的时空。

（2）月亮文化。中国诗歌生命力如此旺盛，原因之一就是诗人用自己的眼睛捕捉到大家都认同的事物，然后赋予它特别的象征意义。月亮，它就幸运地成了这样的事物。在中国人的心理结构中，月亮成了思念的象征。“海上生明月，天涯共此时”“但愿人长久，千里共婵娟”“春风又绿江南岸，明月何时照我还”……一代又一代的诗人达成了共识，月亮代表着思念家人、家乡的文化符号。一年级的学生不知道什么是意象，什么是文化，但是通过这首诗的学习就知道了，看到月亮就想起家人，这就是文化传承，这就是语文的任务。

（3）热爱家园。月是故乡明，月亮它是无私的，它把自己的光洒遍每个角落。但是，在汉字铸就的中国人的心理结构中，自然就有了“月是故乡明”的独特情怀，这或许与我们传统的文化相关——落叶归根。根就是我们的家，是我们有所依托的精神栖息地。因而，像李白这样的大诗人也不例外，漂泊在外的时候，他也想到了家，这或许就是所有游子的心声，家国情怀在这首简短的诗中得到了淋漓尽致的体现。孩童是天真烂漫的，他们对家的概念或许没有如此清晰，但是植入文化，植入爱家的情怀却是越早越好，《静夜诗》正承担这样的任务。

3. 语言表达。

（1）言简义丰。诗的前两句是写诗人在作客他乡的特定环境中一刹那间所产生的错觉。一个独处他乡的人，白天奔波忙碌，倒还能冲淡离愁，然而一到夜深人静的时候，心头就难免泛起阵阵思念故乡的波澜，更何况是月色如霜的秋夜。“疑是地上霜”中的“疑”字，生动地表达了诗人睡梦初醒，迷离恍惚中将照射在床前的清冷月光误作铺在地面的浓霜。而“霜”字用得更妙，既形容了月光的皎洁，又表达了季节的寒冷，还烘托出诗人漂泊他乡的孤寂凄凉之情。诗的后两句，则是通过动作神态的刻画，深化思乡之情。“望”字照应了前句的“疑”字，表明诗人已从迷蒙转为清醒，他翘首凝望着月亮，不禁想起，此刻他的故乡也正处在这轮明月的照耀下。于是，自然引出了“低头思故乡”的结句。“低头”这一动作，描画出诗人完全处于沉思之中。“思”字又给读者留下丰富的想象：家乡的父老乡亲，家乡的一山一水，逝去的年华与往事……无不在思念之中。一个“思”字所包含的内容实在太丰富了。这首诗充分体现了诗歌语言的特质：言简义丰。

（2）分类识字。本课要求认识的九个生字中，六个是会意字，这些会意字都可以编成有趣的字谜。字谜识字是字理识字的一种，通过猜测，学生可加深对字形的记忆，巩固所学汉字的有关知识。猜字谜还可以提高学生识字的兴趣。学生在猜字谜、编字谜的过程中，既识记了字音、字形，又理解了字义。另外，“床”是很有意味的词，可以采用字理识字，了解它的由来。

（3）书写指导。“故”中的反文旁（攵）是第一次出现的偏旁，是本课教学的重点。这个偏旁分四笔写成：第一笔撇和第二笔横不宜太长；第二笔短横从撇的中间偏下处起笔；第三笔竖撇从横的中间起笔，大约竖到该笔画的二分之一处再向左下撇出，撇笔宜轻，笔画宜细；最后一笔捺，不要过于僵硬，捺脚要充分舒展。带反文旁的字练习时，要多关注笔画间的穿插。一些关键性的笔画从哪里起笔到哪里收笔要提醒学生，引导学生自己观察，以防字的结构不合理。穿插是左右结构的合体字书写时很重要的一条结字规律，教学时，可灵活运用学生身边的诸多事例来引导他们深刻理解。如同桌关系的和谐需礼让，座位的空间大小需根据实际情况来安排等等。让学生明白，人与人之间也需要互相礼让，这样才会有一个和谐团结的集体。

二、学习目标

1．基础目标。

（1）通过看图想象、联系生活实际等方式，认识“夜、思、床、光、疑”等九个生字。

（2）运用“一看二写三对照”的方法，端正地书写“思、床、前、光、故”等九个生字。

（3）认识新偏旁心字底、反文旁，并学习书写。

2. 特色目标。

（1）通过字谜识字，提高学生识字的兴趣。

（2）通过反复诵读，感悟诗中绵绵的思乡之情，体会诗歌的韵味和美好的意境。

3. 发展目标。

通过拓展延伸，激发学生对古诗文的热爱，让学生积极主动地诵读古诗文。

三、核心内容

项目	具体内容
语言内容	（1）重点指导书写“思、床、光、故”四个生字 （2）感受绝句的韵律美，重点感受“ang”韵
思维内容	感受诗人选取意象与表达自我情感之间的逻辑关系
文化内容	（1）感受月亮代表思念的文化意象 （2）感悟诗中绵绵的思乡之情
方法内容	（1）尝试想象画面学习古诗的方法 （2）明了抓偏旁能写端正汉字的方法

四、学习设计

第一课时

板块一　激趣引入

1. 创景导入。

师：小朋友，你们喜欢月亮吗？（课件出示一轮皎洁的明月）从古至今，许多诗人、作家和你们一样也很喜欢月亮。望着月亮，诗人、作家会想起许多令他们思念的东西。今天，我们要学习一首和思念有关的古诗——《静夜思》。

2. 板书课题。

教师板书课题，学生书空。注意“思”是思念的思，读平舌音。

（1）读准字音。读准“静夜思”三个字，重点指导读准“静”字。

（2）找朋友。通过“找朋友”的方式，联系生活识字。

（3）猜一猜。师：小朋友，读了课题，你们猜一猜，诗人是在什么时候写的诗？他想到什么呢？是的，安静的夜晚，李白在思念。

3. 学生质疑。

师：小朋友，你们有什么问题要问吗？

4. 观看视频。

师：是啊，他在思念谁呢？让我们静静地聆听。

5. 简介背景。

师：这首诗的作者是李白。知道李白是谁吗？（生畅所欲言）李白生前写下一千多首优秀诗篇，这首《静夜思》写的是他刚刚离开家乡离开亲人后，对家乡对亲人的思念。

【设计意图】揭题后，在具体的语言环境中识字，降低识字难度，让学生更轻松地体验到识字成功的喜悦。配乐范读课文，学生带着问题欣赏古诗，整体感知课文，体会古诗的韵味和美好的意境。

板块二　分层识字

1. 自由试读。

师：我们要想和视频里的叔叔读得一样好，先要和生字宝宝交上朋友。

（1）圈画生字。师：圈出自己不认识的字，多读几遍。

（2）读准字音。师：读准每个字的字音，把课文读正确。

2. 小组交流。

利用生字卡片，让学生在小组内互相读一读生字并正音。互帮互学，读对了夸一夸，读错了帮一帮。

3. 重点指导。

（1）出示“静、床、光、望、乡”五张生字卡片。指导读好后鼻音。

（2）出示“疑、举、低、故”四张生字卡片。交流识字小妙招。

（3）去拼音认读。师：小朋友，老师把生字卡片的拼音去掉，还会读吗？

（4）找朋友。给“光”和“故”找朋友。

4. 字谜识字。

师：小朋友，你们能记住它们吗？有个小朋友出了字谜，我们来猜一猜吧。（出示字谜）

心在四方。（思）

一点一横长，左下单人旁，右下有个夕，再加一捺要拉长。（夜）

小儿抬杠。（光）干得突出兴头来。（举）

像是绞丝旁，无提一撇长；离家便想它，终生不能忘。（乡）

5. 游戏巩固。

师：小朋友，你们记住这些字，也会认了，我们来玩个游戏吧。

(1) 摘星星。师：静静的夜里，闪闪的星星在夜空中眨呀眨呀，小朋友们快来摘星星吧。

(2) 加上动作。师：小朋友，摘星星要看得准，跳得高哦。我们再来一次，可以加上动作哦。

(3) 定格“静”字。师：小朋友，谁能用实际行动表示这个字的意思呢？真棒！你们能给它找个朋友吗？（安静、静悄悄、宁静……）

【设计意图】这个环节的设计，意在充分遵循学生的身心发展规律和语文学习规律来选择教学策略，真正体现以学定教，关注每一个学生的个体差异。针对部分学生对诗歌已耳熟能详，教学中，教师应充分相信学生，放手让学生自主识字，互帮互学。同时采用多种教学手段，让生字多次复现，加以巩固。在广泛的生生互动、师生互动中，学生体验到了学习的快乐。

板块三　诵读古诗

1. 自读自悟。

师：小朋友，现在读古诗，字音一定读得更准了吧。

(1) 学生练读。请学生读准确。

(2) 指导朗读。请学生读出节奏，前两字停顿一会儿。

(3) 展示朗读。请学生朗读，读出节奏。

(4) 想象画面。师：小朋友，读着读着，你们仿佛看到了什么？

2. 大胆质疑。

师：你们有什么不懂的吗？

(1) 学生质疑。师：“霜”是什么意思？你们知道什么时候出现吗？

①师：（出示图片）你们见过这样的景象吗？

②联系生活。师：对啊，晚秋之后，天气渐渐变冷，在夜晚，霜就降临了，地上、屋顶上、玻璃上就会结出一层白白的冰晶，那就是霜。

(2) 聚焦“疑”字。师：小朋友，你们知道“疑”是什么意思吗？

(3) 猜测诗意。师：是啊，李白看到了什么，想到了什么呢？

3. 移情体验。

师：对啊，小朋友，李白想起了他的家人。你们觉得应该怎样朗读这首诗呢？

(1) 学生练读。指导学生放慢节奏读。

（2）联系生活。师：小朋友，你们有想念过爸爸妈妈或想过家吗？说说当时心里是怎样想的。

（3）配乐朗读。师：当时李白的心情可能也是这样的，让我们和着音乐再来读一读吧。

【设计意图】这个环节的设计，遵循低年级学生认知规律，诵读古诗部分层层推进，着力指导学生通过诵读实践，加深对古诗的体验领悟，通过诵读，培养语感，增加积累。

板块四　指导书写

1. 巩固生字认读。

“光、乡、思、前”。

2. 观察发现。

“光、乡”是独体字，“思、前”是上下结构。

3. 学习新偏旁。

师：小朋友，“思”字是什么偏旁？

（1）认读偏旁。师：是的，它叫心字底，我们一起来记住它。

（2）学写偏旁。师：你们觉得写好这个偏旁应注意什么？（笔顺和点的位置）

①教师范写。师：小朋友们，第一点为左点，卧钩的起笔与左点齐平，卧钩应向左上出钩，就像人要身材苗条就要收腰，这样字才紧凑；第二点变成挑钩，在卧钩的中心；第三点在钩的外侧，稍高。

②学生书空。

③学生练写。

4. 指导“思、前”。

（1）学生观察。师：写好这两个字，你们觉得要注意什么？

（2）教师范写。重点讲解上下结构，教师范写，学生书空。

（3）学生书写。学生独立书写，同桌互评。

（4）集体讲评。屏幕展示，集体讲评。

5. 学写独体字。

（1）出示“光、乡”。请学生观察每个字在田字格中的位置及笔顺。

（2）重点指导。注意“乡”的笔顺和笔画。

（3）独立书写。提示“一看二写三对照”。

（4）同桌互评。与自己的同桌互相评一评，然后再写一个，争取一个更比一个好。

(5) 展示评价。选择有代表性的学生作品，屏幕呈现，集体讲评。

【设计意图】重点指导新出现的偏旁心字底，然后渗透“一看二写三对照，一个更比一个好”的书写方法，培养学生的书写能力。

板书设计：

8 **静夜思**

李白

心字底

思 光 乡 钱

第二课时

板块一 游戏律动

1. 复习生字。

师：小朋友，这节课我们继续学习《静夜思》。生字宝宝还认识吗？

(1) 听音找字。师：我们来玩个游戏——听声音找生字，看哪位小朋友速度最快。

(2) 摘苹果。屏幕显示苹果树，一起玩摘苹果的游戏。

2. 齐背古诗。

【设计意图】一年级学生的学习重点是字词掌握。本环节以游戏的形式复习字词，巩固生字，学得有效而又充满情趣。

板块二 吟诵诗歌

1. 出示图片。

师：小朋友，现在请你们静静地欣赏这幅图，看看在这样一个安静的夜晚，月亮是怎么样的？李白站在窗前干什么？他心里在想些什么？

2. 体悟心情。

师：李白离开家乡，离开亲人，心里一定非常非常思念家乡。（板书：思念）

3. 学习诵读。

师：小朋友，我们一起来诵读吧。

4. 尝试吟诵。

师：小朋友，你们已经感受到诗人的心情了吧。你们猜一猜，李白当时会怎么念这首诗呢？（吟诵）师：我们也来学一学吟诵好吗？（板书：吟诵）

（1）教师范读。师：你们听，老师读的和你们有什么不一样？（仄短平长）

（2）讲说感觉。师：是啊，有些字老师拉长了读，有些字老师读得很短，这样是不是很有意思啊。老师标上号，你们来练习练习。（屏幕显示：仄短平长）

（3）学生学读。师：你们先练一练，一会儿看哪位小朋友来挑战读。

（4）个别展示。不在于会读，只在于感受。

（5）集体吟诵。全体学生摇头晃脑诵读。

（6）表演朗读。指名最佳表演者上台表演，配以乐曲。

5. 方言诵读。

师：小朋友，这样读着读着，我们仿佛感受到那个静静的夜晚，李白随着月亮回到了故乡。如果我们用方言来读一读，可能更有一番风味。

（1）学生练读。

（2）展示朗读。

【设计意图】本环节通过多种形式朗读，让学生体悟李白此时此刻的心情。另外，引入吟诵和方言诵读，增加诗歌诵读的趣味性，让学生爱上诗歌。

板块三　趣味拓展

1. 资料拓展。

师：其实，李白很喜欢月亮，小时候，他和月亮还有故事呢。你们看——

（1）出示诗歌。

古朗月行

小时不识月，呼作白玉盘。

又疑瑶台镜，飞在青云端。

（2）认识月亮。师：李白小时候不认识月亮，把它叫做什么？

（3）朗读古诗。师：多有趣呀！我们再来读一读。

（4）对月喝酒。还有一次，李白在花园喝酒，又看到了那轮明月，于是他说：举杯邀明月，对影成三人。他想和月亮、自己的影子喝酒聊天。我们一起读一读。

2. 认识诗人。

师：李白是个怎样的人呢？

（1）师：（出示图片）他就是李白，被后人称为“诗仙”，“语文园地三”里就有他的诗作——《赠汪伦》，一起背一背。

（2）师：（出示诗作）小朋友，你们看，他写的诗大家都很喜欢。（课件展示学生耳熟能详的诗）你们有背过的吗？

【设计意图】叶圣陶曾说过："语文学习的外延等于生活的外延。"我们的语文教学应给学生搭建一个开放的、整体的、不断建构的教学平台，让学生在更广阔的知识背景下探索，获得新知，体验生活中的"大语文"。

板块四　指导书写

1. 出示生字"床、低、故"。

（1）一字开花。师：小朋友，你们给它们找找朋友吧。

（2）聚焦"床"字。师：（出示牀）小朋友，你们猜一猜，这是什么字？对的，你们根据木字猜出来的，真厉害！你们看，右边多像给人休息的凳子啊。床，古时就是指人们的休息之座。

2. 识记偏旁。

师：小朋友，"故"字谁有办法记住？

（1）认识反文旁。师："攵"像你认识的哪个字？它和"文"字有什么相同和不同的地方？你是怎么记住这个偏旁的？

（2）教师范写。师：这个偏旁分四笔写成。书写时，第一笔撇和第二笔横不宜太长；第二笔短横从撇的中间偏下处起笔；第三笔竖撇从横的中间起笔，大约竖到该笔画的二分之一处再向左下撇出，撇笔宜轻，笔画宜细；最后一笔捺不要过于僵硬，捺脚要充分舒展。

（3）学生书写。集体讲评。

3. 学写"故"字。

（1）引导观察。师：仔细观察，要想写好这个字，你有什么小秘诀？

（2）"小博士"信箱。师：带反文的字一般左右两部分宽窄相等，要注意笔画间的穿插，就像同桌坐在一起要礼让一样，座位的空间大小需根据实际情况来安排。

（3）教师范写。

（4）学生练写。评价反馈"一看二写三对照，一个更比一个好"。

4. 学写"低、床"。

（1）独立书写。提示"一看二写三对照"。

（2）同桌互评。与自己的同桌互相评一评，然后再写一个，争取一个更比一个好。

（3）展示评价。选择有代表性的学生作品，屏幕呈现，集体讲评。

【设计意图】生字归类书写，能够凸显一类字的共同特点，另外，遇到新的部件细细教，就是为了让学生能够扎实地掌握新偏旁。

板书设计：

8　**静夜思**

李白　　　　诗仙

　　　　　　反文旁

思念　　　　故　低　床

9　夜　色

一、文本解读

1. 文体特点。

（1）童诗。童诗内容大多反映儿童生活情趣，传播生活知识，等等，它的接受对象是儿童，因而内容浅显有趣。《夜色》是一首描写儿童生活、关注儿童心理的童诗。该童诗用第一人称，由两节内容组成。第一节描写“我”从前胆子很小，即使妈妈用勇敢的故事鼓励“我”，“我”还是心慌害怕。第二节写“我”和爸爸出去散步后，发现夜晚的景色和白天的景色一样美好，“我”不再怕黑。童诗语言生动活泼，通俗易懂，充满了童趣。值得注意的是，这首童诗的句子相对于学生往常接触的儿歌，句子较长，需要指导学生读好长句。课文的两幅配图也切合童诗内容，能帮助学生理解童诗的重难点词句，激发学生学习童诗的兴趣。

（2）儿童视角。儿童的内心对世界充满好奇，同时因为对世界的很多方面都是未知的，有时也会存有恐惧的心理。《夜色》以儿童的视角捕捉到儿童怕黑的心理，唤醒儿童的生活经验，读来极有亲近感，能激发儿童阅读兴趣，引发阅读期待。儿歌中，妈妈更多是以成人的视角，用“勇敢的故事”教育“我”，而爸爸却以儿童的视角，带“我”出去散步，走进“我”的心灵世界。“我”看到，原来“我”害怕的天黑景色和白天景色是一样可亲的。夜色中，花草在微笑，小鸟在睡觉，从而打开儿童的心扉，让“我”不再怕黑。这样，从“我”即儿童的视角，把儿童怕黑的世界呈现在学生面前，很有同理心，也利于学生走进自己的内心世界，问一问自己，我怕黑吗？我还怕什么呢？

（3）音律和谐。在每句的最后一个字，都使用韵母相同或相近的字，这样朗诵或咏唱时，产生音律感。这些使用了同一韵母字的地方，称为韵脚。《夜色》全文两节，共四句，每句押“ao”韵，读起来朗朗上口，韵味十足，易于学生背诵。两节诗尾都用了省略号——“可我一看窗外心就乱跳……”“我也能看见小鸟怎样在月光下睡觉……”这两个省略号遥相呼应，原本以为黑夜很可怕，后来才发现，黑夜也是那么安谧和谐。童诗就在这样相对应的结构中，利用汉语音律美的特点，为学生营造了温馨的夜色下世界一片美好的画面。

2. 文化底蕴。

（1）突破未知。童诗中的“我”天一黑，就不敢往外瞧，因为在屋里看不清屋外的夜色之美，故而心慌，觉得在一片未知的漆黑中可能藏匿着什么可怕的事物，这是儿童共有的一般心理。爸爸偏要带“我”去散步，让“我”走出屋子，亲近自然，发现自然界的一花一草，一景一物如白天那样可爱可亲。为什么从此再黑再黑的夜晚，“我”也能看见小鸟怎样在月光下睡觉？那是因为，即使一片漆黑，却不再是一个未知的世界，“我”的眼睛即使没有看见，“我”的心里却是知道的。童诗鼓励孩子，对未知事物不妨试着去面对、了解、探索，可能会有新的发现。一年级的学生正处于了解世界，认识自己的最初阶段，这首童诗正是抓住了儿童的心理特征，对未知世界进行了探索。

（2）父母关爱。对于“我”怕黑的心理，“我”的父母都在用自己的方式帮助“我”，关爱“我”。“妈妈把勇敢的故事讲了又讲”，可见妈妈对“我”教育的用心和耐心；爸爸则用另一个方式“偏要拉我去散步”让“我”学着直面恐惧，化解恐惧。两种方式截然不同，都指向了父母对孩子的关心和爱护。很多学生都有怕黑的心理，可让学生联系生活，说说曾有过的怕黑经历，父母是怎么跟自己说的，自己又是怎么克服怕黑的心理的。父母是孩子成长途中第一任老师，孩子的点滴成长离不开父母的关爱。童诗中的妈妈善于说故事，爸爸却让孩子勇于实践，父母双方相互作用能更好地促使一个孩子人格健康成长。

（3）勇敢成长。儿童天性中有一种豪情，希望自己无所不能。但是，在现实面前，他们会面对许多自己不可能完成的任务，比如害怕。害怕来源于身体上的弱小，也来源于知识的缺乏。面对困境，儿童需要破茧成蝶。童诗中的儿童一开始是那么害怕黑夜，一看窗外心就乱跳。如果他自己不想成长，即使爸爸拉他出去在黑夜里散步，他依然害怕。但在童诗里，我们看到了一位勇敢的小男孩，他在爸爸的陪同下，用自己的眼睛观察这个世界，用自己的心灵感受这个世界，他在自我了解的过程中，变得勇敢起来。一次经历就是一次成长，童诗中的儿童面对困境勇敢成长了，读童诗的学生也通过朗读童诗，心灵上获得了成长。原来，成长来自于自我的需要。

3. 语言表达。

（1）童真童趣。因为童诗是用第一人称、以儿童的口吻写的，语言表达又显得格外纯真烂漫。如“胆子很小很小”“再黑再黑的夜晚”，连用两个相同的词语来强调程度深，符合儿童口语表达规律。再如“原来花草都像白天一样微笑”“我也能看见小鸟怎样在月光下睡觉……”用拟人的手法表达花儿盛开和小鸟憩息的景象，读来便觉是儿童自己的表达方式，特别贴近儿童心理。另外，两节诗末都运用了省略号，能激发学生想象的天性，为他们运用语言提供基础。

（2）分类识字。本课要求学生认识的十二个生字中，七个形声字可迁移联系原有识字经验，进一步巩固形声字的识字方法，其余五个字为会意字。厂字头和卜字旁是要学习的新偏旁。“乱”字的字理字源与字形关联看似不大，可让学生看看金文中“乱”的形象——像上下两手在整理架子上散乱的丝，能激发学生学习汉字的兴趣。在展开的教学过程中，应充分调动学生学习的积极性，采用猜一猜，说一说等方法，了解汉字发展的进程。识字最终目的是让学生养成独立识字的习惯，通过字理识字、归类识字，就能将这些简单的方法根植于学生的心田，让他们有能力独立识字。

（3）新旧结合。本课要求写的字有七个：色、看、晚、再、外、爸、笑。其中有上下结构的字，有左右结构的字，也有半包围结构的字，还有独体字。类似结构的字，学生都有接触练习过，可迁移运用以前学过的方法，让学生谈谈写好这些字应注意的要点，重点关注除“再”字外，其他几个字都有笔画撇，但撇的角度、长度都各不同，有短撇、长撇、横撇。特别是“笑”下面的横撇，学生容易写成横。“再”字重点在指导笔顺上，最后三笔要先写竖，再写两横。这样的识字教学扶放结合，做到联系旧知，教学新知，是培养学生写端正汉字的好方法。

二、学习目标

1. 基础目标。

（1）通过看图想象、结合生活实际等方式，认识“胆、敢、往、外”等十二个生字，认识新偏旁厂字头。

（2）借助已有的写字经验，发现笔画撇的几种写法，端正地书写“色、看、晚”等七个生字。

（3）通过多种形式的朗读，背诵童诗，感受黑夜的安静。

2. 特色目标。

（1）通过给高频字“胆、勇、原、微”扩词的方法，读记每个字的三个词组。

（2）借助停顿划分线、教师示范读等方法，将长句读流利。

3．发展目标。

读懂童诗，联系生活，发现黑夜的景物和白天一样，不再害怕黑夜。

三、核心内容

项目	具体内容
语言内容	（1）重点指导书写“色、看、笑、再”四个生字 （2）借助停顿划分线、教师示范读等方法，将长句读流利
思维内容	联系生活，感受不同时空下景物的不同特点
文化内容	（1）感受夜色美好，做一个勇敢的人 （2）体会父母的关爱，激发学生探索未知领域的兴趣
方法内容	（1）进一步掌握形声字以形猜意的方法 （2）关注撇的多种形态，继续掌握抓关键笔画书写汉字的方法

四、学习设计

第一课时

板块一　整体感知

1．揭示课题。学生看教师板书，然后导入新课。

（1）谈夜色。师：小朋友，你们见过夜色吗？对，就是夜晚。在夜晚，你们都看到过什么呢？

（2）读课题。师：一位小朋友写了一首儿歌，就是描写夜色的，我们去看看，他在夜色里都看到了什么。

2．自由读文。

请学生自由读儿歌，出示两个要求。

（1）独立读。师：遇到不认识的字，拿笔圈出来，然后借助“拼音宝宝”，力求读准字音。

（2）合作读。师：读给同桌听一听，同桌有不会读的字词，帮一帮。

3．集体对读。

（1）检查朗读。师：刚才小朋友们读得那么认真，真好！现在，哪位小朋友愿意读给大家听听？

（2）相机正音。重点正音“胆、敢、乱、偏、散、原”，它们是前鼻音；“往、窗、像”是后鼻音。

（3）读词卡。出示生字卡片，“开火车”读。

4. 自由练读。

师：小朋友，把生字放回诗歌中，一定能把诗歌读得更好。

5. 标小节号。

师：你们发现这首童诗有几节？能标一标小节号吗？（实物投影校对）

【设计意图】学生自由朗读，读准字音，让学生对诗歌有个整体感知，为下文的学习奠定基础。

板块二　读文识字

1. 读准句子。

师：谁来读读第一节？（学生个别读，正音。“开火车”读。齐读）

2. 定位识字。

师：小朋友，读着读着，很多词语都跑了，剩下这几个词，你认识它们吗？（屏幕上保留“胆小、不敢、往外、勇敢、窗外、乱跳”这几个词在童诗原来的位置）

（1）指名读。“开火车”读。

（2）认读生字。师：小朋友们，真不错！现在只剩生字，你还能认得它们吗？（屏幕再隐去非生字，保留生字）

3. 分类识字。

瞧，生字宝宝们正等着你们把它们送回家呢！

胆　敢　往　外　勇　窗　乱

（1）尝试分类。“外”不是前后鼻音，能给“外”找些朋友吗？（外婆、外面、外国……）

（2）同桌对读。对的赞一赞，错的帮一帮。

（3）分组朗读。一、二两组读前鼻音，三、四两组读后鼻音。师：小朋友，区分前鼻音和后鼻音是很重要的哦。我们一起来读一读。

4. 字理识字。

师：你们真厉害，前鼻音后鼻音分清了。有一个生字想和你们玩游戏，请看——

（1）屏幕显示。

（2）学生猜测。师：小朋友，你们猜一猜，这个是什么字？

（3）据形猜意。师：小朋友，你们看到了吗？上面有一只手，下面也是一只手，旁边是不是很多丝？所以，当时的情况很乱，因而它有很多朋友：乱七八糟、杂乱无章。

（4）教师说明。师：这个字就像上下两手在整理架子上散乱的丝。

5. 朗读全文。

师：现在，我们把生字宝宝放回句子，再来读一读吧。

【设计意图】一年级识字教学是重点，字不离词，词不离句。本环节从句、词、字入手，运用多种识字方法不断复现生字，让他们读准字音，同时渗透多种识字方法，力求培养他们自主的识字能力。

板块三　感受诗意

1. 再读童诗。

师：看看，这些生字回到了第一节诗中，你能读好吗？同桌互相读一读，赞一赞，帮一帮。

2. 读好长句。

（1）教师范读。学生对比谈发现。

（2）学生发现。屏幕显示停顿斜线，教师告诉学生这能帮助他们把长长的句子读好。

（3）学生练读。教师指导读（多用范读）。指名学生读。

3. 读懂长句。

师：小朋友们，你有过和诗中的小朋友一样的想法吗？你为什么不敢往外瞧？心乱跳是什么意思？

（1）相机板书：怕。

（2）读出感觉。师：你们能读出这种感觉吗？

（3）学生练读。教师指导读（多用范读）。指名学生读。

【设计意图】这首童诗的句子较长，以停顿线为辅助，重点以教师的范读引导感受“音断气连”，培养学生的语感。

板块四　书写生字

1. 出示生字“色、外、看、爸”。

（1）一字开花。师：小朋友，你们能给这四个生字宝宝找些朋友吗？

（2）观察汉字。师：小朋友，你们说说，凭你们的写字经验，写好这几个字要注意什么？

（3）发现特点。这三个字都有一个相同的笔画，位置长短却不同。（撇）

（4）重点指导。在屏幕上把每个字的撇变红，师生合作发现平撇和长撇的位置和长短。

2. 教师范写。

请学生看教师示范写，然后举起右手书空。

3. 独立练写。

请学生在语文书上把每一个字都描红一次，再写一次。

4. 集体讲评。

选具有代表性的学生作品，屏幕呈现，然后师生合作讲评。评价指向关键部件和关键笔画。

5. 修正练写。

讲评之后，请学生再各练写一个，最后展示讲评。

【设计意图】书写汉字，渗透抓关键笔画将汉字写端正的方法，力求让学生养成良好的书写习惯。

板书设计：

9 **夜 色**

怕

色　外　看　爸

第二课时

板块一　知识复习

1. 复习词语。

师：小朋友，上节课，我们读了童诗，认识了许多词语，你还认识它们吗？（教师手举卡片，请小朋友“开火车”认读词语：胆小、不敢、往外、勇敢、窗外、乱跳）

2. 一字开花。

师：“胆、勇”希望自己能找到三个词语朋友，你能一口气说出三个词语吗？（指名说）

3. 读读记记。

胆子 胆量 大胆 勇敢 勇气 勇士

(1) 自由练读。

(2) 读出感觉。师：读着这样的词语，身体里似乎充满了力量。

4. 引出新知。

师：但是，文中的孩子一开始有这样的力量吗？这节课，我们就去看看他吧。

【设计意图】知识复习，既复现生字，又呈现童诗的情景，为学习新知做好准备。

板块二 读文识字

1. 出示第一节。

师：小朋友，请你们先读一读第一节吧。

(1) 学生练读。

(2) 指名朗读。师：课文中的这位小朋友一开始很害怕，是吗？

(3) 聚焦词组。

很小很小 讲了又讲 心就乱跳

①读好词组。

很小很小 讲了又讲

②说仿词组。师：这样的词你还会说吗？

③读出感觉。师：读着这样的词语，我们仿佛看到了一个胆小的孩子。让我们读好这些词组，读好第一节儿歌吧。

2. 出示第二节。

师：小朋友，后来，那个怕黑的孩子还怕黑吗？请自己读读第二节，把字音读准。（学生个别读，正音。“开火车”读。齐读）

3. 认读生字。

(1) 学生领读。师：哪位小老师带大家读读这些生字词？（出示生字词卡：偏、散、原、像、微）

(2) 同桌轮读。同桌拿出小词卡，轮流读。

4. 分类识字。

师：瞧，生字宝宝们正等着你们把它们送回家呢！

偏　散　窗　勇　原　像　微

（1）同桌合作。和同桌说说每个生字宝宝住在哪座房子。

（2）指名完成。集体完成，屏幕呈现。

（3）聚焦“原”字。师：还有一个生字“原”没有住进房子，谁来给它建一座房子？屋顶上应该写上什么？（半包围结构）

5. 学新偏旁。

师：是啊，“原”是半包围结构，我想，很多小朋友都猜出来了，它的偏旁叫什么名称？（出示偏旁卡）请读读它的名称。

6. 读读记记。

师：给“原、微”找找几个词语朋友。（出示：原来、草原、高原、微笑、微小、微风）

（1）学生读记。

（2）复现词卡。师：小朋友，我们一起再来读读这些生字宝宝吧。

【设计意图】多途径多方式复现生字，关注字的结构和偏旁，掌握汉字的构造规律。

板块三　朗读理解

1. 读好长句。

聚焦第二节，读好这一节中的长句子。

（1）学生练读。师：让我们把生字送回句子里，看看谁能把这节诗中长长的句子读好。

（2）教师指导。师：谁来读读看，谁能用上节课学的方法把长长的句子读好？（随着学生的朗读，出示停顿魔法棒的划分线）

（3）个别朗读。师：哪位小朋友觉得自己能够读好就来展示展示吧。

2. 读懂长句。

（1）学生质疑。师：小朋友，读着诗句，你们有什么问题吗？（教师估计学生会问：花草怎么会微笑？天黑怎么会看到小鸟在月光下睡觉？）

（2）教师读句。师：“原来花草都像白天一样微笑。”小朋友们，你们在夜色中见过花草吗？夜色中的花是什么样的？草是什么样的？哦，说得真好！那“微笑”的意思就是花和草就像你们说的那样，依然很美丽哦！你们读读这句话。

（3）探究原因。师：那么，你知道为什么在夜晚也能看见小鸟在睡觉的原因了吗？（请学生谈谈，教师相机引导联系生活实际）小朋友，你们有什么办法不怕黑？（示范读长句，读好句子）

3. 读出理解。

师：害怕黑的小朋友，现在还怕吗？（板书：不怕）

（1）感受趣味。师：多么有趣的小男孩！以前怕黑，现在走出去一看，看到夜色的真相就不怕了。原来，有些东西怕，是因为我们不知道。

（2）回顾朗读。师：现在，老师读第一节，你们读第二节。

4. 学生发现。

师：现在你看到了一个怎样的小男孩？男女生对着读一读。

（1）发现标点。每一节诗的最后都是一个省略号。

（2）放飞想象。师：小朋友，那你们猜一猜，文中的孩子心就乱跳，可能想到什么？夜晚除了睡觉的小花，还有什么呢？

（3）夜色安静。师：是啊，你们看到了，文中的孩子也看到了，夜晚原来那么美好，那么安静，让我们再读一读第二节，感受夜色下美妙的世界吧。

5. 填空背诗。

师：小朋友，你们都已经会背诵这首诗了吧，我们来试一试填空。让我们记住这首诗，也记住这个可爱的孩子吧。

【设计意图】联系生活谈谈自己的经历，有助于学生移情体验，理解诗句中的信息，并能做简单的推断。而后，关注标点，让学生想象说话，感受夜色美好，激发探究未知世界的愿望。

板块四　书写生字

1. 复现生字。

师：小朋友，学到这里，你们还认识本课的生字吗？

2. 游戏闯关。

师：夜色中的每一颗星星背后都有一个生字，你能读读吗？

3. 书写汉字“晚、笑、再”。

（1）一字开花。师：“晚、笑、再”有哪些词语朋友呢？

（2）观察发现。讲讲这几个字的关键笔画及笔顺。观察“晚”和“笑”中的撇，做个提醒。特别是“笑”下面的“夭”是撇不是横。教师示范写“再”字的笔顺，学生在空中写大字。

（3）独立书写。学生独立书写这三个字。

（4）同桌互评。同桌互相评一评，然后再写一个，争取一个更比一个好。

（5）展示评价。选择有代表性的学生作品，屏幕呈现，集体讲评。

【设计意图】写字教学重在培养学生书写的能力，通过观察发现关键笔画和笔顺，就是在指导学生书写时的盲区，做到书写指导一课一得。

板书设计：

9 **夜　色** 美好

怕—不怕

晚　笑　再

10　端午粽

一、文本解读

1. 文体特点。

（1）写人记事。《端午粽》纯粹是一篇写人记事的记叙文，讲述了一到端午节，外婆总是煮好一锅粽子，盼着我们回去品尝，然后总要我们带回一篮粽子与乡里邻居分享的事情。简短的四段文字，却清晰地讲述了事情发生的时间、地点、人物、事件，中间穿插对粽子外形、配料的描写。读这样的文章，学生不仅很快了解了故事的内容，还能回忆起自己吃粽子的情形，更重要的是，学生在了解粽子外形和种类之后，对为什么吃粽子也有了一定的了解。在文章的最后一段，简略地写了一笔：人们端午节吃粽子，据说是纪念爱国诗人屈原。这样，将粽子与外婆、屈原联系起来，写人记事就更加明确了。

（2）化繁为简。端午粽里包裹着厚实的内涵，因此历经千年而味不淡、香愈浓。可是文中第二自然段只是这样写道：“粽子是用青青的箬竹叶包的，里面裹着白白的糯米，中间有一颗红红的枣。外婆一掀开锅盖，煮熟的粽子就飘出一股清香来。剥开粽叶，咬一口粽子，真是又黏又甜。”为何作者写得如此浅显呢？那是因为，文本的最终读者是孩子，只有让孩子读得懂的文字，才是最美妙的文字。另外，屈原是伟大的诗人，从屈原开始，中国才有真正独立的诗人，他的才情，他的思想，他的为人，写不完，作者也是很巧妙地简化带过。作者将如此复杂的内涵简单处理，就是为孩子埋下最基础的文化种子，等待时机，让它生根发芽，像文本中说的“长大了我才知道……”

（3）儿童视角。儿童视角是一种叙事策略，是一种独特的话语表述方式，它借助儿童的眼光或口吻来讲述故事，故事的呈现过程具有鲜明的儿童思维特征。《端午粽》一文就是站在这一角度来描述的，比如开头第一自然段：“一到端午节，外婆总会煮好一锅粽子，盼着我们回去。”又如第三自然段：“外婆包的粽子十分好吃，花样也多。除了红枣粽，还有红豆粽和鲜肉粽。我们在外婆家美滋滋地吃了之后，外婆还会装一小篮粽子要我们带回去，分给邻居吃。”再如最后一个自然段：“长大了我才知道，人们端午节吃粽子，据说是为了纪念爱国诗人屈原。”这些语句充满童真童趣，无形之间拉近了读者与文本的距离，给人一种想亲近的感觉。

2. 文化底蕴。

（1）勤劳智慧。《端午粽》写的是粽子，但处处体现外婆的勤劳智慧。“外婆一掀开锅盖，煮熟的粽子就飘出一股清香来。剥开粽叶，咬一口粽子，真是又黏又甜。”再如：“除了红枣粽，还有红豆粽和鲜肉粽。”这几句话看似写粽子的味道与花样，读着读着便会发现，弦外之音是赞扬外婆的心灵手巧、勤劳智慧。试问，外婆如果不勤劳智慧，怎能做出如此美味、又黏又甜的粽子？怎能做出花样众多的粽子呢？外婆是一位普通的妇女，但她是孩子心中厉害的外婆，因为端午节一到，外婆总会煮好一锅粽子，外婆也总会让“我们”带回一篮粽子，分给邻居吃。这样的外婆让人又敬又爱。

（2）粽子传情。在课文的第二自然段，作者是这样描写的：“粽子是用青青的箬竹叶包的，里面裹着白白的糯米，中间有一颗红红的枣。”一张青箬竹叶，一团白糯米，一颗红枣，在外婆的巧手下，成了一个又黏又甜的粽子。小小的粽子，不仅散发出外婆对我们浓浓的亲情，还传递着乡邻之间浓浓的乡情。第一自然段的“一……总会……”“盼”，让我们真切地感受到外婆对我们的想念之情；第二自然段的“剥”“咬”“黏、甜”，再现了我们品粽的全过程，而那种爱粽之情也油然而生；第三自然段的“装”“要”“分”三字，更能彰显动作的魔力，外婆善良热情这一人物形象跃然纸上。散落在文中的细节，让我们感受到了淳朴而又浓浓的亲情、乡情。

（3）文化传承。端午节吃粽子，这是汉民族的传统习俗。粽子，又叫“角黍”“筒粽”，其由来已久，花样繁多，在晋代被正式定为端午节食品。在汉民族众多的节庆食品里，粽子恐怕比饺子有着更厚重的历史感，更浓郁的文化气息，因为它与屈原息息相关。屈原是诗人，他身上体现出来的情操和精神已经跨越了时空界限，超越了那个时代作为一名士大夫精神的概念，成为两千多年来仁人志士的价值共鸣、情感共鸣。因此，端午节又称为“诗人节”，屈原精神成了端午节的节魂。吃粽子也有了文化意义，慢慢地便形成了一种粽子文化，它不再是习俗食品，经年累月已经沉淀为一种精神。品尝粽子，述说屈原的故事，文化在这里传承，也在这里祭奠。

3. 语言表达。

（1）以粽为线。《端午粽》一文，以粽子为线索，第二自然段详写了粽子的味道，又用“外婆包的粽子十分好吃，花样也多”这一过渡句，写了粽子的花样。前三个自然段主要写外婆煮了粽子盼孩归、包粽品其味、分粽传乡情的事情，最后一个自然段又连带写了吃粽念屈原。短小精悍的文章，就以“一锅粽子、一口粽子、一篮粽子”贯穿始终，使文章浑然一体。另外，对一年级的学生来说，生字反复出现是为让学生更好地识记。一锅粽、一口粽、一篮粽，不仅让学生区分量词，还反复呈现“粽”字，是一年级学生积累和识记汉字的最好载体。粽子既是文章的线索，也是学生识记字词的线索。

（2）叠词言语。《端午粽》一文，仅 177 个文字，可叠词出现的概率极高，既有以偏正结构呈现，也有以数量词形式出现。如“青青的箬竹叶、白白的糯米、红红的枣”，就是偏正结构的词组，轻轻一读，词语的节奏、韵味就出来了。另外，这些词组还可以反过来说“枣红红的、糯米白白的、箬竹叶青青的”，灵动多变。同时，这些词语还便于学生归类、积累，形成词语组块网。再如“一锅粽子、一颗枣、一股清香、一口粽子、一小篮粽子”，这些形式统一的数量词，既有助于识记，又让学生懂得精准搭配词语，提高学生正确使用量词的能力。这些词语既增加了文章的节奏感，又是学生需要积累的语言新材料，应引导学生反复朗读，并积累它们。

（3）比同书写。本课要求写的字有七个，“午、米”是独体字，“节、真、豆、分”是上下结构的字，“叶”是左右结构的字。类似结构的字，学生已不再陌生，可以迁移以前学过的方法，让学生谈谈写好这些字应注意的要点，然后将“午、节、叶”三字同时出现，并指导写好悬针竖，这样字就写方正了。而“米、豆、真、分”这四个字中都有撇和点（或捺），在书写过程中，就要做到笔断意连，相得益彰，这样书写的字就会有神韵。其中“豆”是象形文字，可采用字理识字，演示它的变化过程：甲骨文[illegible]，金文[illegible]，小篆[illegible]，直到楷书豆。豆的原意是古代盛肉或其他食品的器皿，形状像高脚盘，如豆俎。中国汉字博大精深，学习起来特别有意思。在展开的教学过程中，应充分调动学生学习的积极性，采用猜一猜，说一说等方法，了解汉字发展的进程。

二、学习目标

1. 基础目标。

（1）通过看图想象、结合生活实际等方式，认识“端、粽、总、间、肉、带、念”等十三个生字。借助以往的写字经验，端正地书写“豆、米、真、分”等七个生字。

（2）通过形声字的字形梳理、象形字的演化过程，进一步培养学生多样的识字能力。

（3）正确、流利地朗读课文，初步了解吃粽子是为了纪念屈原这一典故。

2. 特色目标。

（1）借助图片，感受叠词的节奏美和色彩美，积累“青青的”“白白的”等叠词。

（2）借助词串，积累一锅粽、一口粽子等数量词组，并了解粽子的种类。

3. 发展目标。

借用魔法棒，读好长句子，发展学生的朗读能力。

三、核心内容

项　目	具体内容
语言内容	（1）重点书写“豆、米、真、分”这四个生字 （2）积累叠词及数量关系的词语，读好长句子
思维内容	感受吃粽子与纪念屈原的内在关系
文化内容	（1）感受外婆的心灵手巧以及粽子背后蕴含着浓浓的情 （2）感受端午粽与文化传承息息相关
方法内容	（1）借用魔法棒，感知读好长句子的方法 （2）明了抓关键笔画，通过比同能把汉字写端正的方法

四、学习设计

第一课时

板块一　整体感知

1. 情境导入。

师：端午节到了，我们总想去外婆家，想去尝尝外婆包的粽子。

2. 揭示课题。

师：今天，我们就来学习。（板书：端午粽）

（1）教学“端”字。师：小朋友，我们一起读课题。你们有什么办法记住“端”字吗？（认识立字旁，“立”就是站，“端”就是站得正、站得直）

（2）一字开花。师：小朋友，你们能给“端”找一找朋友吗？

（3）聚焦端午节。师：小朋友，你们知道端午节吗？（出示课后第二道练习题，请学生说说自己了解到的端午节）是的，每年的五月初五是端午节，你们知道这一天要吃什么吗？

（4）教学“粽”字。师：那一天很多人都吃粽子，你们有办法记住“粽”字吗？猜一猜，为什么是米字旁呢？你们吃过什么粽？

（5）课题小结。师：是的，故事就发生在端午节，跟粽子有关呢，让我们再一次齐读课题。

3. 自由读文。

请学生自由读课文，出示两个要求。

（1）独立读。遇到不认识的字，拿笔圈出来，然后借助“拼音宝宝”，力求读准字音。

（2）合作读。读给同桌听一听，同桌有不会读的字词，帮一帮。

4. 集体对读。

（1）检查朗读。师：刚才小朋友们读得那么认真，真好！现在，哪四位小朋友愿意读给大家听听？

（2）相机正音。“间、分、念”是前鼻音，“肉、知”是翘舌音。

5. 自由练读。

师：小朋友，读准了字音，课文一定会读得更好听了，赶紧再练一练。

【设计意图】抓住课题，认读“端、粽”两字，既教学生字，又让学生初步感知故事发生在端午节，与粽子有关。朗读全文，整体感知，为下文学习奠定基础。

板块二　长句朗读

1. 聚焦外婆。

师：大家是不是发现课文中有三句描写外婆的句子呢？

（1）自由画句。师：请小朋友一边读课文，一边画出描写外婆的句子。

（2）集体校对。师：小朋友，你们都画出来了吗？如果能说说在第几自然段就更好了。

（3）屏幕呈现。根据学生交流，整体呈现句子。

一到端午节，外婆总是煮好一锅粽子，盼着我们回去。

外婆一掀开锅盖，煮熟的粽子就飘出一股清香来。

外婆包的粽子十分好吃，花样也多。除了红枣粽，还有红豆粽和鲜肉粽。我们在外婆家美滋滋地吃了之后，外婆还会装一小篮粽子要我们带回去，分给邻居吃。

2. 练读句子。

师：小朋友，这三句话虽长，但读好却容易，你们赶紧练一练。

3. 教读第一句。

（1）学生试读。师：哪位小朋友来读一读第一句？

（2）教师范读。师：你们听一听老师和你们读的哪里不一样？（停顿明显）

（3）标魔法棒。师：小朋友，你们真厉害，老师停顿的地方，你们都感受到了。其实，读好长句子，借助魔法棒是很好的办法，你们看——（屏幕显示）

一到/端午节，外婆总是/煮好一锅粽子，盼着我们回去。

（4）展示朗读。师：现在，你们一定读得更好了。谁愿意来挑战？

4. 合读下面两句。

（1）同桌讨论。师：小朋友，借助魔法棒，注意了停顿，读书真好听。那下面的两句，你们觉得魔法棒应标在哪里呢？先自己读一读，然后同桌讨论一下。

（2）学生试读。请几位学生来试读，然后集体评价交流。

（3）集体讨论。师：小朋友，刚才你们说得很有道理，我们就一起标上魔法棒吧。（屏幕显示）

一到/端午节，外婆总是/煮好一锅粽子，盼着我们回去。

外婆包的粽子/十分好吃，花样/也多。除了/红枣粽，还有/红豆粽和鲜肉粽。我们在外婆家/美滋滋地吃了之后，外婆还会/装一小篮粽子/要我们带回去，分给邻居吃。

（4）比赛朗读。师：现在，你们再去读一读，一定会读得更棒了。待会儿我们来比赛比赛朗读。

5. 说说感受。

师：借助魔法棒，句子读得那么好听。读着读着，你们都知道了什么呢？（根据学生的读书所得，随机交流一下内容）

（1）外婆好客。师：端午节，外婆总是煮好一锅粽子，盼我们回；走时，外婆还会装一小篮粽子，让我们分给邻居吃。

（2）粽子多样。师：粽子种类多，红枣粽，红豆粽，鲜肉粽。（相机教学“肉”字：——→——→肉）

①字理识“肉”。

②一字开花。师：你们能给它组组词吗？

③拓展粽类。师：小朋友，你们还知道什么粽吗？（有……有……还有……）

（3）味道鲜美。师：美滋滋地吃，多么享受。

（4）积累短语。

一锅粽子　一篮粽子

6. 顺势小结。

师：外婆实在是太好了，不仅包的粽子种类多，而且还热情。让我们一起读这句话，感受外婆的了不起吧。

【设计意图】这个片段的教学是本节课的重点，也是本节课核心内容落实的片段。通过画句、读句、畅谈交流，锻炼了学生提取信息的能力，同时借助魔法棒，让学生直观地明白停顿对朗读长句子的重要性。

板块三　书写生字

1. 出示儿歌。

师：小朋友，你们表现得真棒，老师编了首儿歌送给你们，我们一起来夸夸外婆。

一到端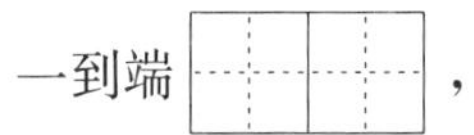，

外婆总包粽。

包了花样粽，

除了红枣粽，

还有红□鲜肉粽。

美滋滋尝了粽，

回家还要提篮粽，

□给邻居尝尝粽。

2. 自由朗读。

师：小朋友，你们自己读一读，能读好吗？

（1）节奏朗读。师：小朋友，让我们拍拍手来读一读。

（2）出示生字“午、节、豆、分”。

（3）字理识字。出示豆—豆—豆—豆，逐次出现，让学生猜一猜豆的意思。

（4）一字开花。师：小朋友，你们能给这四个生字宝宝找些朋友吗？

（5）书写规律。师：这两组字分别有什么共同的特点呢？小朋友们，要写好这两组字，你们有什么好建议呢？

（6）重点指导。师生合作，发现第一组关键部件“悬针竖”，第二组关键笔画点撇和撇捺。

3. 教师范写。

请学生看教师示范写，然后举起右手书空。

4. 独立练写。

请学生拿出方格本，把每一个字都认真书写一遍，注意写好关键部件和关键笔画。

5. 集体讲评。

选具有代表性的学生作品，屏幕呈现，然后师生合作讲评。评价指向关键部件和关键笔画。

6. 修正练写。

讲评之后，请学生再各练写一个，最后展示讲评。

【设计意图】书写汉字，渗透抓关键笔画将汉字写端正的方法，力求让他们养成良好的书写习惯。

板书设计：

10 **端午粽**

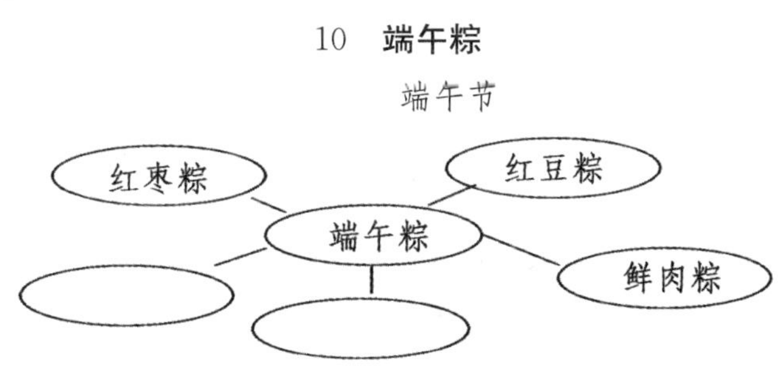

第二课时

板块一 知识复习

1. 读题导入。

师：小朋友们，上节课我们知道了外婆很能干，一到端午节，不仅会煮粽，还会包花样粽。这节课，我们继续学习。（读题）

2. 认读词语。

师：生字宝宝还认识吗？（教师手举卡片，请学生“开火车”读：端午节、总是、分给、红枣粽、红豆粽、鲜肉粽、带回去）

3. 板贴词卡。

师：端午节一到，外婆就包许多的粽子。（相机板贴：红枣粽、红豆粽、鲜肉粽）

4. 过渡导入。

师：这么多花样的粽子，是用什么包的呢？这节课，我们继续来学习课文。

【设计意图】词语的再次复现，强化了学生的识记意识，同时又引出新内容的学习，正可谓“温故而知新”。

板块二 深入学习

1. 自由读文。

师：外婆的粽子是怎样的？哪一自然段描写了？请小朋友一边读课文，一边找出来。

2. 集体交流。

师：你们找到了吗？对，在第二自然段。（屏幕显示第二自然段）

（1）学生练读。师：这一段有三句话，你们自己自由读一读。

（2）个别朗读。师：哪位小朋友来读一读？

3. 聚焦粽子。

师：小朋友，你们知道粽子是用什么包的吗？

（1）出图读词。师：小朋友，你们真能干，一读就发现了外婆的粽子离不开这三样东西。（出示“箬竹叶、糯米、枣”三张图片，请学生看图片指说名称）

（2）指名读词。指名读“箬竹叶、糯米、枣”三个词。

（3）看图说短语。师：这是怎样的枣？怎样的糯米？怎样的箬竹叶？（引导学生说出：红红的枣、白白的糯米、青青的箬竹叶）（板贴）

（4）读好短语。师：读着这些短语，你仿佛看到了什么？

（5）倒装练说。师：我们中国的汉字是神奇的，还可以倒过来说呢。枣是——红红的，糯米是——白白的，箬竹叶是——青青的。

（6）拓展积累。屏幕显示图片：碧绿的小草、洁白的云朵、长长的黑发。引导学生说叠词，然后合作倒装说。

指名说。“开火车”说。齐说。

4. 试读长句。

师：我们知道粽子是用这三样东西包的，来，让我们介绍介绍它吧。（出示句子）

粽子是用青青的箬竹叶包的，里面裹着白白的糯米，中间有一颗红红的枣。

（1）生自由读。

（2）达成共识。师：对，用上节课我们学到的魔法棒来帮帮忙。

（3）讨论呈现。粽子是用/青青的箬竹叶/包的，里面/裹着/白白的糯米，中间有一颗/红红的枣。

（4）正音“间”字。师：小朋友，“间”是前鼻音，你们可以给它找个朋友吗？

（5）再自由读。指名读。齐读。

5. 比较句子。

师：读得真好听，老师也想读，可要认真听哦。（师读，故意读漏字）

粽子是用青的箬竹叶包的，里面裹着白的糯米，中间有一颗红的枣。

（1）学生质疑。师：掉了一个字，意思没有变，没有关系吧？

（2）探讨妙处。师：原来叠词，读起来更有味道，让我们仿佛看到了更青的箬竹叶、更白的糯米、更红的枣。

6. 积累句子。

师：这么有意思的句子，让我们把它背起来吧。

（1）出示填空。

粽子是用（　　）箬竹叶包的，里面裹着（　　）糯米，中间有一颗（　　）枣。

（2）自由填词。

（3）指名填词。

（4）同桌互填。

7. 感受味道。

师：这么漂亮的粽子熟了，外婆掀开锅盖了。（出示句子）

外婆一掀开锅盖，煮熟的粽子就飘出一股清香来。剥开粽叶，咬一口粽子，真是又黏又甜。

（1）指名朗读。读好“一掀开”“一股清香”“一口粽子”。

（2）说说感受。师：你们喜欢这样的粽子吗？老师仿佛都闻到了香味了，让我们一起来读读第二自然段吧。

【设计意图】图片导入，形象直观地拉近了学生与文本的距离，同时，通过互换、比较、填空等学习方式，感受了叠词的情味，又积累了句子。

8. 由粽念人。

师：一到端午节就吃粽子，这是为什么呢？读读最后一个自然段，就能知道。

（1）自由读句。

（2）指名读句。

（3）探讨原因。师：现在你知道为什么吃粽子了吗？

（4）全班交流。据说是为了纪念屈原。

（5）句式仿说。师：现在你能用这样的句式说吗？（出示句式）

一到（　　），人们总会（　　）。或一到（　　），人们就总会（　　）。

（6）拓展资料。师：让我们来认识屈原吧。（简单介绍屈原投汨罗江的故事）

9. 升华拓展。

（1）小组交流。师：端午节除了吃粽子，你们知道老百姓还会做什么？

（2）全班交流。赛龙舟、挂菖蒲、编蛋袋等。

板块三　书写生字

1. 复现生字。

师：小朋友，学到这里，你们还认识本课的生字吗？

端午节，包粽子。
青青的箬竹□，
白白的糯□粒，
红红的甜枣儿，
变成个个爱心粽。
红枣红豆鲜肉粽，
咬下一口□黏甜，
分给邻居美滋滋，

纪念屈原世代传。

2. 出示生字“叶、米、真”。

（1）一字开花。师：小朋友，你们能给这三个字找找朋友吗？

（2）提醒注意。师：你们觉得哪个字最难写？重点指导“真”字有几横，横间距离相等。

3. 教师范写。

师：请小朋友看老师示范写，然后举起右手书空。

4. 独立练写。

师：请小朋友拿出方格本，把每一个字都认真书写一遍，注意写好关键部件和关键笔画。

5. 集体讲评。

选具有代表性的学生作品，屏幕呈现，然后师生合作讲评。评价指向关键部件和关键笔画。

6. 修正练写。

讲评之后，请学生再各练写一个，最后展示讲评。

【设计意图】借助儿歌，再现汉字，易于学生在语境中识字解字。另外，抓关键笔画指导学生书写汉字，可培养学生的书写能力。

板书设计：

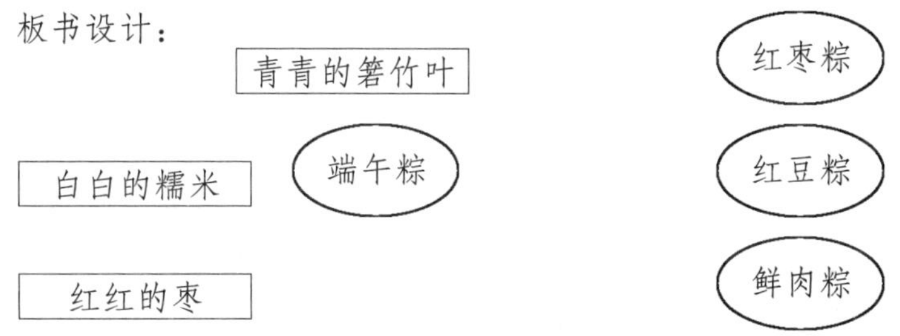

11　彩　虹

一、文本解读

1. 文体特点。

（1）散文诗。所谓散文诗，就是一种兼有诗歌和散文特点的文学体裁。散文诗富有诗意，有诗的情绪和幻想，又有散文的形式，不像诗歌那样分行和押韵，却又不缺少内在的韵律和节奏。《彩虹》这篇课文充满诗意和幻想，如以“彩虹”

为“桥”，以“洒水”为“下雨”，以“月亮”为“镜子”，以“花裙子”为“彩云”。形式上，句与句之间不分行，但除第一自然段外，其他几个自然段句式对应，富有韵律美。如“爸爸，你那把浇花用的水壶呢”与“妈妈，你梳头用的那面镜子呢”“哥哥，你系在门前树上的秋千呢”两句相对；又如“如果我提着它，走到桥上，把水洒下来，那不就是我在下雨吗”与“如果我拿着它，走到桥上，天上不就多了一个月亮吗”“如果我把它挂在彩虹桥上，坐着秋千荡来荡去，花裙子飘啊飘的，不就成了一朵彩云吗”两句相对；再如“你就不用挑水去浇田了，你高兴吗”与“我拿着圆圆的月亮照着你梳头，你高兴吗”“你看见了，高兴吗”两句相对。如此，读起来朗朗上口，很有趣，也易于学生理解记忆。

（2）想象丰富。儿童有儿童的感知方式、认知方式，他们以自己的精神世界去关照生活中的人和事。在儿童眼中，世界、生活都是美好、纯粹的，没有一点杂质和喧嚣，生活中，每一个细节都透出诗意的温馨，因此，生活被诗意化了。儿童是感性的，具有丰富的想象和幻想，自然和生活中的事物都会成为儿童想象的客体。他们认为“白云”就是“棉花糖”，如果能爬到山顶摘到棉花糖该多好；他们认为“蘑菇”就是“雨伞”，供青蛙避雨……《彩虹》中，小女孩把“彩虹”当作“桥”，把“水壶洒下来的水”当作“下雨”，把“镜子挂在天上”当作“月亮挂在天空”，把“花裙子在天上飘啊飘”当作“彩云在天空飘浮”。学生在阅读的时候，容易产生共鸣，如此，可以培养学生的阅读兴趣，提高他们的审美感受。

（3）第二人称。《彩虹》中，尽管对象在变，从“爸爸”到“妈妈”，再到“哥哥”，但人称代词一直都没变，一直都是第二人称的叙述形式，再加上儿童通过自己独有方式似乎在和爸爸、妈妈、哥哥交流，情境感极强，最后又以问的语气结束，这样，一个活泼可爱、善良的小女孩就出现在我们面前。我们听：“爸爸，如果我提着你那把浇花用的水壶，走到桥上去，把水洒下来，不是我在下雨吗?”多么亲切，多么有感染力。渴望与世界、与人交流是儿童的一大特征。学完这篇课文后，学生可以回家把课文读给爸爸、妈妈听，有哥哥的也可以读给哥哥听，形成良好的阅读氛围，促进亲子阅读。

2. 文化底蕴。

（1）童真童趣。《彩虹》中，孩子以为“雨停了，天上有一座美丽的桥”，把“彩虹”当作“桥”；以为提着水壶，走到桥上，把水洒下了，那就是她在下雨，这样爸爸就不用挑水去浇田了；以为拿着镜子，走到桥上，天上就多了个月亮，就可以拿着月亮照着妈妈梳头；以为把哥哥系在门前树上的秋千挂在彩虹桥上，坐着秋千荡来荡去，花裙子飘啊飘，就成了一朵彩云。这一件件事，多么富有童真童趣。文本非常贴近儿童，坐在教室里读文章的学生，他们曾经有着怎样的美好想象呢？他们的小脑袋里藏着多少天真的遐想呢？这篇文章就是打开学生想象闸门的一把钥匙，任他们天马行空，又不失浓郁的生活气息。

（2）美好愿望。这篇课文中，“你就不用挑水去浇田了，你高兴吗”“我拿着圆圆的月亮照着你梳头，你高兴吗”“花裙子飘啊飘的，不就成了一朵彩云吗？你看见了，高兴吗”，孩子希望父亲不用劳动，不用那么辛苦，希望母亲貌美如花，希望父亲、母亲和哥哥都高高兴兴的，这里，寄托了孩子美好的愿望。每一个热爱生活的孩子心中都有一个美好的愿望，希望他们周围的一切都是美好的，这是孩子的天性。如果他们有能力，他们会帮助所有的人。但事实上，这是不可能的。于是，他们将自己美好的心愿插上想象的翅膀，在蓝天白云间飞翔，虽然不能起到实际的意义，可是他们美好的心灵却令所有人敬佩。

（3）家庭分工。《彩虹》中，在孩子的印象里，爸爸是挑水浇田的，妈妈是对镜梳头的，哥哥是经常荡秋千的。父亲劳动，母亲打扮，哥哥玩耍，各有各的特点，各有各的分工。正因为这些不同，构建了和谐的家庭氛围。那么，她是干什么的呢？孩子把自己忘了吗？没有。她是全家人的小帮手，家人的一切她都看在眼里，如果有需要，她是可以帮助每一个人的。她希望家人每天都是快快乐乐的，所以，文章每一节的最后都出现相同的三个字“高兴吗”。家人高兴了，她也就高兴了。别看她人小，她也有自己的任务呢。一个家庭，每一个人都有自己的任务，这个家庭就会洋溢着欢声笑语。

3．语言表达。

（1）问句形式。这篇课文，从第二段到最后一段，每一段的每一句都是问句。问句形式，就是这篇课文最鲜明的语言特色。这些问句，分为疑问句和反问句。每一段的第一句都是疑问句，问爸爸浇花用的水壶在哪里，问妈妈梳头用的镜子在何处，问哥哥系在门前树上的秋千在何方，这些都是以孩子的口吻问爸爸、妈妈、哥哥东西在哪里。每一段的第二句都是反问句，改为陈述句就是“我提着水壶，走到桥上，把水洒下来，那就是我在下雨”“我拿着镜子，走到桥上，天上就多了一个月亮”“我把秋千挂在彩虹桥上，坐着秋千荡来荡去，花裙子飘啊飘的，就成了一朵彩云”。这样看来，反问句改为陈述句就少了点诗意，少了点孩子的童真童趣。第三句都是问“你高兴吗”，希望爸爸、妈妈和哥哥因为她的举动感到高兴，因为她的存在感到快乐。问句的好处，就是让学生在阅读的过程中，积极思考，展开想象，形成思维冲击。同时，问句具有针对性和感染力，容易使学生进入到文本当中。

（2）归类识字。本课要求识记的生字有十二个，其中“浇、洒、提、挑”都表示动作，且都是形声字，而“浇”和“洒”，“提”和“挑”，偏旁一样，所以将它们归为一类识记。在教学过程中，可让学生做做“浇、洒、提、挑”的动作，根据意思记忆偏旁，再给它们找找朋友——部首为“氵”的字还有哪些，部首为“扌”的字有哪些。以看图识字的方法识记“镜、裙”，其中“镜”可以讲解一下为什么是金字旁（古人以铜为镜），“裙”字让学生说说为什么是衣字旁（衣字旁是新偏旁，应让学生掌握）。而“裙”和“镜”都是以“～子”的形式出现在文章中，可让学生说说还有哪些词是“～子”。“拿”和“照”出现在同一个句子里，可采用挖空识字法识记，而“拿”和“照”都组词为“～着”，文章中还有很多这样的词，可让学生找一找，再说几个。“座”字可采用对比识字法识记，和“坐”进行比较，组词。“虹”和“兴”可采用字理识字法，演示其变化过程。

（3）分类书写。本文要求书写的生字有七个，其中“高、兴”是朋友，可以组成词组，因此可将它们归到一处书写，而且“高”和“兴”都是上中下结构。将“那、着、千、成”归到一处书写，因为“成、千、那、着”四字中都有撇，它们的位置不同，写法不同，要注意区分短撇和长撇写法。让学生掌握撇的写法，进一步培养学生书写的好习惯。当然，也可将“那”和“到”放在一起写，它们是左右结构，且左宽右窄。平常学生们接触较多的是左窄右宽的字，而这里出现的字都是左宽右窄的，需提醒学生注意。

二、学习目标

1. 基础目标。

（1）通过看图想象、结合生活实际、字理识字、组词等方式，识记“虹、群、静、挑、提、浇、洒”等十二个生字。

（2）借助以往的写字经验，正确书写“那、着、到、高、兴”等七个生字，注意不同撇的不同写法。

（3）通过图文结合、联系生活实际读懂文章。

2. 特色目标。

（1）通过多种形式的朗读，感受疑问句和反问句语味的不同。

（2）创设情境，通过演一演等方式，感受孩童的天真烂漫。

3. 发展目标。

发现语言规律，创设情境，扩说疑问句，发展学生语言的表达能力。

三、核心内容

项目	具体内容
语言内容	（1）指导书写“那、着、到、千”等七个生字 （2）感受疑问句和反问句的语味不同，并仿说疑问句
思维内容	通过词语归类、找同类词语的方式，发展发散思维
文化内容	（1）感受小女孩的童真童趣和美好愿望 （2）通过移情体验，激发学生想象的天性
方法内容	（1）初步培养学生通过抓关键词读好句子的方法 （2）进一步培养学生据形猜意的识字方法

四、学习设计

第一课时

板块一　导入激趣

1. 谈话导入。

师：小朋友们，你们见过彩虹吗？彩虹有几种颜色？

2. 激活生活。

师：看到彩虹你们会想到什么呢？

3. 揭示课题。

师：今天，我们来学习一篇课文，是一位小女孩看到彩虹联想到什么的故事。

（1）板书课题。学生跟教师书空课题，读题。

（2）教学“虹”字。师：小朋友，你们觉得奇怪吗？彩虹是表示很多颜色的，它怎么是虫字旁呢？

（3）学生猜测。师：小朋友真能猜，它可能是一条虫。恭喜你们猜对了。（屏幕显示：）你们看，我们的祖先以为彩虹就是天上的两头虫呢，后来演变成了现在的样子“虹”。

（4）再次读题。现在你们知道虹为什么是虫字旁了吗？小朋友，汉字是十分有趣的。来，让我们再来读一读课题。

【设计意图】以课题为抓手，根据学生的识字经验，重点采用字理教学“虹”字，既激发学生学习汉字的热情，又渗透彩虹在古人心中的神秘感，为下文小女孩的丰富想象埋下伏笔。

板块二　整体感知

1. 自由读文。

师：小朋友，文中的小女孩看到彩虹想到了什么？我们赶紧读一读课文吧。（出示朗读要求）

（1）独立阅读。师：认真把课文读一遍，遇到不认识的字借助“拼音宝宝”，力求把生字读准，把句子读通。

（2）标小节号。师：读完后标一标，文章共有几小节。

2. 集体交流。

师：小朋友，刚才读得十分认真，你们标出小节号了吗？（屏幕呈现学生的书本，全班交流）

3. 分节朗读。

师：哪位小朋友来试试？其他小朋友认真听，若发现有读错的字，请小朋友提出来。

（1）朗读第一节。师：（正音“座”）它是前鼻音。它与“坐下来”的“坐”有什么区别呢？它是广字头，是指“一座”的“座”。（读卡片：一座桥）

（2）朗读第二节。师：这段话这么长，小朋友都会读了吗？你们来练一练吧。

①出示生字。这一节里有好几个生字呢。（出示生字卡片：提、挑、洒、浇）

②学生发现。师：它们都是左右结构的字，“提”和“挑”都是提手旁，这样的字你们还能说出几个吗？“洒”和“浇”为什么是三点水呢？

③再读文章。师：现在谁再来读一读这一节？一定会读得更准确的。

（3）朗读第三节。这节也有三个生字，你们瞧。（出示：镜、照、拿）

①教学“镜”字。刚才我们都根据偏旁猜出了意思，那“镜”字为什么是“金”字旁呢？（出示古代的铜镜，请学生说理由）

②教学“拿”字。师：请你们做做拿的动作。小朋友，这个“拿”字也有“手”字。当“手”跑到字的下面，变成手字底的时候，不变身；当“手”跑到字的左边，就变身成提手旁了，如“扫”字。

③教学“照”字。师：小朋友，你们有什么办法记住这个字吗？

（4）朗读第四节。师：这一节里有两个词，特别有意思。（出示：“裙”和“飘来飘去”）

①教学“裙”字。师：你们知道这个字是什么偏旁吗？真厉害，是衣字旁。

那你们说一说，为什么“裙”字是衣字旁呢？你们还知道哪些衣字旁的字呢？

②发现特点。师：（学生读词卡：飘来飘去）你们发现了什么？还有这样的词吗？（板贴词语：荡来荡去、飘来飘去、游来游去、跑来跑去）

③积累短语。让学生采用多种方式读短语：个人读，小组读，加动作读。

4. 复现生字。

师：小朋友，你们太厉害了，刚才已经把课文都读完了，而且认识了许多的生字宝宝。生字宝宝迫不及待地跑出来，要跟你们打招呼了呢。

（1）出示词卡。

一座桥　提着　挑着　浇水　洒水　拿着　镜子　裙子

（2）“开火车”读。

5. 再读课文。

师：小朋友，现在把词语请回课文里，你们一定能把课文读得更好，并思考课文中出现了哪些人。

（1）学生读书。

（2）学生交流。教师板贴：我、爸爸、妈妈、哥哥。

6. 学生理解。

师：文中的“我”都想做些什么事情呢？（提水、洒水、照妈妈梳头、荡秋千）

【设计意图】这篇文章的生字很有特点，又都跟文章的情景分不开，因而此环节就是让学生随文识字，根据汉字的特点进行解说、识记，然后在识记汉字的过程中，初步感知课文的内容。

板块三　书写生字

1. 出示生字“那、千、成、着”。

（1）一字开花。师：小朋友们，能给这些生字找找朋友吗？看谁找得最多。

（2）观察发现。屏幕把这四个字中的撇都变红，请学生说一说发现了什么。

（3）重点指导。“成”字中两撇的不同，“那”字的撇是竖撇，“千”是平撇。

2. 教师范写。

师：请小朋友看老师示范写，然后举起右手书空。

3. 独立练写。

师：请小朋友翻开书，描一个写一个。

4. 集体讲评。

选具有代表性的学生作品，屏幕呈现，然后师生合作讲评。评价指向关键部件和关键笔画。

5. 修正练写。

讲评之后，请学生再各练写一个，然后同桌互评，最后展示讲评。

【设计意图】首先，进一步掌握抓关键笔画和部件写好汉字的方法，养成良好的汉字书写习惯。其次，通过集体讲评、集体互评的方式，有效评价，培养学生欣赏汉字的能力。

板书设计：

11 彩 虹

衣字旁 裙 裤

那 千 成 着

第二课时

板块一 知识复习

1. 齐读课题。

师：小朋友，这节课我们继续学习——《彩虹》。（学生读题）

2. 复习字词。

教师手举生字卡片，学生“开火车”读生字词语。

（1）认读生字“座、裙、镜、浇、洒、提、挑、千、拿、照”。

（2）认读词语“一座、裙子、浇水、洒水、提起、挑着、拿着、照镜子”。

3. 复习内容。

师：小朋友，故事就发生在“雨停了，天上出现一座美丽的桥”的时候。

（1）齐读第一节。

（2）聚焦女孩。文中小女孩在这一刻做了许多事情，她是怎么想的呢？这节课我们就一起去看看吧。

【设计意图】首先，复现本课的生字，巩固识字；其次，聚焦小女孩做了什么，为下文的学习奠定情感的基础。

板块二 对比发现

1. 朗读课文。

师：小朋友，小女孩都想到了谁，想做什么事情呢？请你们自由读一遍课文，与同桌交流交流。

2. 扶学第一节。

师：是的，小女孩想到爸爸、妈妈、哥哥，我们先去看看小女孩想帮爸爸做什么？（出示第一节）

（1）学生朗读。师：你们觉得怎样才能读好这段话呢？自己练一练。

（2）聚焦标点。师：小朋友，你们发现了吗？这两句话，最后都是问号。

（3）体会语气。师：小朋友，我们一句一句读吧。

出示句子一：

爸爸，如果我提着你那把浇花用的水壶，走到桥上，把水洒下来，不是我在下雨吗？

①学生练读。

②个别展示。

③集体讨论。师：小朋友，小女孩做了什么事？对啊，她自己觉得这样是在下雨吗？是啊，明明是在下雨了，她却用问号。你们应该怎么读呢？（齐读句子）

出示句子二：

我把雨洒在山上的田地里，你就不用挑水去浇了，你高兴吗？

①同桌讨论。这个问号与第一句的问号一样吗？她只是在问爸爸，这样的句子，我们称它为疑问句。

②指名朗读。师：小朋友，你们能问好句子吗？

③集体评价。师：你们读给同桌听一听，让同桌评一评。

（4）表演朗读。师：小朋友，这两个问句，其实小姑娘都在问爸爸，那我们表演表演好吗？老师当当爸爸，你们当当小女孩。

①学生练读。师：小朋友，练读时，还可以加上动作，尤其要注意读好问号的语气哦。

②创造表演。学生读一句，教师回答：哇，下彩虹雨。我不用挑水了，谢谢女儿，拥抱一个。

③集体表演。师：多么有意思的父女啊。现在，你们当小女孩，我当爸爸吧。

3. 体会快乐。

师：小朋友，你们喜欢这么可爱的小女孩吗？为什么？

4. 合演第二节。

师：小朋友，小女孩还帮妈妈做了什么事情呢？待会儿我们也来演一演好吗？要演好，你们先要读好句子哦，尤其读好问的语气哦。

（1）学生练读。学生自由读第二节，请学生展示读，指导读好问的语气。

（2）同桌试演。师：小朋友，同桌演一演吧。

（3）尝试表演。师：哪对同桌愿意来演一演？想一想，你们可以加什么动作？其他小朋友当好小评委。

（4）推荐表演。师：你们觉得谁演得最好呢？推荐两位同学上台表演。

5. 生字识记。

师：这句话里有三个生字，老师把它们单独拎出来，你会读吗？（板贴：拿、照、兴）（个别读。“开火车”读）

6. 识记方法。

（1）小组讨论。四人一小组，谈谈如何更快更牢地记住这三个生字。

（2）代表发言。

（3）教师小结。用手拿，所以“拿”字部首为“手”；“照”字有“日”“灬”，用来照明，又是“召”声。

7. 拓展延伸。

仿照“拿着、照着”，给“着”找找朋友。

8. 猜字游戏。

（1）猜一猜。让学生猜猜是什么字，这字像什么。

（2）教师指导。像四只手举起一个盘，“兴”原本指的是“举起”，后又有“对事物感觉喜爱的情绪”的意思。

（3）演示变化。甲骨文，小篆，楷体兴。

9. 写字联系。

（1）填空游戏。

出示：我拿□圆圆的月亮照□你梳头，你□□吗？

（2）书写指导。“着”为半包围结构，撇要包住“目”，“高”和“兴”都是上中下结构。

（3）教师范写。教师书写，学生观察并书空。

（4）独立写字。在书上描一个写一个。

（5）集体讲评。

（6）修正练写。

（7）同桌互评。

【设计意图】以句子的形式呈现，既可以集体识字写字，又可以为下面的问句朗读奠定基础。

板块三　以读促学

1．朗读句子。

师：这句话你还会读吗？我们不仅要读正确，而且还要读出感情。（出示句子：我拿着圆圆的月亮照着你梳头，你高兴吗？）

（1）教师范读。读好问句，读出感情。

（2）自由练读。

（3）个别朗读。

（4）全班齐读。

2．朗读迁移。

师：读得真好听，那整篇课文能读好听吗？挑战一下。

（1）自由朗读。

（2）分段朗读。

3．谈谈发现。

师：朗读第二～四自然段，你有什么发现？（教师相机指导）

（1）感受人物。师：这是一个怎么样的小女孩？

（2）问句形式。

4．圈关键词。

师：我们再玩一个游戏，第二～四自然段出现了哪几个人，他们有哪些东西？平时都会干些什么？用圆圈圈出人物，用横线画出物品，用波浪线画出他们平时做的事，看谁圈画得最快最全。

5．全班交流。

教师相机板贴。

爸爸　水壶　浇田

妈妈　镜子　梳头

哥哥　秋千　玩耍

6．复述课文。

看图画和板贴复述课文。

（1）教师指导。

（2）自由复述。

（3）个别复述。

（4）集体复述

7. 迁移仿写。

师：如果你们会变魔术，把“爸爸、妈妈、哥哥”变成“妹妹”或者“奶奶”等等，该怎么变呢？仿照第二～四自然段说一说。

【设计意图】以读促学，从朗读中感受散文诗内在的韵律。聚焦第二～四自然段，让学生谈谈发现，教师相机指导，开展自主、合作、探究的学习方式，符合生本理念。圈画出人物用什么东西做什么，让学生初步感知不同人物有不同分工。学习迁移，在充分朗读、聚焦学习后，让学生仿说，锻炼学生的口语交际能力。

板书设计：

板贴：

语文园地四

一、教材解读

“语文园地四”安排了三块内容。第一块是“字词运用”，由“识字加油站”“字词句运用”“书写提示”三部分内容组成。第二块内容是“日积月累”，安排了一首贾岛的古诗《寻隐者不遇》，旨在让学生读一读、背一背，在学生心田播下文化的种子。第三块内容是“和大人一起读”，安排了一篇绕口令《妞妞赶牛》，诙谐有趣，内容浅显，适合一年级学生练读。

1. 字词运用。

（1）识字加油站。本次“识字加油站”呈现的词都与人体部位有关：眉毛、鼻子、嘴巴、脖子、手臂、肚子、小腿、脚尖。此类身体部位学生十分熟识，但像“眉、鼻、嘴、臂”等生字，学生不一定认识。利用熟识的身体部位，带动生字词的认识，是一条联系生活、激发学生识字兴趣的途径。另外，本次要认识的词语在音、形、义上都有内在规律。

音：眉毛、鼻子、嘴巴、脖子、肚子是轻声，读起来特别亲切。

形：脖、臂、肚、脚都是月字旁，集中出现这样的生字，是要告诉学生月字旁的字理文化。

义：以脖子为分界线，眉毛、鼻子、嘴巴都在脑袋上，手臂、肚子、小腿、脚尖属于躯干，分类明显，而且按一定的顺序呈现，适合学生形成类和空间的概念。

汉字教学就是字形教学，而字理识字就是分析汉字字形的最佳载体。本次“识字加油站”就有很好的字理教学的例子，比如“月字旁”和“鼻”字。

看似简单的趣味识字，却渗透着归类识字、联系生活识字、字理识字等多种识字方法，是培养学生自主识字的好材料。

（2）字词句运用。学生已认识的九个词语，分三组呈现。第一组：胆子、粽子、镜子；第二组：爸爸、妈妈、哥哥；第三组：故事、月亮、时候。九个词语有着内在的联系。首先，都读轻声，第一组“子”字都读轻声；第二组是叠词，叠词中后一个字读轻声；第三组虽不带“子”也不是叠词，但依然读轻声。其次，这三组词可以随意组合，变成句子。比如：爸爸喜欢看月亮。哥哥喜欢照镜子。妈妈包的粽子很好吃。月亮下，爸爸讲故事……这样的安排是想告诉学生，句子由一个个词语组成的。再者，这三组词生活气息浓厚，学生十分熟悉。学生可根据不同的生活经验，有创造性地讲说句子，空间很大。表达能力一般的学生可说短句子，表达能力强的学生可说长句子，这样既照顾到学生的差异性，又体现了学生言语的发展性。最后，由于词语都是轻声的，任意挑选词语组成句子，朗读起来有轻有重，节奏感强，对正处在建立句子概念阶段的学生来说，是非常好的训练资源。

（3）书写提示。每一个学生都应写一手端正、漂亮的字。本次安排的“书写提示”就是写端正字的技巧教学，出现的四个字有共同点，也有不同点。“主、门、书、我”都有一个笔画——点，这是它们共同的地方。但是，点的位置却不一样。“主”字的点在正上方，“门”字的点在左上方，“书”“我”两字的点在右上方。点的位置不同，书写先后也有变化。在正上方或左上方的点要先写，右上方的点最后写。这是写字笔画顺序的规律之一，需要学生牢记心中，并在以后独立书写时能够迁移运用（比如书写“找、术、成、式”等字）。文本呈现之时，也已通过图文结合显现了本次书写提示的重点，一个小男孩正在写字，气泡图中有两句话就是学生需要掌握的“写点先后顺序”的口诀，应引导学生熟背。另外，虽是书写提示，也还要注意字的复习回顾，在书写之前，应采用一字开花、找朋友等多种游戏，让学生组组词，进一步积累词语，然后再进行书写。尽量增加书写前的趣味性，让学生爱上写字。

2. 日积月累。

（1）文本特点。《寻隐者不遇》是唐代大诗人贾岛的诗作，这是一首问答诗。“松下问童子，言师采药去。只在此山中，云深不知处。”初一看，没有问答的形式，这就是诗人的高明之处，寓问于答。轻轻诵读，诗人上山寻师、没有遇到师傅却遇到童子，然后焦急地询问童子，童子悠闲回答的画面立即浮现在眼前。诗人焦急，童子闲适，诗人想问师傅的去向，童子遥指深山，一紧一闲，趣味盎然。诗作浅显易懂，应创设多种情境，让学生在读一读，诵一诵，演一演之中把玩蕴涵在诗歌中的情味。

（2）文化传承。古诗是中国文化中的瑰宝，细微处都有文化印记。《寻隐者不遇》整首诗二十个字，却处处值得品味。“松下问童子”，诗人在松下问童子，隐者与松为伴。松有象征意义，它与竹、梅一起被称为岁寒三友，士大夫往往以它们来表明自己志向。隐者傍松结茅，以松为友，渲染出隐者高逸的生活情致。最后一句“云深不知处”，隐者犹如闲云野鹤、云中游龙，令诗人向往，也令读者想象无限。诗人寻师不遇，本应难受，但读后却令人神往。其实诗人写过很多类似诗词，如《游园不值》《寻陆鸿渐不遇》《寻西山隐者不遇》《访戴天山道士不遇》，这不遇也就成了文化的印记。一年级的学生还不懂这些，但积累此诗就是文化的传承。

（3）节奏朗读。诗歌语言最凝练，也最具有音乐感。《寻隐者不遇》是一首五言绝句，语言简练，但画面感很强。童子、诗人在松树下对话，远处白云缭绕，应引导学生进入诗的意境。有节奏地诵读是进入诗歌意境的最佳途径。有节奏地读就是指有停顿、有轻重、有长短（平长仄短）地读。五言绝句一般读完前两个字要稍有停顿，第三个字读重音，最后两字读时也要稍微拉长，最后一句往往读得轻一些。一年级的学生模仿力极强，应采用多种形式的朗读，让他们感受诗歌的节奏美，在诵读的过程中，不知不觉地进入诗歌的意境，体会诗歌的意境美。

3. 和大人一起读。

（1）文本特点。本次安排“与大人一起读”的内容是一篇浅显的绕口令《妞妞赶牛》。绕口令是一门特殊的言语形式，对学生的语言及思维发展具有极大的促进作用，它不仅能锻炼学生的口才，增强学生的记忆力，还能培养学生的反应能力。另外，绕口令一般字音相近，念得又要快又要准，没有快速的思维、伶俐的口齿，很难做到。诵读绕口令需唇、舌、口等各种器官协调配合。但是，学生的唇、舌、口等功能尚未发育完全，很容易出现舌硬齿僵，因此，学生在训练时，应有家长在旁边共读引导。绕口令是一年级学生第一次接触，编者把它放在“与大人一起读”，一方面希望家长引导孩子朗读，另一方面也是增加互动性和趣味性，培养孩子诵读绕口令的兴趣。

（2）文化底蕴。《妞妞赶牛》虽是一篇绕口令，但故事情节清晰，妞妞赶牛在河边走，牛牛要吃河边的柳枝，妞妞不让牛牛吃，想赶走牛，牛牛不仅不走，还要用头顶妞妞，妞妞没有办法，准备捡起石头赶牛牛，牛牛一看扭头就走。一年级的学生没有赶牛的经验，但是诵读如此充满田园气息及情节清晰的内容，学生面前就会出现妞妞这位勤劳、机智与具有环保意识的小姑娘形象。牛身躯庞大，小姑娘柔弱瘦小，要让一个小姑娘控制这么个庞然大物，是需要一定的勇气的。因而，父母在和孩子一起诵读绕口令的过程中，可以与孩子讨论讨论这是个怎样的小姑娘，并结合自己来谈谈看法。孩子在读、谈的实践过程中，既能感受到绕口令的有趣，也能体会到浓浓的人文情怀。

（3）诵读比赛。一般意义上，初次接触绕口令，而且又能顺利朗读下来的人，都会对绕口令产生一定的兴趣。亲子共读，除了培养家庭阅读习惯，营造温馨的家庭阅读氛围之外，更重要的是能够让孩子兴致勃勃地坚持读下去。开展亲子诵读比赛，让孩子体验成功，就能激发起他们继续诵读的欲望。因此，在共读这篇绕口令时，可以让孩子向爸爸妈妈挑战，甚至向爷爷奶奶挑战（若条件允许）。在挑战的过程中，大人要适当地示弱，从而增强孩子诵读的信心。然后，推荐一些浅显的绕口令篇目，让孩子挑战读。也可引入相声演员诵读绕口令的精彩视频，让孩子在欣赏的过程中，体会到诵读绕口令的趣味，调动他们诵读的兴趣。

二、学习目标

1. 基础目标。

（1）通过看图片、字理识字、做动作等方式，认识“眉、鼻、脖、肚”等八个生字，进一步培养学生独立的识字能力。通过教读、互读、“开火车”读，读准读好“鼻子、肚子、胆子、粽子、爸爸、妈妈”等轻声的词。

（2）通过小组合作、师生合作，选择词语说好一句话，进一步明了一句话的完整结构。

（3）通过“日积月累”“和大人一起读”这两个活动，培养学生课外积累和课外阅读的习惯。

2. 特色目标。

(1) 通过字理识字，明了大部分月字旁的字跟身体有关。

(2) 通过师生赛读、亲子赛读等方式，渗透有节奏的朗读方法，提高学生的朗读能力。

3. 发展目标。

进一步巩固汉字书写的一般规律，掌握“点”在不同的位置，书写的顺序不同的方法，发展学生书写的能力。

三、核心内容

项目	具体内容
语言内容	(1) 背诵《赠汪伦》《妞妞赶牛》，感受诗歌和绕口令的韵律美 (2) 通过字词句运用这一环节的学习，明了一个句子的完整结构
思维内容	明白一个完整句子的内在逻辑关系
文化内容	(1) 通过诵读《寻隐者不遇》这首诗，感受隐者的闲适与自在 (2) 通过诵读《妞妞赶牛》这篇绕口令，感受妞妞的勤劳、可爱
方法内容	(1) 明白月字旁的字与身体有关，掌握据形猜意解字方法 (2) 读诗歌和绕口令应注意节奏，重点掌握诵读绕口令的方法

四、学习设计

第一课时

板块一　识字加油

1. 整体感知。

师：小朋友，今天我们要学习“语文园地四”，请你们把书翻到第 51 页，看看这次的“语文园地四”由几个部分组成。

(1) 梳理板块。师：根据小朋友们的讨论，梳理成三个方面：字词句、日积月累、与大人一起读。

(2) 找找依据。师：小朋友，你们是怎么分出来的呢？（师生一起圈一圈相对应的标题）

(3) 明确目标。师：小朋友，接下来，我们就一板块一板块地去学习吧。

2. 字词加油站。

屏幕显示“识字加油站”中的八个词语。

（1）自由认读。师：你们会读这些词语吗？若不会的可以借助“拼音宝宝”。

（2）同桌互读。同桌互相读读，会读的赞一赞，不会读的帮一帮。

（3）卡片认读。教师出示词语卡片，“开火车”读。

（4）谈谈发现。师：小朋友们，读着读着，你们有什么发现吗？

①身体部位。学生发现这些词语都是身体的某一部位。游戏朗读，教师读，学生指出相应的身体部位。

②从上到下。游戏朗读过程中，发现这些词语是从脑袋的部位说到脚的部位。

③轻声朗读。通过多种形式，读好“嘴巴、眉毛、鼻子”等轻声的词。

（5）发现规律。屏幕显示“脖、臂、肚、腿、脚”。

①引起冲突。师：小朋友，你们发现这些字都是月字旁。根据我们的经验，这些字应该跟月亮有关，可是，我们发现这些字都跟什么有关？

②猜一猜。师：小朋友，请你们猜一猜，为什么这些字跟身体有关呢？

③字理识字。屏幕显示“月和肉”两字的演变过程，请学生谈发现。

月			
肉			

④解说原因。师：原来，月和肉那么像，在后来的书写过程中混淆了。

⑤迁移拓展。师：怪不得身体部位许多的字都是月字旁呢。你们能举几个例子吗？（比如，脸、脑、背、腰……）

（6）出示鼻字。汉字真有趣。师：小朋友，那么鼻子的“鼻”为什么没有月字旁呢？

①字理识字。师：小朋友，鼻子的“鼻”原来是自己的意思哦。请你们指一指自己的鼻子。（出示“自”和“鼻”两字的甲骨文，让学生猜一猜，哪个是“自”，哪个是“鼻”）

②学生发现。

③读好“鼻子”。

（7）复现词语。出示卡片，请学生起立，边读边摸自己相应的身体部位。

【设计意图】“识字加油站”的目的就是增强学生自主识字的能力。在此片段的教学过程中，让学生通过猜一猜、摸一摸、字理识字等方式，了解月字旁的由来，“鼻”的演变过程，既认识了汉字，又渗透了汉字文化。

板块二　词句加油

1. 学生发现。

出示“字词句运用”部分的词语。

(1) 学生朗读。师生讨论，发现第一组的字都有“子”字，第二组是表示人物的词，第三组似乎是什么时候发生什么故事。

(2) 自由练读。你们觉得应怎样读好这些词语呢?

2. 读好轻声。

分行教学，重点指导读好带“子”的词与叠词，读轻声词的要点是又轻又短。

(1) 带“子”的词。读好带“子”的词，然后请学生再说类似带“子”的词。

(2) 叠词朗读。叠词，第二个字基本上都读轻声。

(3) 集体练读。通过教师带读、学生领读、“开火车”读，读好轻声的词。

3. 组词成句。

师：小朋友，看来你们掌握了读轻声的秘诀了，第二字读得又轻又短。如果把它们组成一句话，读起来就更好听，愿意挑战吗?

师：(教师示范) 妈妈喜欢包粽子。读好轻声，句子就变得有节奏了。

(1) 各显神通。师：现在请你们自己选择词语，组成句子，同桌比赛。

(2) 读出节奏。把学生说的句子呈现在屏幕上，注意轻声的词语，读出句子的轻重，感受句子节奏美。

(3) 学生发现。师：小朋友，看这些句子，你们发现什么?

①句子结构。师：原来，一句话的意思就是谁做了什么。

②发现变化。师：原来，同一句话还可以有不同的说法。

③比赛朗读。师：你们发现了那么多，读得一定更好听了，我们来比赛着读一读吧。

【设计意图】指导学生读好轻声的词语，然后让他们自由挑选词语组成句子。一方面让学生明确一句话的完整结构，另一方面通过多种朗读方式，让学生明白读好轻声的词语，句子就变得有节奏，非常好听。

板块三　书写加油

1. 出示生字。

师：小朋友，你们认识了字，还说了句子，真好！我们还要写一手好字。(出示田字格中的字和书上提示的语言)

（1）仔细观察。师：你们发现了什么？

（2）注意位置。“点”在左上方或正上方要先写，“点”在右上方要后写。

2. 教写“主、门”。

（1）教师范写。出示“主、门”，教师边范写边提醒学生说点的位置。

（2）学生描写。学生边轻声念提示语，边描一个写一个。

（3）集体讲评。

3. 独立书写。

出示“书、我”两字。

（1）请生教写。师：哪位小朋友愿意上台来教教我们怎么写好这两个字？

（2）注意“点”。点在右上方最后写。

（3）同桌互评。同桌评一评同桌的字，好的赞一赞，不好的地方帮一帮。

4. 集体展示。

师：屏幕呈现学生的字，集体讲评。

5. 一字开花。

师：小朋友，字写得那么漂亮，那你们能给它们找一找朋友吗？

6. 课堂小结。

师：小朋友，这节课，你们学会了识字，学会了朗读句子，还学会了如何写好字，真棒！识好字，读好句，写好字，你的语文水平就会越来越高。

【设计意图】汉字要写得规范，除了掌握间架结构，还要注意笔顺。此次点的先后顺序教学就在于渗透汉字书写的技巧，让学生养成良好的书写习惯。

板书设计：

语文园地四

月 鼻　　识好字　读好句　写好字

第二课时

板块一　复习导入

1. 出示李白。

师：小朋友，这个单元我们认识了一位大诗人（出示李白的图片），还记得吗？他是“诗仙”——李白。

2. 背诵诗歌。

师：我们学过他的诗歌——《静夜思》《赠汪伦》。

（1）出示诗歌。

（2）学生诵读。

3. 初读诗歌。

这节课，我们再来认识一位诗人——贾岛。

（1）师：（出示图片）这就是贾岛，了不起的诗人。（“开火车”读诗人名字）

（2）师：（出示题目）这题目可难读了，我们一起来练一练。

（3）相机正音。“寻隐”两字是前鼻音。

（4）注意停顿。“寻隐者”后面停顿，学生练读。

【设计意图】以学生学过的古诗导入，拉近了学生与诗歌的距离，读好题目和诗人的名字，为下面朗读整首诗做好铺垫。

板块二　朗读背诵

1. 检查字音。

师：小朋友，刚才练得好起劲，会读了吗？

（1）同桌互读。同桌读给同桌听，若同桌有读错的帮一帮，若同桌读得特别好的，赞一赞。

（2）个体朗读。请几位学生试读，重点正音“松、童、中”是后鼻音，“问、严、深”是前鼻音。

（3）集体练读。重点指导读正确。

2. 节奏朗读。

这首诗每句五个字，读起来很有节奏感。

（1）发现节奏。师：你们觉得应该怎样读呢？

（2）学生试读。集体讨论发现。

（3）师生对读。师生讨论发现，前两字读后稍停顿，中间一字读重音，后两字稍延长读。

（4）同桌对读。感受节奏。

（5）男女生对读。感受节奏。

（6）展示朗读。请学生自告奋勇展示读，重点感受停顿与节奏。

3. 尝试背诵。

师：小朋友，你们会背了吗？（集体背诵）

4. 想象画面。

师：有人说，读着读着，我们的面前就会出现一幅画，你们相信吗？

（1）教师诵读。师：你们注意听哦。（教师诵读课文）

（2）学生试说。师：小朋友，你们看到了谁呢？（板书：诗人、童子）

（3）猜测诗意。你们再读一读，与同桌讨论讨论，他们在干吗？

5. 师生表演。

师：原来，诗人在找童子的师傅，童子说师傅不在。我们来演一演好不好？我来演诗人，你们演童子。

（1）请生上台。师：小朋友，你的师傅去哪儿？我怎么才能找到他呢？

（2）集体评价。师生讨论得出，“诗人”问得着急了一些，童子用手指指远方。

（3）再请学生。教师改变语气，学生加上动作。

（4）再次讲评。

6. 同桌表演。

同桌互相演一演。

（1）学生表演。

（2）集体评价。

（3）推荐优秀。师：小朋友，你们觉得哪一组同桌演得最棒？（推荐他们上台）

7. 情韵诵读。

师：多么有意思的诗歌。全体起立，有节奏地背诵这首诗歌吧。

【设计意图】“日积月累”的目的是背诵，此环节通过诵一诵、想象画面、演一演等方式，让学生既感受到诗歌的节奏美，又感受到诗歌的画面美。

板块三　课外拓展

1. 想一想。

师：小朋友，晚上回家，如果让你和你的爸爸演一演这首诗，你准备怎么演？

（1）同桌讨论。师：小朋友，想出办法了吗？

（2）模拟练习。师：老师就当当你的爸爸，你准备怎么演呢？

（3）集体讲评。鼓励方式多样。

2. 问一问。

师：小朋友，诗人找师傅却没有找到，只在一棵松树下遇到师傅的弟子，诗人应该不高兴才对，为什么诗人还要写这首诗呢？真奇怪。

3. 推荐古诗。

宋朝诗人叶绍翁一次想去游园，却发现门关着，没有进入园内，也写了一首

诗。（出示诗歌《游园不值》）

（1）教师范读。

（2）学生练读。

（3）集体诵读。

4. 顺势小结。

师：小朋友，我们国家可是诗的国度，这样有意思的诗还有许许多多，我们要学会多积累。

【设计意图】引进古诗，留下小疑问结课，更能引发学生求知的欲望，同时也稍稍渗透了诗中蕴含的文化气息。

板书设计：

寻隐者不遇

贾岛

诗人

童子　　　不遇

第三课时

板块一　复习导课

1. 背诵古诗。

师：上节课，我们学习了一首古诗《寻隐者不遇》，我们一起来背一背。

（1）集体背诵。

（2）情韵诵读。

2. 导入新课。

师：古诗节奏明快，读起来特别有味道。其实，我们汉字组成的许多文章，读起来特别有意思。今天，我们就去读读“绕口令”。（板书：绕口令）

3. 学生读题。

【设计意图】以感知诗的“节奏”一词导入新课，为下面读出绕口令的节奏做好铺垫。另外，绕口令是一年级学生第一次接触，应读好“绕口令”三字。

板块二　比演朗读

1. 自由练读。

师：小朋友，绕口令读起来非常有趣，你们试一试。

2. 整体感知。

师：小朋友，刚才练得那么认真，你们有什么感觉吗？

3. 初步小结。

师：绕口令就是这样，有许多字的读音差不多，如果读准这些字的音，就能读好绕口令。这里面，哪些字读音很像呢？拿起笔圈一圈。

4. 集体正音。

（1）出示音近字：妞、牛、柳、扭、拗。

（2）多种形式读。同桌互读，“开火车”读。

（3）出示词组：妞妞、牛牛、河边柳、扭头、拗不过。

（4）细致正音。“妞妞”和“牛牛”是叠词，读轻声。注意区分声调。

5. 正确朗读。

师：现在，你们再去读一读这段绕口令，一定能读正确了。

（1）学生练读。

（2）个别展示。

（3）停顿标号。师：小朋友，其实绕口令也像古诗一样，节奏感很强。我们试试在哪里停顿比较合适呢。

妞妞赶牛/河边走，
牛牛要吃/河边柳，
妞妞护柳/扭牛走，
牛牛扭头/顶妞妞，
妞妞/拗不过/牛牛，
低头捡石头，
吓得牛牛/扭头走。

（4）屏幕显示。学生练读，加上节拍读，个别展示读……

6. 播放视频。

师：小朋友，你们知道吗？读绕口令，能锻炼我们的口才。因而，相声演员都是先练读一段绕口令的。（播放视频剪辑——《洛桑学艺》）

7. 比赛朗读。

师：你们听了有什么感觉吗？对的，绕口令就要读得又准又快，接下来，我们就来选出班级绕口令“达人”好不好？

（1）海选“达人”。师：哪位小朋友觉得自己读得最快最准？赶紧练一练。

（2）个别展示。请初胜的“达人”上台。

（3）挑战“达人”。学生当裁判，台上的学生PK。

（4）采访“达人”。师：恭喜你们成为“达人”，你们的经验是什么？

8. 全体起立，读绕口令。

师：小朋友，让我们也成为“达人”吧。

【设计意图】读好绕口令，先要读好音近字词，然后把握节奏，读得又快又准。此环节创设“达人”竞选这一情景，让学生在赛读的氛围中，感受读好绕口令的方法。

板块三　课后延伸

1. 想象画面。

师：小朋友，读着读着，你们的眼前仿佛看到了怎样的画面？

2. 体会情感。

师：多么有趣的画面，你们喜欢这位小姑娘吗？为什么？

3. 分享经验。

师：小朋友，今天回家要向你的爸爸妈妈或者爷爷奶奶介绍绕口令，你准备怎么介绍呢？

（1）出谋划策。师：可以读给妈妈听一听。

（2）亲子共读。师：晚上回去，可以向你们的爸爸妈妈或者爷爷奶奶挑战。

（3）搜集资料。师：绕口令非常有趣，还有许多这样的内容。晚上和爸爸妈妈一起找一找其他的绕口令，并试着和爸爸妈妈比一比谁读得更好。

4. 小结学法。

师：小朋友，这节课我们认识了——绕口令，知道读好绕口令先要读准音近的字词，然后比谁读得更快更准。

【设计意图】“和大人一起读”重在培养学生和大人共读的兴趣。此环节布置任务，让学生回家与父母亲聊一聊，读一读，找一找绕口令，就是激发学生课外阅读的兴趣，培养学生每天阅读的习惯。

板书设计：

妞妞赶牛

绕口令

读准音近字

又快又准

第五单元 识字（二）

这一单元是本册教材的第二次集中识字，由《动物儿歌》《古对今》《操场上》《人之初》四篇识字课文，以及口语交际“打电话”和一个语文园地组成。从人文角度看，《动物儿歌》《古对今》可以激发学生对大自然的热爱；《操场上》可以激发学生积极参加体育锻炼的热情；《人之初》取材于《三字经》，其中蕴含了极为丰富的道理；“打电话”则是引导学生如何进行文明有礼的人际交往。从语文要素看，本单元囊括了儿歌、对韵歌、三字经等独具中国文化特色的文体，除了让学生在独具特色的文本中学习生字之外，更是让学生体验传统语文的独特魅力。

5　动物儿歌

一、文本解读

1. 文体特点。

（1）儿歌。儿歌是儿童文学最古老也是最基本的体裁形式之一，其内容大多反映儿童生活情趣，传播生活知识等。它的接受对象是儿童，因而内容浅显有趣。《动物儿歌》，顾名思义，是一首描写动物活动情形的儿歌，文中出现了夏天最常见的六种有趣的小动物，它们分别是蜻蜓、蝴蝶、蚯蚓、蚂蚁、蝌蚪、蜘蛛。这些小动物看似熟悉，其实对学生来说是陌生的。如此，就形成了阅读的张力，能够吸引学生的注意力，易于他们以饱满的情绪进入阅读状态。

（2）自然视角。《动物儿歌》中这么多动物一起出现在学生的面前，显得活泼、热闹。紧接着，儿歌根据这些动物的生活特征，营造了有趣的时空画面：蜻蜓展翅飞，蝴蝶捉迷藏，蚯蚓造宫殿，蚂蚁运食粮，蝌蚪游得欢，蜘蛛结网忙。这样的画面是一幅有趣的自然画卷。孩童的天性是好动的，当读到动物们忙碌的情景时，他们的心也已飞到了大自然。因而，这首儿歌容易把学生的视角引向大自然，让他们的思维在广阔的天地间自由驰骋。

（3）韵律十足。儿歌接受的对象是儿童。那么，儿歌内容一定要简短明了，节奏一定要欢快，韵律感一定要强。《动物儿歌》就有这样的特点，全文共六行、三句，句句字数相对，结构相同。每句内容相似，都传递了一种信息：一句完整的话是这样的——谁在什么地方干什么。如此，易于学生背诵。另外，文中二、四、六行的最末一字押“ang”韵，读起来朗朗上口，韵味十足，甚至令人手舞足蹈想唱之。

2. 文化底蕴。

（1）勤劳智慧。炎热的夏天，人们往往慵懒困倦，无心劳作。可是《动物儿歌》中的六种小动物正在各自的领域忙得欢，半空、花间、土里、地上、池中、房前，任何地方都有它们活动的身影。蚂蚁运食粮，蚯蚓造宫殿，蜘蛛结网忙……这样的世界似乎就是有着严密组织的人类世界，但是它们不像人类一样需要催促，而是自觉自愿、快乐地劳作着。这些小动物的身上处处闪现着我们需要学习的精神品质——勤劳善良。

（2）自然和谐。儿歌中出现的六种小动物，生活在各自的领域，做着属于自己的事情。它们成群结队，劳作、嬉戏，又显得井井有条，毫不凌乱。看到此情景，人们不得不佩服大自然这位神奇的画家，在它的画笔下，一切显得那样的和谐。人与自然怎样和谐相处，正是高速发展的社会中的人们要面对的问题，忙碌而和谐的小动物恰好给我们提供了榜样。

（3）文化传承。在人类发展进程中，昆虫与人类的生活密不可分，比如蜜蜂酿蜜，羽化成蝶……它们身上既有我们美好愿望的寄托，也有值得我们学习的精神品质，更有我们人类所欠缺的本领。因而在课后习题“读一读”“记一记”中，就有如下的短语：蜻蜓展翅、蝴蝶飞舞、蚯蚓松土、蚂蚁搬家、蝌蚪游水、蜘蛛结网。一个短语就是一幅画面，一幅画面就是一种浓浓的人文情怀。儿歌与课后习题短语两相结合，拓宽了学生的思维空间，激发了他们探究动物文化的欲望。

3. 语言表达。

（1）结构对称。《动物儿歌》是用“对句”的形式进行表达。全文六行三句，每句两行，每行七个字，各描写一种动物，句式工整，内容连接对称。这样的表达方式，对掌握文字的读音、字义，词性辨别，思维锻炼起到了有效的作用。比如“蜻蜓半空展翅飞，蝴蝶花间捉迷藏”一句，蜻蜓与蝴蝶相对，半空与花间相对，展翅飞与捉迷藏相对。全文都是以这样的形式进行表达，每句第一个词都是一种小昆虫，第二个词是它们生活的空间，最后三个字是它们做了什么。

（2）归类识字。本课要求学生认识的十二个生字中，有六个与小昆虫有关：蜻蜓、蚂蚁、蜘蛛，它们都是形声字，是培养学生分类识字的好材料。“粮、食、迷、藏”依然是形声字，可迁移联系学生以往的识字经验，进一步巩固形声字的识字方法。最后一个“网”字，它是象形文字，可采用字理识字，演示它的变化过程：甲骨文，金文，小篆，直到楷书网。它的原意是指用绳、线等结成的捕鱼、捉鸟的器具，如渔网，捕鱼的人家可称为网户，然后引申为蛛网、丝网。现代信息发展迅速，就出现了上网、网络等词。这样的发展有文化传承之意，又显得特别有意思，能激发学生学习汉字的兴趣。因而在展开的教学过程中应充分调动学生学习的积极性，采用猜一猜、说一说等方法了解汉字发展的进程。

（3）书写分层。本课要求写的字有七个：“间、网、造、迷、运”是半包围结构的字，“池、欢”是左右结构的字。类似结构的字，学生已不再陌生，可迁移运用以前学过的方法，让学生谈谈写好这些字应注意的要点，然后重点指导书写“迷、造、运、欢”四字。

二、学习目标

1. 基础目标。

（1）通过看图想象，结合生活实际的方式，认识“蜻、蜓、蚂、蚁、蜘、蛛”等十二个生字。

（2）借助以往的写字经验，端正地书写“池、迷、运、间”等七个生字。

（3）通过形声字的字形梳理，象形字的演化过程，进一步培养学生多样的识字能力。

2. 特色目标。

（1）借助儿歌结构对称的特点，运用填空的方式，锻炼学生的背诵能力。

（2）通过想象画面、联系生活等方式，了解小动物世界的和谐。

3. 发展目标。

（1）依据“蜘、蛛、蚂、蚁”等生字特点，培养学生据形猜意的能力。

（2）通过说一说小动物的故事，激发学生探究动物世界的欲望。

三、核心内容

项目	具体内容
语言内容	（1）重点指导书写“迷、造、运、欢”四个生字 （2）感受对句的韵律美，重点感受“ang”韵

思维内容	感受小动物生活的时空和所做的事情之间存在着的内在逻辑关系
文化内容	（1）感受小动物的勤劳智慧 （2）感受自然和谐的氛围
方法内容	（1）进一步掌握形声字据形猜意的方法 （2）明了抓关键笔画能写端正汉字的方法

四、学习设计

第一课时

板块一　整体感知

1. 揭示课题。

学生看教师板书，读题，然后导入新课。

2. 自由读文。

请学生自由读儿歌，出示两个要求。

（1）独立读。遇到不认识的字圈出来，然后借助“拼音宝宝”，力求读准字音。

（2）合作读。读给同桌听一听，同桌有不会读的字词，帮一帮。

3. 集体对读。

（1）检查朗读。师：刚才小朋友们读得那么认真，真好！现在哪位小朋友愿意读给大家听听？

（2）相机正音。重点正音“展翅、宫殿、迷藏、结网”。

4. 自由练读。

师：小朋友们，读准了字音，儿歌一定会读得更好听，赶紧再练一练。

5. 圈动物名称。

（1）读书圈画。师：读着，读着，小朋友们，你们知道文中出现了哪几种小动物？请拿起笔圈出来。

（2）板贴名称。根据学生的回答，在黑板上板贴小动物的名称。

【设计意图】学生自由朗读，形成整体感知，为下文的学习奠定了基础。

板块二　分类识字

1. 读准名称。

师：请看板贴的小动物名称，哪位小朋友与可爱的小动物打个招呼？

（1）学生个别读，正音。

（2）小组“开火车”读。

2. 畅谈发现。

师：小朋友们，读着小动物的名字，你们发现了什么呢？

（1）这些生字都是虫字旁。

（2）为什么这些字都是虫字旁？

（3）除了虫字旁，另外一边似乎都表示这个字的读音。

3. 顺势小结。

师：小朋友们，这些生字都由两部分组成，一部分表示读音，一部分表示意思，这样的字我们称它为形声字。（板书：形声字）

4. 发现规律。

师：小朋友们，像这样一部分表示读音，一部分表示意思的生字，文中还有吗？

（1）师生合作寻找，屏幕呈现“粮、食、迷、藏”四个生字。

（2）请小朋友根据这些字的形旁猜一猜这些字的意思。

（3）师：这样的字，记起来就特别容易。请小朋友们说一说还有什么办法记住这几个形声字。（加一加、换一换、一字开花……）

5. 拓宽渠道。

师：小朋友们，你们已经明白了形声字的特点，那你们有没有想起我们已经学过的字中也有形声字，能列举几个吗？

6. 匹配练习。

师：小朋友们，这些可爱的小动物，你们都已经记在心间了。那么，它们都做了些什么事情呢？请你们再认真地读一读儿歌，完成下面的练习。

（1）完成练习。请学生读儿歌，完成练习题。

（2）讨论交流。集体校对并思考：这些小动物们工作的地点可以换吗？

（3）合作对读。师生合作对读，了解小动物各自有各自的工作地点。

7. 表演朗读。

师：（请同桌小朋友，对着读一读）你们觉得怎样对读比较有意思呢？（练一练，然后请小朋友上台表演读）

【设计意图】通过呈现相似的字形，凸显规律，为学生学好形声字提供条件，渗透汉字文化。设置习题，让学生在练一练中厘清儿歌中小动物做的事，为下面语文思维训练做好基础。

板块三　书写生字

1. 出示儿歌。

师：小朋友们，你们表现得这么棒，儿歌都想和你们玩捉迷藏的游戏了。（出示儿歌）

2. 自由朗读。

师：小朋友们，发现谁在和你们玩捉迷藏的游戏了吗？

（1）出示生字：迷、造、运。

（2）一字开花。师：小朋友们，你们能给这三个生字宝宝找些朋友吗？

（3）发现规律。师：这三个字有什么共同的特点？小朋友们，要写好这三个字，你们有什么好建议呢？

（4）重点指导。师生合作发现关键部件"辶"，关键笔画平撇。

3. 教师范写。

请学生看教师范写，然后举起右手书空。

4. 独立练写。

请学生拿出方格本，把每一个字都认真书写一遍，并注意写好关键部件和关键笔画。

5. 集体讲评。

选具有代表性的学生作品，屏幕呈现，然后师生合作讲评。评价指向关键部件和关键笔画。

6. 修正练写。

讲评之后，请小朋友再各练写一个。最后展示讲评。

【设计意图】书写汉字，渗透抓关键笔画将汉字写端正的方法，力求让学生养成良好的书写习惯。

板书设计：

5　**动物儿歌**

板贴：

蜻蜓　　　形声字

蝴蝶

蚯蚓　　　　　　　　迷　运　造

蚂蚁

蝌蚪

蜘蛛

第二课时

板块一　知识复习

1. 读题导入。

师：小朋友们，上节课，我们认识了许多可爱的小动物，你们还认识它们吗？

2. 认读词语。

教师手举卡片，请小朋友“开火车”认读词语。

蜻蜓　蝴蝶　蚯蚓　蚂蚁　蝌蚪　蜘蛛

3. 板贴词卡。

学生一边朗读，教师一边随机把词卡贴在黑板上。

4. 读文明事。

师：真好，这些可爱的小动物，你们记在心间了。那它们分别做了什么事，你们还记得吗？

（1）集体回答。根据学生的回答，教师相机板贴小动物做的事情。

展翅飞　捉迷藏　造宫殿　运食粮　游得欢　结网忙

（2）师生对读。师：请小朋友们看着板贴，我们一起合作来读一读。

蜻蜓——　　蚯蚓——　　蝌蚪——

蝴蝶——　　蚂蚁——　　蜘蛛——

【设计意图】知识复习，既复现生字，又呈现儿歌的情景，为学习新知做好了准备。

板块二　情韵朗读

1. 想象画面。

师：小朋友们，我们就这样对着读，在你们的眼前仿佛出现了怎样的画面？

（1）说一说。请小朋友说一说脑中的画面。

（2）出示图片。根据小朋友说的，屏幕相机出示小动物们忙碌的图片。

（3）想一想。师：小朋友们，这些画面，你们在什么地方看到过呢？

2. 字理识字。

师：小朋友们，看来你们善于观察生活，这样有趣的画面你们都见到过。让我们再来看看“造宫殿”和“结网忙”这两件事吧。

（1）记一记。师：小朋友们，你们见过宫殿吗？

（2）画面呈现。师：小朋友们，这就是宫殿——金碧辉煌。那么，这里指什么？看来蚯蚓对自己很好啊。

（3）据图猜字。师：（出示[古文字“网”]）小朋友们，你们认识这个字吗？说一说你猜的理由。

（4）演示过程。[古文字“网”]——[古文字“网”]——[古文字“网”]——网

（5）拓宽义项。师：小朋友们，请你们猜一猜，原来这个“网”字是什么意思呢？对，古时候，人们用绳或线结成捕鱼、捉鸟的器具，比如捕鱼用——渔网。但随着时代的发展，它也跟着发展，有了许多的新朋友，比如上网、网络、网虫……汉字多么有趣。

（6）书写“网”字。师：小朋友们，蜘蛛织网为的是……让我们记住这个字吧。（学生书写这个字，做到一看，二写，三评价）

3. 感受智慧。

师：小朋友们，小动物们就这样不停地工作着，如果让你们送一个词表扬表扬它们，你们会想到什么词呢？

4. 动情诵读。

师：多么勤劳和智慧的小动物，让我们一起表扬表扬它们吧。（个别读，男女生对读）

5. 情韵感知。

师：小朋友们，听你们读得这样有滋有味，老师忍不住也想读呢。你们认真听，听听老师读得怎么样。

（1）反馈交流。预计小朋友会说老师读错了。

（2）集体讨论。师：老师这样读，小动物所做的事没有改变啊，你们为什么说老师读错了呢？请小朋友讨论讨论，说说理由。

（3）发现秘密。师：原来儿歌中的二、四、六行的最后一个字押“ang”韵，读起来特别有韵味、有节奏，换了就没有这种感觉了。

6. 凸显特点。

师：这就是儿歌，往往隔行押韵，读起来特别有味道。让我们有滋有味地读一读吧。

7. 积累背诵。

师：这么可爱的小动物，这么有韵味的儿歌，让我们记在心中吧。

（自己试着背一背—填空考核背一背—上台表演背一背）

【设计意图】抓住典型的“网”字进行字理识字，渗透汉字文化。教师范读，以错误引起学生的思考，感受儿歌的韵律美。

板块三　拓宽思维

1. 讲述故事。

师：小朋友们，我们再看看这些小动物。你们知道有关这些小动物的故事吗？

（1）说一说。学生自由说有关这些小动物的故事。

（2）出示短语。在学生自由说的基础上出示课后习题二的短语。

2. 谈谈发现。

师：小朋友们，读读这些短语，你们发现了什么呢？

3. 学习智慧。

师：其实我们从这些小动物身上还可以学到许多知识。比如，蚂蚁搬家，可能……蚯蚓松土，能够为花草树木……

4. 激趣留疑。

师：小朋友们，你们可别小看这些小动物，它们身上还有许多故事呢。若想知道，回家可以查一查“羽化成蝶、破茧成蝶、发明飞机”等故事。

【设计意图】引入课后的短语，感受动物世界的精彩纷呈，渗透语文即生活的思想，同时培养学生的语文思维。

板块四　书写生字

1. 复现生字。

师：小朋友们，学到这里，你们认识本课的生字了吗？

2. 游戏闯关。

小猴走迷宫，在每一个迷宫的关口，出现一个生字。

3. 留空书写。

定格最后关口，出现如下题目：

（1）说一说——池水、花间、欢快。

（2）关键笔画。学生已有一定的写字经验，“池”字与“间”字不难，因而重点指导“欢”字中“又”的点与“欠”的撇穿插。师范写。

（3）独立书写。学生独立书写这三个字。

（4）同桌互评。师：小朋友们，与自己的同桌互相评一评各自的书写，然后再写一个，争取一个更比一个好。

（5）展示评价。选择有代表性的学生作品，屏幕呈现，集体讲评。

【设计意图】生字归类书写，能够凸显一类字的共同特点，易于培养学生的书写能力。

板书设计：

5　**动物儿歌**

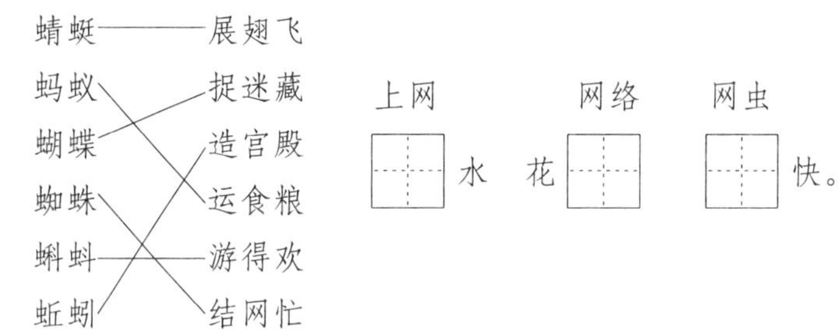

6　古对今

一、文本解读

1. 文体特点。

（1）对子歌。《古对今》是一篇无主文，属于编者根据启蒙读物《声律启蒙》编写而成的对韵歌。音韵和谐，朗朗上口。这是继一年级上册《对韵歌》之后，第二次在教材中出现的对韵歌。对子是中华文化传统中独有的一种语言形式，从单字对到双字对，三字对，五字对，七字对到十一字对，分韵排列，声调和谐，节奏响亮，对仗工整，义理健康，读来抑扬顿挫，朗朗上口，从中得到语音、词汇、修辞的训练。古人在学律诗时，就要先学写对子。学好对仗句，是学好律诗的基本功之一。

（2）识字教材。编者的意图是通过对韵歌的形式，引领学生饶有兴趣地认识其中的十二个汉字，属于识字教材，而非阅读教材。应展示某几个汉字的字形演化，同时把各种形式都写进去。

2. 文化底蕴。

课文由三组对子组成，每组对子十六个字，分别描绘了“晨暮、雪霜、和风细雨、朝霞夕阳、桃李、柳杨、莺歌燕舞”等内容，都是生活中常见的自然现象和自然景观。可是对一年级学生来说，他们生活阅历浅，如果光靠语言描述，不能使学生建构起认知。要利用对韵歌情境优美，语言精练的特点，培养学生语感，激发学生体会大自然的美妙，享受大自然的神奇，产生对大自然的热爱之情。

3. 语言表达。

（1）汉字。本课要求学生认识的十二个生字中，“圆、酷、凉、晨、细、朝、杨”是形声字，可迁移联系学生以往的识字经验，进一步巩固形声字的识字方法，其中“朝”字是多音字，“霞”字笔画较多，可以采用字理识字。

本课要求写的字有七个：“夕”是独体字，“细、凉、语”是左右结构的字，“古、李、香”是上下结构的字，笔画不多，结构简单，可充分调动学生已有的书写方法，对“左窄右宽”等书写规则加以巩固。

（2）词语。对字歌中一些相对的字词可以组合成“古今、方圆、和风细雨、莺歌燕舞、鸟语花香”等常用词语，让学生感受汉语的变化之美。

（3）句式。全文共三节，用“……对……”的句式一贯到底。每节四行，前两行为单字对，后两行为双字对，极富韵律感。

（4）特殊的语言表达现象。《古对今》是用“对对子”的形式进行表达。字数相等，内容相关，结构相称，平仄协调。每一节二、四两行最后一个字押同一个韵脚“ang”，音韵和谐，读来朗朗上口。

（5）朗读指导。这是一篇节奏明快的对韵歌，读出节奏韵味是本课朗读的重点，同时在朗读中引导学生感受对子间的对应关系，感受对韵歌呈现的美景。“你说我对”“拍手诵读”这些有趣的游戏形式，也是学生喜闻乐见的，对于感受对韵歌语言的无穷魅力都是有帮助的。

二、学习目标

1. 基础目标。

认识“圆、严、寒、酷”等十二个生字，端正、匀称地书写“古、细、李”等七个生字；借助情韵朗读，体会对韵歌的韵律美，激发学生对大自然的热爱。

2. 特色目标。

依据对韵歌特色，采用对读、比较读、表演读等多种朗读方式，做到正确朗读对韵歌，感受对韵歌的节奏感、音韵美；在背诵积累的基础上，激发学生对大自然的热爱。

3. 发展目标。

依据对韵歌字数相等、内容相关、结构相称、平仄协调等特点，培养学生识字的兴趣与能力。

三、核心内容

项目	具体内容
语言内容	识记本课的十二个生字；书写七个生字；感受对韵歌的音韵美
思维内容	了解对韵歌字数相等，内容相关，结构相称，平仄协调等语言特点，培养学生识字的兴趣与能力
文化内容	感受大自然神奇与美好；体会汉字发展的内在联系
方法内容	进一步掌握看图识字、形声字识字、表演对比朗读等方法

四、学习设计

第一课时

板块一　初读课文

1. 复习对韵歌。

师：小朋友们，你们还记得我们在第一学期学过的一首对韵歌吗？它带给你们怎样的感受？（齐读《对韵歌》）

2. 板书课题。

师：今天我们还要学习一首对韵歌，题目是《古对今》，请看老师写课题。

3. 自读课文。

师：请小朋友们翻开课本，读一读课文，努力地把每个字读正确。

【设计意图】通过复习第一学期的课文，初步体会对韵歌的特点，为本课的学习奠定基础。

板块二　随文识字

1. 同桌互相读。

师：刚才小朋友们自己读了课文。一年级小朋友有一样本领很重要，要学会同桌互相读，就是同桌两个小朋友你读给我听、我读给你听，还要学着做到三个会。

会表扬：如果你觉得他每个字都读正确了，就用喜欢的方式表扬表扬他。

会帮助：如果他有字读错了，就帮助帮助他。

会道谢：被表扬了，被帮助了，都要记得说“谢谢”哦！

2. 多形式诵读。

（1）指名读。师：哪位小朋友愿意来读给大家听一听？

（2）师生对读。师：老师也想和小朋友一起读，你们觉得可以怎么分工？（字对字读、句对句读）

（3）多形式朗读。师：还有哪些有趣的读法呢？请小朋友们选择自己喜欢的方式读对韵歌，可以拍手读，可以同桌对读。（可男女生对读、左右对读、自己拍手读、同桌互读等不同方式诵读）

3. 互教互学。

（1）互教互学。师：课文读到现在，你认识课文中的生字了吗？（呈现“圆、严、寒、酷、暑、晨、细、朝、夕、杨”的古今字对照图画，调动学生多种感官体验，利用“小先生制”互教互学）

（2）要点提示。“圆、酷、凉、晨、细、朝、杨”是形声字，可迁移联系学生以往的识字经验，进一步巩固形声字的识字方法，其中“朝”是多音字。

4. 字理识字。

（1）出示象形字。师：在这些字朋友中，有一个字特别有意思。你知道古时候的“霞”字是怎样写的吗？

“雨”字头表意，形状像天上下雨，表示与天象有关。下半部分“叚”（jiǎ）既是声旁也是形旁，从字源上看，左侧表示山崖，右侧为“コ/又”，表示上下相连的手，原意为攀登崖壁时上面的人拉扯下面的人。表示得到帮助、支持。借也，通“假”字。由此得出：“霞”的本意是表示假借晨昏日光放彩的云雾。后来慢慢简化，就成了现在的字形：

。

（2）理解词意。早上的霞叫（　　）霞，晚上的霞叫（　　）霞，彩色的霞叫（　　）。

你还知道有哪些“霞”？（云霞、丹霞、霞光、烟霞……）

5. 生字分类。

师：请学生将生字卡片按照不同的字形结构进行归类。

全包围结构：圆。

上下结构：严、寒、暑、晨、霞。

左右结构：酷、凉、细、朝、杨。

独体字：夕。

6. 生字找朋友。

（1）单字拼读。师：十二个生字中，有些生字可以组成一个词语，请你找出来拼一拼、读一读。（严寒、酷暑、朝霞）

（2）组词认读。师：你能给剩下的六个生字组个词语吗？

7. 拼图成文。

师：这是两幅对韵歌的拼图，缺少的几块就是我们今天新认识的“生字朋友”，请同学们找回来。

古	对	今		
	对	方		
		对		
春	暖	对	秋	凉
	对	暮		
雪	对	霜		
和	风	对	细	雨
		对		阳

【设计意图】这个片段的教学是本节课的重点，也是本节课核心内容落实的片段。通过互教互学、字理识字、拼图成文等方式，以丰富的形式复现生字，为学生学习本课生字创设情境。

板块三　指导书写

1. 认读生字。

师：再次认读今天要写的三个生字“古、香、李”，说说它们分别是由哪两个字组成的。

2. 观察字形。

师：这三个字都是上下结构，不过在书写时，上下两部分的大小可是有些变化的。请你看一看、比一比上下两个部分的大小。

古、香：上宽下窄，上面要写得宽敞，能盖得住下面。

李：上下相等，上下各占二分之一。

3. 范写练写。

遵循书写规律，教师范写，学生描一个书写一个。

4. 互相评价。

根据书写规律进行互评。

5. 再次练写。

根据点评情况再次练写，争取一个比一个写得好。

【设计意图】教是为了不教。低年级的书写指导，除了要引导学生写好字外，更需要引领学生发现书写的规律，举一反三，触类旁通。

第二课时

板块一　复习生字

1. 生字对对碰。

出示生字卡片，认读后找出相对应的词语，以“________对________”的形式巩固生字词。

2. 课文再诵读。

用“你说我对”“拍手诵读”这些有趣的游戏形式诵读课文。

板块二　自主学习

1. 自主发现。

(1) 提出疑问。师：你觉得这首对韵歌中有不明白的地方吗？

(学生可能对“严寒、酷暑、夕阳、暮”等字词的理解有些困难)

(2) 同桌互助。师：请你向同组的小朋友求助，看看他能不能帮助你理解。

(3) 小结理解方法。师：同学帮你理解了哪个词语的意思？……是呀，对韵歌里的前后内容都是相关的，我们理解起来也就容易多了。

2. 理解词意。

师：遵循这个规律，我们还可以理解更难的字词。

如果说“晨”是指早晨，“暮”就是指（　　　　）；如果说“朝霞”是指早上的云霞，“夕阳”就是指（　　　　）；如果说“严寒”是指极其寒冷，“酷暑”就是指（　　　　）……

3. 拆分对子。

(1) 拆一拆。师：看来，很多对子里面的词语，意思都是相对或相近的。我们可以试着把双字对中的词语拆分成单字对，赶快动手对一对吧。(寒对暑；春对秋；风对雨；歌对舞……)

(2) 合一合。师：对韵歌中前后两个词语还可以合成一个词语呢，你能组合出哪些现在常用的词语？(古今、方圆、桃李、杨柳、和风细雨、莺歌燕舞、鸟语花香……)

4. 情韵朗读。

（1）圈出韵脚。师：分分合合还能组成那么多的对子，你觉得对韵歌有趣吗？它还有更有趣的地方呢。请你圈出二、四、六、八、十、十二行的最后一个字，连起来读一读。

（2）自由诵读。师：这首对韵歌中的“方、凉、霜、阳、香”的韵母都是“ang”，难怪读起来特别有韵味。这就是对韵歌，往往隔行押韵，读起来特别有味道。让我们选择自己喜欢的方式有滋有味地读一读吧。（自己拍手读、同桌互读等不同方式诵读）

（3）标注话谱。师：看你们读得这么有意思，老师也想来读读。我们还要请出一位“话谱朋友”来帮忙，它有一根“魔法棒”，有时往上，有时向下，有时往上拐，有时像个降落伞往下落。（老师边说边在课文中标注出话谱）

（4）听老师读一遍。师：想学吗？伸出小手，一边画出话谱，一边诵读课文。

（5）多种形式的展示读。

（6）尝试背诵。师：就这样读着读着，这首对韵歌已经记在你们的心里了吧？（自己试着背一背—填空考核背一背—上台表演背一背）

【设计意图】将对韵歌中的对子进行“拆一拆”“合一合”，可以帮助学生体会对韵歌字数相等，内容相关，结构相称，平仄协调等特点；采用情韵朗读方式，可以帮助学生体会对韵歌的节奏感、音韵美。

板块三　指导书写

1. 认读生字。

认读本节课要写的四个生字：夕、细、凉、语。

2. 观察字形。

师：仔细观察“细、凉、语”这三个左右结构的字在田字格里所占的位置，你发现了什么？

3. 出示口诀。

师：它们都是左窄右宽的字。（出示书写口诀）

左边窄，要细长，

右边宽，要舒展。

笔画穿插不分家，

左右谦让最美观！

4. 教师范写。

范写“细”字，体会左窄右宽在田字格中的具体体现：右边的字要占三分之二，且宽松多变。

5. 学生练写。

练写“细、凉、语”，描一个写一个。

6. 互相评议。

根据左窄右宽的书写要点进行互评，再次练写。

7. 自主练写。

回顾“多”字的写法，自主练写“夕”字。（“夕”的第一笔撇起笔在竖中线上，第二笔横在撇的中间起笔，最后一点在长撇的中间）

板块四　背诵积累

对韵歌这种独特的语言表现形式，同元曲汉赋、唐诗宋词一样，散发着中华民族文化的无穷魅力。让我们一起背诵这首对韵歌，踏上对韵歌的快车前行吧！

7　操场上

一、文本解读

1. 文体特点。

（1）儿歌。儿歌是以低幼儿童为主要接受对象的具有民歌风味的简短诗歌。儿歌中既有民间流传的童谣，也有作家创作的新儿歌。本课是属于编者根据一年级识字需求编写的新儿歌。课文的篇幅短小精巧，结构单纯。整首儿歌共有四句，每句间的节奏富有韵律感，简短、单纯，易诵易记。

（2）识字教材。本节课是识字课，为了改变识字教学的枯燥乏味，编者从激发学生的兴趣入手，创设了操场上学生参加各种体育活动的情境，便于教师采取在“动中学，学中动”的形式，引导学生饶有兴趣地学习生字。

2. 文化底蕴。

本课以体育活动为主题，由一幅图、六个词语和一首儿歌组成，展现了下课时小朋友们在操场上参加各种体育活动的热闹场面：有的拔河，有的拍皮球，有的跳高，有的跑步。文中的词语和儿歌语言精练且读起来朗朗上口，教师可以利用这些特点，培养学生语感，并进行语言积累，从而激发学生对体育运动的乐趣。

3. 语言表达。

（1）汉字。本课要求学生认识的十二个生字中，大多为形声字，“操、拔、拍”是带有提手旁的字，“跑、踢”是带有足字旁的字。在认读词语和诵读儿歌的过程中，让生字复现，复现，再复现，引领学生在不同的环境下反复和生字见面，促使学生在宽松、愉悦的氛围中学习识字。

本课要求写的字有七个：“打、拍、跑、体”是左右结构的字，均为左窄右宽的字形。把“足”和“跑”放在同一课书写，彰显了编者的独具匠心，旨在引导学生发现“足”变成偏旁之后所发生的字形变化。

（2）词语。本课呈现的六个词语都是体育活动的名称，第一行的活动以手的动作为主，偏旁都带有提手旁；第二行的活动以脚为主，偏旁都带有足字旁。“跳绳、踢毽子、丢沙包”等词语都属于动宾结构，前面的字是动词，后面的字词是动作所对应的名词。这一类词语在语文学习和实际生活中运用广泛，值得学生多多积累。

（3）句式。儿歌共三句，句式比较简单，不仅读起来朗朗上口，也适合让学生借助“铃声响，下课了。操场上，真热闹。（　　　　），天天锻炼身体好。”等句式进行模仿练习。

（4）朗读指导。这是一篇节奏明快的儿歌，可加上节奏，利用“拍手诵读”这些有趣的游戏形式，开展节律朗读，增强儿歌的情趣性。

二、学习目标

1. 基础目标。

认识“操、场、拔、拍”等十二个生字，认识“火”字旁；正确书写“打、跑”等七个生字；通过词语和儿歌的正确朗读，激发学生参加体育锻炼的兴趣。

2. 特色目标。

随文识字，先学文后识字；加强对词语和儿歌的节律朗读指导。

3. 发展目标。

依据儿歌节奏，选择自己喜欢的体育活动创编儿歌。

三、核心内容

项目	具体内容
语言内容	识记本课的十二个生字；书写七个生字；感受儿歌的朗朗上口
思维内容	体会体育锻炼和身体健康之间的密切关系
文化内容	激发学生坚持参加体育锻炼的兴趣
方法内容	进一步巩固词语、儿歌的节律朗读方法

四、学习设计

第一课时

板块一　情境模拟

1. 游戏引入。

师：小朋友们，你们玩过拔河游戏吗？现在我们就来玩玩拔河游戏。（老师和十位学生做拔河的游戏）

2. 认读课题。

师：由于我们的教室小，不能玩得尽兴。你们觉得在哪里玩才尽兴呢？

（1）板书课题：操（cāo）场（chǎng）上。

（2）拼拼读读。师：请大家拼一拼、读一读，“操”是平舌音，“场”是后鼻音，连读时要注意区分。

（3）字理识字。出示“场”的象形字，造字本义是农村用于谷物脱粒、晾晒的空坪，后来引申为许多人活动或聚集的场所。

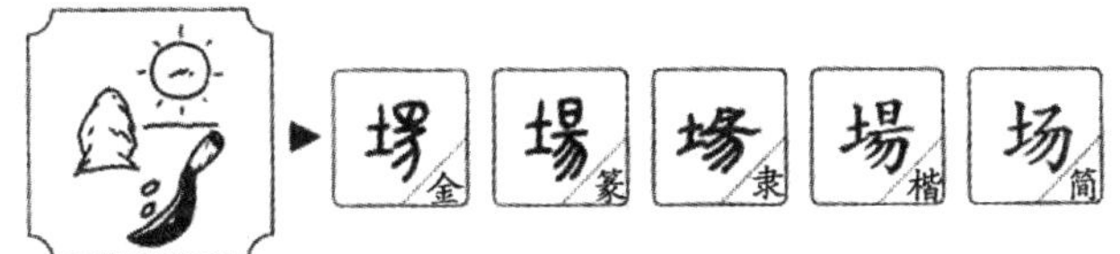

（4）理解组词。

做操的地方叫操场

打球的地方叫（　　）场

买菜的地方叫（　　）场

考试的地方叫（　　）场

开会的地方叫（　　）场

……

师：操场上还有很多有趣的体育活动等着我们呢，赶快去看看吧！

【设计意图】以现场版的拔河游戏引出课题，创设了愉悦的课堂氛围，也激发了学生学习的兴趣。

板块二　学习词语

1. 看图说话。

（1）看图说词语。师：操场上的小朋友们玩得可开心了！谁能说说他们在参

加哪些体育活动？（生按“操场上的小朋友在……”的句式回答，师随机板贴词语卡片）

dǎ qiú　　bá hé　　pāi pí qiú
打球　　拔河　　拍皮球

tiào gāo　　pǎo bù　　tī zú qiú
跳高　　跑步　　踢足球

（2）自读生字词。师：在操场上进行的体育活动可真多呀，小朋友们自己读读这些体育活动的名称，看看能不能正确地读出来。

2．拼读词语。

（1）带拼音读。师：刚才小朋友利用图画认读了词语，那么离开图画你还能认读吗？带上拼音自由地读一读。

（2）去拼音读。师：再去掉拼音读读词语，和同桌比赛读，看谁读词的速度快，还可以边读边做动作。

3．句式认读。

师：这么多的体育活动中，你最喜欢做什么？用“我最喜欢……”的句式说一说，注意读词的准确性。

4．节律朗读。

师：小朋友们已经认识了这些“词语朋友”，读得也很认真。其实词语当中的每个字，读音的轻重也是不一样的，如果我们能注意到这些变化，就能把词语读得更好听。

（1）听读模仿。师：请小朋友们听老师读，想一想老师把哪些词语读得稍重一些。

（2）交流读法。学生交流，标出读得较重的字。

（3）小结读法。师：我们在读双音节词语时，重音大多落在后一个音节上，往往后字比前字读得重些，常常读作“中重”格。读三音节词语时，重音也落在最后一个字上，常常读作“中轻重”格。这样读词语，不会一字一顿，而且听起来特别清晰。

（4）再次练读。

5．学习生字。

（1）小组学习。师：请大家仔细观察我们刚才读的词语，能不能发现其中的秘密，把这几个词语分成两组？我们来进行小组比赛，看哪一组的小朋友分得又快又好。（每个小组一个信封，利用词语卡片自主学习）

（2）上前展示。请一个小组的同学到黑板上分分类。

（3）阐述分类依据。师：请说说为什么这样分。

（师生共同总结：“打、拔、拍”都表示手的动作，偏旁都是提手旁；“跳、跑、踢”都表示脚的动作，偏旁都是足字旁）

师：足字旁与“足”字比一比，有什么不同呢？

（4）口头拓展。师：你还知道哪些字和“手、足”有关？

6. 连词成句。

师：请小朋友用今天认识的这些“词语朋友”，学着这个句子说一说：“操场上，同学们有的……有的……还有的……”。

7. 课中活动。

根据音乐旋律表演课中操：

一二拍拍手，三四点点头，

五六拍拍肩，七八扭扭腰，

二二伸伸手，三四摇摇头，

五六耸耸肩，七八跳一跳，

九十快坐好。

【设计意图】在词语学习时加入节律朗读的技巧，可以逐渐提升学生的朗读水平，逐步消除低年级学生的“拖腔”现象。

板块三　指导书写

1. 互读生字。

师：词语中的几个“生字朋友”悄悄溜走了，你知道那些调皮的“生字朋友”跑哪儿去了吗？它们跑到了你的信封里。请同桌两个小朋友读一读信封里的“生字朋友”，先读完的小组先坐正。

2. 听词找生字。

师：你们真能干！现在请大家一起把“生字朋友”送回儿歌城堡里，我读哪个字或词语，请你高高地举起那个字。如果大家都举对了，“生字朋友”就会乖乖地回家。（拔、拍、跑、足）

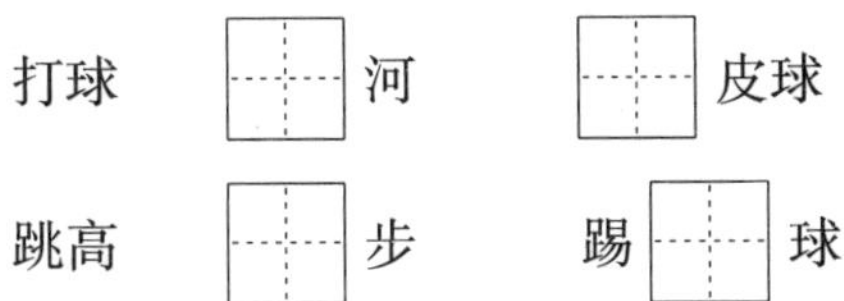

3. 发现书写规律。

师：谢谢你们的帮忙，“生字朋友”顺利回到了自己的城堡。这几个“生字宝宝”迫不及待地想请小朋友来写一写呢。前面三个生字有什么共同的特点，你发现了吗？要写好这三个字，你们有什么好建议吗？（引导学生认识左右两部分的关系，如长短、高矮、宽窄关系等）

4. 重点指导。

师：“足”到了“跑”字里面变成了足字旁，发生了哪些变化？一撇变成一竖，一捺变成一提，整个字形变窄。

5. 合作练习。

教师范写，学生书空。

6. 集体讲评。

关注足字旁的写法。

7. 写字讲评。

学生再各练写一个字，最后展示讲评。

板书设计：

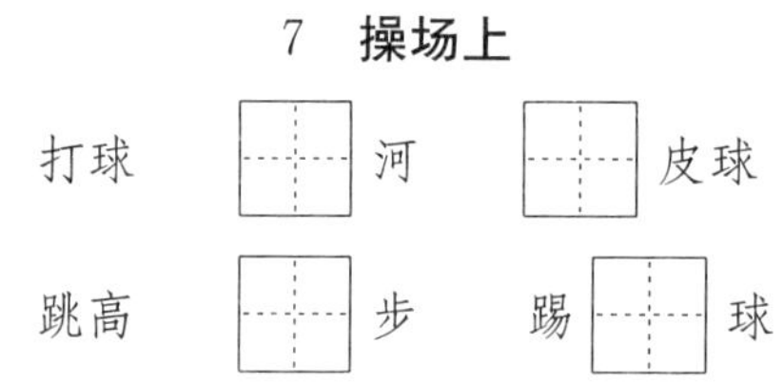

第二课时

板块一　复习回顾

1. 词语找朋友。

(1) 回顾认读。出示词语，指导多种形式认读。

打球　拔河　拍皮球

跳高　跑步　踢足球

(2) 看图认词。分别给这六种体育活动标上序号，大屏上出现了这项活动的图画，就用手指表示选哪一个，从而巩固字形，初步理解字义。

2. 生字找朋友。

(1) 单字认读。出示生字卡片，认读单个生字“拔、拍、跑、踢”。

（2）生字找朋友。师：你能帮“生字朋友”找到自己的家吗？（根据学生回答板贴生字）

板块二　学习儿歌

1. 初读儿歌。

（1）微课范读。师：今天我们学的“词语宝宝”都是从操场上来的。这里有一首儿歌也是从操场上来的，有一个小朋友看到操场上热闹的情景，还把它编写成了一首儿歌。想不想听听？（微课范读）

（2）师：好听吗？想不想学？自己借助拼音读一读。

（3）同桌互助读。

2. 理解儿歌。

（1）理解内容。师：读完儿歌，你知道了什么？（下课了，操场上真热闹，很多同学在参加体育锻炼）

（2）圈出体育运动名。师：儿歌里说到了哪几种体育活动？请你圈出来，联系上节课学习的词语朗读方法，按照节律读一读。

跳绳　踢毽　丢沙包

（3）师：参加跳绳、踢毽等体育运动，就叫做——锻炼身体。（多种形式认读词组）

师：认识火字旁，想一想变成偏旁后它有了哪些变化。

3. 节律朗读。请你根据节奏打着拍子读一读。

铃声响，下课了。

×× ×　×× ×

操场上，真热闹。

×× ×　×× ×

跳绳踢毽丢沙包，

×× ××　×× ×

天天锻炼身体好。

×× ××　×× ×

4. 拓展朗读。

（1）自由畅谈。师：小朋友们，天天锻炼身体才能好！那么你是个爱锻炼的小朋友吗，喜欢哪些体育活动呢？（老师随机板书体育活动名称）

（2）创编儿歌。师：如果把你喜欢的体育活动写进儿歌当中，你也可以当一回小诗人了。

铃声响，下课了。

操场上，真热闹。

（　　　　　　　　　　），

天天锻炼身体好。

5. 巩固生字。

（1）认读生字。师：小朋友们可真能干，不知不觉认识了藏在儿歌里的五个生字。如果它们一个一个出现，你还认识它们吗？

（重点指导“热”字“r”的发音）

（2）记住字形。师：刚才你是怎么和这些生字交上朋友的？说说你识记字形的好办法吧。

（3）再次齐读生字组成的词语：铃声、热闹、锻炼、身体。

【设计意图】先学文后识字，符合低年级学生的学习规律。学生在富有节奏的诵读当中，逐步加深对生字的认读，大大降低了学生认读单个生字的难度。

板块三　书写指导

1. 观察字形。观察“声、身、体”，想一想怎样才能把这些字写漂亮。

2. 合作练习。教师范写，学生书空。

3. 写字讲评。学生练写，互相评议后再次练写。

4. 学习小结。师：小朋友们，这节课我们的收获可大啦，认识了十四个“生字宝宝”，学习了儿歌，还知道了只有天天锻炼，身体才会更健康。现在，又下课了，赶紧到操场上去做自己喜欢的活动吧！

板书设计：

7　**操场上**

铃［　］响，下课了。

操场上，真热闹。

跳绳踢毽丢沙包，

天天锻炼［　］［　］好。

8　人之初

一、文本解读

1. 文体特点。

（1）启蒙教育。《三字经》是中国传统启蒙教材中最有代表性的一种，是中国传统启蒙教育的结晶。它的出现是传统启蒙教育长期积累的结果，从形式到内容，都有先例可循。正因为植根于这样丰厚的传统，它才得以厚积薄发，成为传统启蒙教材最具标志性和代表性的读本。

（2）百科全书。《三字经》之所以风行久远，历久弥新，影响所及，几乎家喻户晓，人尽皆知，一个很重要的原因是由于它内容丰富，知识性强。明朝的吕坤，把《三字经》当作增广见闻的读物。清人紫巢氏，在为《三字经注解备要》作序的时候，称《三字经》是“一部袖里《通鉴纲目》”。章太炎把《三字经》和《千字文》做了对比，认为它虽然“字有重复，辞无藻采”，但“启人知识过之”。美籍华裔学者陈荣捷也说：“《三字经》以一千余字，历举中国文化义理历史典籍，实一小型百科全书。”

（3）识字教材。《三字经》其实就是一本蒙书。这本书的存在，一开始就是为了教小孩识字，并泛泛了解一些中国中古时期的常识。

2. 文化底蕴。

古人曰：“熟读《三字经》，便可知天下事，通圣人礼。”《三字经》的内容分为六个部分，每一部分有一个中心。

（1）从“人之初，性本善”到“人不学，不知义”，讲述的是教育和学习对儿童成长的重要性。后天教育及时，方法正确，可以使儿童成为有用之才。

（2）从“为人学，方少时”至“首孝悌，次见闻”，强调儿童要懂礼仪，要孝敬父母、尊敬兄长，并举了黄香和孔融的例子。

（3）从“知某数，识某文”到“此十义，人所同”，介绍生活中的一些名物常识，有数字、三才、三光、三纲、四时、四方、五行、五常、六谷、六畜、七情、八音、九族、十义，方方面面，一应俱全，而且简单明了。

（4）从“凡训蒙，须讲究”到“文中子，及老庄”，介绍中国古代的重要典籍和儿童读书的程序，这部分列举的书籍有四书、六经、三易、四诗、三传、五子，基本包括了儒家的典籍和部分先秦诸子的著作。

（5）从“经子通，读诸史”到“通古今，若亲目”，讲述从三皇时代至清代的朝代变革，一部中国史的基本面貌尽在其中。

（6）从“口而诵，心而维”至“戒之哉，宜勉力”，强调学习要勤奋刻苦、孜孜不倦，只有从小打下良好的学习基础，长大才能有所作为，“上致君，下泽民”。

3. 语言表达。

（1）汉字。本课要求学生认识的十三个生字中，“教、习、幼、玉、之”等字与学生生活联系紧密，比较容易熟记。“善”等笔画较多的生字，适合字源识字。

本课要求写的字有七个：“之、习、玉、义”都是独体字，启发学生自主观察生字在田字格中的位置并认真仿写；“相”字的左右两部分都是已写过的熟字，难度不大；“近、远”是两个同偏旁的字，落实“辶”的书写要领，才能把字写得美观端正。

（2）特殊的语言表达现象。《三字经》深得人们喜爱的最为根本的原因在于它的形式。在宋代之前，中国传统的启蒙读物，主要是用四言写成的。用三言这样短小的句子来表达意思，而且通篇如此，还要押韵，这实在不是件容易的事情。正如张志公先生所说：“用简短而整齐的韵语，好处在便于记诵，但是往往有两个缺点，一是容易写得艰深难读或者牵强硬凑，二是容易写得贫乏呆板。”《三字经》三字一句，句子短小，形式整齐，隔句押韵，读起来朗朗上口，听起来悦耳，儿童喜闻乐道。并且它的前后句自然连贯，语义顺畅，浅显明白，通俗易懂，丝毫没有生拼硬凑的痕迹。

（3）朗读指导。三字一句的韵文极易成诵，除了一般意义上的朗读之外，还可以用吟诵的方式，感悟博大精深的传统文化。

二、学习目标

1. 基础目标。

认识“之、初、性、善”等十三个生字，认识贝字旁；端正、匀称地书写“远、近”等七个生字；通过多形式朗读，体会《三字经》所蕴含的道理。

2. 特色目标。

依据三字一句的语言特色，采用对读、节律读、吟诵等朗读方式，感受《三字经》的独特魅力，并在背诵积累的基础上，激发学生对传统文化的热爱。

3. 发展目标。

在诵读感悟中体会《三字经》“有节奏、有故事、有道理”的语言特色。

三、核心内容

项目	具体内容
语言内容	识记本课的十三个生字；书写七个生字；感受《三字经》的独特魅力
思维内容	初步了解《三字经》历举中国文化义理历史典籍，是一小型百科全书
文化内容	感受大自然神奇与美好；体会汉字发展的内在联系
方法内容	初步了解“吟诵”等朗读方法

四、学习设计

第一课时

板块一 读题导入

1. 初读课题。

（1）单字认读。出示“人、之、初”三个字，一个一个认读，注意读准“之、初”这两个生字。

（2）课题连读。把这三个字连起来读一读，“人之初”三个字都是翘舌音，要注意读正确。

2. 联系生活。

师：你在哪里听到过这三个字？

3. 介绍出处。

师：“人之初”就是《三字经》的开头第一句。《三字经》是古代小朋友上学的第一本书，是一本启蒙读物。它只有1000多个字，但是包含了很多的内容，也有很多有意思的故事。学了它，我们就能知道：为什么我们会有辈分，中国最长的河是哪条河，在我们出生以前中国发生了些什么事，等等。

【设计意图】读课文，要从了解课文的出处开始。老师简短的介绍，可以让学生了解《三字经》在传统文化中的独特地位，从而激发学习期待。

板块二 各式读文

1. 跟读。

（1）全文跟读。师：古时候的小朋友在学《三字经》时，通常是跟着老师一遍又一遍地读，读着读着，就能把文章读正确，我们也学着古人的样子来读读吧。（教师一句一句范读，学生一句一句跟读）

（2）难点句重点读。师：在跟读时，你觉得哪一句特别难？（进行重点跟读）

（3）再次完整跟读。

2. 对读。

（1）师生对读。师：下面老师想和小朋友们一起来读，比一比谁读得更准确。（师读“人之初”，生读“性本善”，以此类推）

（2）再次对读。调换顺序，再读一次。

3. 自读。

（1）借助拼音读。师：如果请你自己借助拼音，能把课文正确地读下来吗？（自由读—同桌互读—指名读）

（2）去拼音读。

4. 变换读。

（1）去标点读。

①寻找不同点。师：你发现这个版本和书本中有什么不一样的地方？

②小结版本特点。师：古人写文章没有标点，我们在很多地方看到的《三字经》就是没有加标点的，试着读读这个版本吧。

（2）竖排读。

①自由读。师：再换一个版本，请你读读看。

②发现版本特点。师：看看这个版本，它的写法又有什么不同？

③竖排朗读。师：古人写文章不仅没有标点，而且往往是自上而下写，从右往左写，你会读吗？

【设计意图】不同方式地变化朗读，不仅让学生熟记生字，把课文读正确，还能体会到古文书写的独特之处。

板块三　学习生字

1. 找出生字。

师：读了这么多遍课文，我们已经在不知不觉中把今天要学的生字给读正确了。请你到课文中圈画生字，圈出一个，拼读一个。

2. 拼读生字。

出示生字：

zhī chū xìng shàn xí jiào qiān guì zhuān yòu yù qì

之、初、性、善、习、教、迁、贵、专、幼、玉、器，多种形式拼读。

3. 去拼读认读生字。

4. 识记字形。

（1）交流识字方法。师：这些生字中，你记住了哪几个，是用什么方法记住的？

（“教、习、幼、玉”与学生生活联系紧密，比较容易熟记）

（2）提出难点字。师：哪几个字比较难记？

（3）字理识字。“善”字中的“羊”，既是声旁也是形旁，通“祥”。善，甲骨文=（羊，即“祥”）+（目：眼睛），表示眼神安详温和，所谓“慈眉善目”。有的甲骨文将一双眼睛写成，有的甲骨文将一双眼睛写成和，有的甲骨文将一双眼睛省略成一只眼睛。金文=（羊，即“祥”）+（两个“言”），表示言语祥和亲切。造字本义：神态安详，言语亲和。篆文承续金文字形。隶化后楷书，将篆文的写成，将篆文的两个“言”，写成“卄”加“口”的。

5. 拼图比赛。

以小组为单位，将本课所学的十三个生字贴到拼图中，最先完成古文拼图的小组获胜。

【设计意图】学生在充裕地读课文的时间里，已经对生字有了较深的记忆，此刻的生字学习，可以放手让学生自主识记，教师只要对较难的生字稍加提点，就能水到渠成。

板块四　指导书写

1. 自主观察。

（出示“之、习、玉、义”四个独体字）师：你觉得哪个字比较难些？

2. 重点指导。

重点指导“之”字的书写。

第二课时

板块一　复习回顾

1. 自由读。

师：请你自由地朗读课文，要特别注意生字的读音。

2. 展示读。

师：谁愿意试试看，当众读一读？（可以个别读，也可以和小伙伴一起读）

板块二　研读特点

1. 自主发现。

师：读了课文中的《三字经》，你发现它有什么特点吗？

2. 特点一：有节奏。

师：是啊，《三字经》三字一句，四句一组，朗朗上口，还押韵，就像唱儿歌，难怪我们上节课可以一边拍手一边念。那就让我们一起边拍手边念吧！

3. 特点二：有故事。

（1）寻找文中的故事。师：你知道吗？《三字经》中还有许多既有趣又对我们很有帮助的历史典故，看看，你在文中能找到哪些故事。

（2）教师讲述“玉不琢，不成器”的故事。

（3）这些故事，《三字经》往往只用寥寥几字就加以概括。这也是《三字经》的一大特点。

4. 特点三：有道理。

（1）自悟道理。师：刚才有小朋友还说，《三字经》告诉我们许多道理，读读其余几条，看看你能从中读懂什么道理。

（2）质疑交流。师：这些道理都很精深，相信随着年龄的增长，我们会体会得越来越深。说说还有什么不懂的，再看图读文并理解。

【设计意图】读《三字经》内容的同时，引领学生发现“有节奏、有故事、有道理”这样一些有趣的语言特色，就能使语文学习“向青草更青处漫溯”。

板块三　朗读背诵

1. 朗读。

（1）朗读。师：读古文不仅要读通读顺，还要读出节奏和韵律。试着读一读吧！

（2）评议。师：小朋友们读得太动听了！对老师来说，这动情的朗读就是最美的享受！

2. 吟诵。

（1）欣赏吟诵音频。师：《三字经》还能唱出来呢！不信？我们一起听听小朋友们是怎么吟诵的。（出示吟诵音频）

（2）自己试着跟读吟诵。

（3）多形式联系吟诵。指读—生评—师评。（评价中引导学生进一步读出节奏韵律）

（4）齐声吟诵。

3. 背诵。

（1）去第一句背诵。师：这样读着、唱着，《三字经》有没有走到你的心里去？读得多了，我们要慢慢尝试着背诵。我们先来看第一句“人之初，性本善，性相近，习相远”。如果记得住我们就把它去掉了，一起背。

（2）去一、二句背诵。师：还真记得住，真厉害！第二句就比较难了，我们来读一遍努力把它记住。（生读第二句，背第二句）

（3）去一、二、三句背诵。师：真厉害！再去掉一句，开始背！

（4）全文背诵。师：小朋友们，请看大屏幕，什么都没有了，让我们一起来背一背。（生齐背全文）

【设计意图】分句背诵，有效地降低了背诵难度，较好地激发了学生的学习兴趣。

板块四　学以致用

1. 自由交流。

师：很多小朋友都能背诵课文了，请你说说学《三字经》有什么作用呢？

2. 语言运用。

师：是啊，不仅可以帮助我们明白很多道理，还可以帮助别人呢！我们学校里就有这样一些小朋友，如“小力同学总是不听父母的话，还常和爷爷奶奶顶嘴”，再如“有个小朋友学习不努力，总认为自己还小，等长大些再用功”。你能帮我用《三字经》来劝劝他们吗？

3. 激发兴趣。

师：还想进一步读《三字经》吗？（推荐《三字经》中的精华部分）

4. 学习小结。

师：最后，我想以《三字经》中最末的一段话来与大家共勉，希望小朋友们在打开《三字经》这扇窗口后，能够自觉而快乐地去阅读更多的经典——“勤有功，戏无益，戒之哉，宜勉力”。

【设计意图】课文节选的《三字经》内容，朴实无华，深入浅出，情真意切，通过“学以致用”的环节，能指导低年级学生从小树立正确的人生观和价值观。

板块五　书写指导

重点指导写好“辶”：点的落笔要根据字的右上部来调整，使之较好地融入整个字当中，并注意与下笔的呼应；横折折撇和上点远离，成左倾之态，下部靠拢微微右侧部件，使之紧凑；平捺起笔重，和撇尾相接，向右舒展，捺脚上沿成水平。

板书设计：

8　**人之初**

有节奏　有故事　有道理

口语交际：打电话

一、文本解读

1. 文体特点。

（1）口语交际。口语交际是指以口头语言为主要中介手段而进行的交际，双方互动的信息交流活动，通过听、说，双方运用口头语言传递信息、交流思想和感情。课标指出：“口语交际是听与说双方的互动过程。教学活动主要应在具体的交际情境中进行，不宜采用大量讲授口语交际原则、要领的方式。应努力选择贴近生活的话题，采用灵活的形式组织教学。”现行小学阶段的口语交际特点在于它的互动性、生活性、系统性、综合性、情境性、实践性。

（2）交往系列。打电话是小学生在日常交往中必然会遇到的事情，在“口语交际”课中属于人际交往系列。低年级口语交际对于这一系列的要求一般是鼓励学生大胆说、认真听，不需要有过多技巧的传授和句式的模仿。

（3）板块分明。教材中出现的内容大致可以分为三个板块：①出现了“李中”和“张阳妈妈”两个人物互相打电话的画面，利用几个“小泡泡”的形式，呈现了两人在打电话过程中所用的语言，为学生的交际提供了范例；②“来试一试吧!”模拟了孩子日常生活中常见的三种情境，让孩子有选择地“打电话”；③利用便签的形式对打电话中的一些小技巧做了温馨提示。三个板块之间各有侧重，较完整地呈现了“口语交际”课所需要的元素。

2. 文化底蕴。

打电话是通联礼仪的一个主要内容，引导学生遵循基本的礼仪，积极塑造完美的电话形象。

（1）时间适宜。打电话时把握好通话长度，既能使通话更富有成效，显示通话人的干练，同时也显示了对通话对象的尊重。反之，如果莽撞地在受话人不便的时间通话，就会造成尴尬的局面，非常不利于双方关系的发展。如果把握不好通话时间，谈话过于冗长，也会引起对方的负面情绪。

（2）内容精练。打电话时忌讳通话内容不着要领、语言啰唆、思维混乱，这样很容易引起受话人的反感。通话内容精练简洁是通话人的基本要求。

（3）以礼待人。拨打电话的人在通话过程中，始终要注意待人以礼，举止和语言都要得体大度，尊重通话对象，并照顾到通话环境中其他人的感受。

3. 语言表达。

（1）清清楚楚地表达。在拨打电话之前，对自己想要说的事情做到心中有数，尽量梳理出清晰的顺序。电话接通后，在简单的问候之后，开宗明义，直奔主题。在通话时，最忌讳东拉西扯、思路不清。

（2）明明白白地表达。倾听是口语交际教学的重要内容之一。同时，倾听也是一个人文明交际的综合素养的体现。一个在打电话时不能等对方把话说完就急于表达的人，经常打断别人讲话的人，是缺乏修养、很难与人成功沟通的。倾听是互动交流的第一步，只有听清楚、听明白，才能架起通往理解的桥梁，才能提高说话的质量。

（3）有礼有节地表达。打电话的语言中，还会用上“您好、谢谢、请问”等礼貌用语。于是就出现了文本中如下的言语形式：“您好，请问您找谁？”“请问××在家吗？”直观的言语形式，正是此类语境下得体适切的语言，学生需要加以练习。

二、学习目标

1. 基础目标。

（1）通过情境模拟，激发学生学打电话的欲望。

（2）通过观看微视频、实践演练等方式，体会打电话时要做到“说清楚、听明白、有礼貌”。

（3）通过同桌、师生合作等方式，进一步养成交际过程中良好的倾听和表达的习惯。

2. 特色目标。

（1）通过互动交际，体会如何才能在打电话时清楚明白地与对方交流。

（2）通过实践演练，初步了解打电话时应有的基本礼仪。

3. 发展目标。

遵循打电话的基本礼仪，能针对不同生活情境灵活地进行口语交流。

三、核心内容

项目	具体内容
语言内容	打电话时要做到“说清楚、听明白、有礼貌”
思维内容	明白打电话是日常交往中必然会遇到的事情，一定要大胆说、认真听
文化内容	养成良好的倾听习惯；掌握基本的打电话礼仪
方法内容	进一步掌握“说清楚、听明白、有礼貌”等口语交际技巧

四、学习设计

板块一　情境导入

1. 模拟情境。

（1）课前问好。师：小朋友们好！我们马上就要上课了。（电话铃突然响起）小朋友们对不起！我先接个重要的电话，请稍等！

（2）模拟情境。您好！请问您是哪位？噢！是李老师啊，您找我有什么事吗？今天下午到教育局参加班主任培训，是这样吗？好的，我记住了。谢谢您！再见！

2. 回顾内容。

师：小朋友们，老师刚才接了个电话，听到老师说什么了吗？

3. 现场采访。

（1）模拟采访。师：我们在生活中常常会用打电话的方式和别人沟通。现在老师来当记者，想采访一下小朋友，谁愿意接受老师的采访？

（2）采访情境一。师：请问这位小朋友，你打过电话吗？你都给谁打过电话？你给他打电话的时候解决了什么问题？

（3）采访情境二。师：请问，你想给一个人打电话，却不知道他的电话号码，你会怎么做？

【设计意图】从学生耳熟能详的打电话入手，并由此激发了他们的生活经验，淡化头脑中的课堂和学习意识，把学生带进了交际情境中。

板块二　学习技巧

1. 观看微视频。

首先请看看李中小朋友是怎么打电话的，请你仔细看，认真听哦。

2. 梳理倾听内容。

张阳妈：你好！请问你是谁？

李　中：阿姨，您好！我是张阳的同学李中。请问张阳在家吗？

张阳妈：他在家。你稍等一下，我叫他。

李　中：谢谢！

（1）画出交流内容。师：看了李中打电话的过程，你知道他打电话是为了什么事情吗？请在书中把与事情相关的内容用横线画出来。

（2）梳理交流要点。师：我们打电话的时候，就要像李中和张阳妈一样，说得清清楚楚，别人才能听得明明白白。（板贴：听清楚　说明白）

3. 学习打电话技巧。

张阳妈：你好！请问你是谁？

李　中：阿姨，您好！我是张阳的同学李中。请问张阳在家吗？

张阳妈：他在家。你稍等一下，我叫他。

李　中：谢谢！

（1）标出句子。师：仔细看看他们打电话的内容，除了把事情说清楚以外，还需要说些什么？找出除表述事情以外的语言，用“　　　”标出。

（2）发现特点。师：读读这些画虚线的词语和句子，你发现了什么？

（3）小结技巧。师：我们打电话的时候，不仅要把事情说清楚，还要说清自己是谁，同时用上“您好、谢谢、请”等礼貌用语，让对方感到亲切舒服。（板贴：有礼貌）

【设计意图】任何一种技巧的传授，往往是从示范开始的。模仿是学习者一种非常重要的内在动机。利用微视频示范怎样打电话，恰恰是最有效的指导。

板块三　尝试交际

1. 模拟情境。

师：我们经常要打电话、接电话，比如你生病了要向老师请假。如果是你，你能做到“听清楚、说明白、有礼貌”吗？（大屏幕显示交际要求）

2. 同桌互练。

同桌两个小朋友互相打电话。

3. 展示交际。

（1）第一组展示。师：请第一组展示，其他小朋友当小评委，评一评他们这样打电话行不行。

（2）同学互评。师：从“听清楚、说明白、有礼貌”三个维度进行评价，提出意见。

（3）第二组展示。师：如果你没听清楚对方电话里的内容，该怎么办？

（4）第三组展示。师：相信在生活中打电话时，你们会表现得更棒！

【设计意图】创设极具生活气息的交流情境，融洽交流氛围，引导学生进行文明、和谐的人际沟通和交往，可以提高与他人进行交流的素养。

板块四 拓展交际（一）

1. 布置任务。

（1）出示内容。师：你们表现得真不错！看来大家都会打电话了。今天，音乐老师想请大家帮忙打个电话，你们愿意吗？（出示音乐老师交代的事情：学校要排练一个节目，请舞蹈队的全体同学于明天上午 8：00 到学校集中训练）

（2）引发兴趣。师：咱们班的小朋友们都知道了，左璇小朋友今天没来，左璇家的电话号码是……咱们怎么通知她呢？老师来接这个电话，谁愿意先打这个电话？

2. 情境一：左璇在家。

3. 情境二：打错电话。

4. 情境三：需要别人转告。

5. 小结方法。

师：刚才几位小朋友都打了电话，你们发现有什么不同吗？（引导学生说出打错了电话要说“对不起”，要找的人不在可以请人转告）（屏幕显示）

不小心打错电话……

需要别人转告时……

6. 再次交际。

师：现在请小朋友同桌两个选一种情况进行练习，看哪些同学最会打电话？（生练习，师巡视。两组同学汇报展示）

【设计意图】交际双方就共同的话题进行对话，不断根据对方说的内容随机应变地做出言语回应，提高了学生的应对、应变能力。

板块五　拓展交际（二）

1. 联系生活。

师：打电话不仅可以表达对亲人朋友的问候，帮我们很快解决问题，还可以在关键时刻起作用。比如遇到意外情况，我们可以打紧急救助电话，你知道有哪些吗？在什么情况下打什么电话？

2. 情境模拟。

师：在放学的路上，你发现邻居家的一位老奶奶突然晕倒了，你会怎么做？谁想打这个电话？（指导学生别忘了说清楚地址）

3. 温馨提醒。

师：这些紧急救助电话虽然快捷方便，但不能随便打，否则会给他人的工作带来麻烦和损失。

4. 课堂小结。

师：这是老师的联系电话，以后有什么事，欢迎你们给我打电话。下课后，小朋友们也可以相互留下电话号码，让电话使我们的距离更近，好吗？

【设计意图】这一设计，使“打电话”从小课堂向大课堂延伸，既重视学生在生活中积累运用知识，也注重学生在今后的交际中灵活应用。这样更好地联系学生的生活，拓展了他们的思维，体现口语交际生活化、实用化的特点。

板书设计：

打电话

听清楚　说明白　有礼貌

语文园地五

一、教材解读

语文园地五安排了三个板块内容。第一板块内容是“部首偏旁”。通过本次学习，让学生知道汉字的“部首”的概念，认识几个含“包”字的形似字，让学生在相互对比中对这些字识记得更深，也为以后用部首查字典打下基础。第二板块内容是“日积月累”。安排了几则歇后语，通过读一读、说一说的方式，让学生了解歇后语的使用，养成多积累的好习惯。第三板块内容是“和大人一起读”。安排了一篇有趣的寓言故事《狐狸和乌鸦》，内容生动有趣，适合和大人一起朗读，并在朗读中让学生明白“喜欢听奉承话”容易上当受骗的道理。

1. 部首偏旁。

（1）认识部首偏旁。部首是东汉许慎首创。他在《说文解字》一书中把形旁相同的字归在一起，称为部，每部把共同所从的形旁字列在开头，这个字就称为部首。在这一园地中，第一次以归类的形式学习汉字的部首偏旁。汉字的结构一般是由部首偏旁和基本字组合而成，一年级下学期的学生已经有了一定识字量，部首偏旁能表示汉字的一定内涵，可以帮助学生理解字意，还可以帮助学生分析汉字的结构组成。

（2）学以致用。音序查字法是查字典的重要方法，需要多加练习，熟练掌握。因而，在教学的过程中要让学生多练，在后续的学习中要不断地请字典帮帮忙。正因为出于“练”这一目的，本次查字典的内容安排就凸显了这一特点。

本园地“识字加油站”中，首先呈现给学生的是含有“包”字的几个字，“抱、饱、跑、炮、泡、袍”字的部首都不同，所以也就有了不同的含义。

在“我发现”里面，学生通过阅读发现，“口”字旁的字大多和嘴有关，“⻊”字旁的字大多和脚有关，“扌”旁的字大多和手有关。认识这些部首，学生在碰到不认识的汉字时可以猜测其大概的含义。

在“字词语运用”部分，“青”和“清”，首先让学生根据两个字的部首进行分析，“清”带有“氵”就说明和水有关。这些相关的信息，都应该让学生了解并掌握。最后出示了一道练习题：用音序查字法在字典里找到“溪、解、准、楼、伯”几个字。这样的内容安排就很好地体现了编者意图：让学生在实践中复习音序查字法，并在练习中运用音序查字法，最终达到学以致用。

2. 日积月累。

（1）文体特点。本次“日积月累”安排的是几则歇后语。“小葱拌豆腐——一清二白”，因为小葱拌豆腐是绿色和白色分得清清楚楚，所以拿来做歇后语，指清清楚楚，明明白白。比喻十分清白。“竹篮子打水——一场空”，因为竹篮子没有办法打水，比喻白费力气，没有效果，劳而无功。“芝麻开花——节节高”，因为芝麻总是从下往上开花的，用于形容人们步步高升、生活越过越好之意。“十五个吊桶打水——七上八下”，如果有十五个桶，八个才上来，七个又下去了。比喻一个人的心情非常不安，心里战战兢兢。这些都是我国流传至今的经典表达，学生要慢慢积累，才能学以致用。

（2）文化底蕴。中华文明源远流长，五千年的历史沧桑沉淀、淬炼，凝聚成绝妙的汉语言艺术，其中歇后语以其独特的表现力给人以深思和启迪，流传千古。

歇后语反映了华夏民族特有的风俗传统和民族文化，是品味生活，明晓哲理，提升智慧，也是学生积累的好素材。

（3）日积月累。这是学生第一次接触歇后语。歇后语大多轻松诙谐，学生要注意在日常生活中进行积累，老师也可以鼓励学生根据自己的生活经历，创作歇后语，体验中华语言文化的博大精深。

3. 和大人一起读。

（1）文体特点。这是一篇富有童趣的寓言。寓言这一文学形式，早在我国春秋战国时代就已经盛行，属于民间口头创作。在先秦诸子百家的著作中，经常采用寓言阐明道理，保存了许多当时流行的优秀寓言，比如《揠苗助长》《自相矛盾》《郑人买履》等，中国民间寓言极为丰富。各族人民创作的寓言，多以动物为主人公，利用它们的活动及相互关系投进一种教训或寓意，达到讽喻的目的，反映了劳动人民健康、朴实的思想，闪耀着人民无穷的智慧和高尚的道德光芒。

（2）文化底蕴。故事出自《伊索寓言》，讲述的是一只狐狸用奉承话骗取乌鸦一片肉的故事，说明了“爱听奉承话”容易上当受骗的道理。课文借用狐狸和乌鸦的三次对话，推动了情节的发展，形象生动地表现了狐狸的狡猾和乌鸦的轻信。故事短小，情节简单，学生易于接受；运用拟人的手法，赋予乌鸦和狐狸以人的化身，形象生动，深受学生的喜爱；寓言主题鲜明，寓意深刻，从乌鸦受骗中懂得爱听奉承话容易上当受骗。

（3）亲子阅读。这是一个具有教育意义的故事，编者将这篇课文放在了“和大人一起读”这一栏目里，旨在让爸爸妈妈和孩子一起在阅读的过程中，体会其中的深刻哲理。

二、学习目标

1. 基础目标。

（1）了解汉字的组成等内容，认识部首偏旁。

（2）通过自主练习、合作学习等方式，复习音序查字法，认识歇后语。

（3）通过“日积月累”和“和大人一起读”，培养学生课外积累和阅读的习惯。

2. 特色目标。

（1）通过“日积月累”板块的朗读背诵，激发学生对歇后语的学习热情。

（2）通过师生讨论、生生讨论等方式，激发学生课文阅读的兴趣。

3. 发展目标。

掌握汉字的结构，能够准确地找出汉字的部首，并根据汉字的部首不同，推测汉字的属性。

三、核心内容

项目	具体内容
语言内容	（1）通过对文中歇后语的学习，掌握常见的歇后语的说法和用法，体会歇后语的语言简短、幽默的魅力 （2）通过朗读《狐狸和乌鸦》，能将故事讲给爸爸妈妈听，可以和爸爸妈妈进行角色扮演，丰富自己的言语表达
思维内容	掌握汉字的结构，根据汉字的结构不同，能够找到常见汉字的部首，并根据汉字的部首不同，推测汉字的属性
文化内容	（1）感受歇后语的短小、风趣、形象 （2）体会家人间互帮互助的浓浓情感，培养学生家庭的责任意识
方法内容	能较快辨别汉字的部首

四、学习设计

第一课时

板块一　识字加油站

1. 创设情境，认识“炮”字。

（1）认识“炮”字。师：小朋友们，小亮和小晶两个小朋友约我们一起出去放鞭炮，你们愿意一起去吗？（屏幕显示：放鞭炮图片）认识“炮（pào）”。

（2）看图猜字义。（根据图片结合“炮”字猜一猜意思）师：小朋友们，我们来猜一猜，这个字是什么意思？

（3）小结识字方法。师：你看，我们根据偏旁就可以初步猜出汉字的意思。（板书：有火放鞭炮）

2. 学习儿歌，认识形似字。

（1）朗读儿歌。师：小朋友们，“炮”字原来有那么多的好朋友，让我们一起去认识它们吧！（学生借助拼音自由朗读儿歌）

（2）交流识字方法。（教师范读，依句指导学生朗读。认识“饱、泡、跑、抱、袍”等字）师：小朋友们，你们看，这些都是“炮”的好朋友，它们长得多像啊，那我们该用什么好方法记住它们呢？

（3）了解形声字特点。师：我们可以根据儿歌记生字，从而发现：“跑、泡、饱、抱”的字义跟形旁“足、水、食、手”有关，音节都是“bao”，跟声旁“包”有关，这类字我们称之为“形声字”。我们的汉字中有许多像前面那样的形声字。利用“形声结合”的方法，我们将能很容易地认识更多的汉字。

3. 引入游戏，趣味识字。

（1）点鞭炮游戏。师：小朋友们，我们一起来玩点鞭炮吧！（出示：饭、能、茶、轻、鞭）

（2）理解词义。（结合前面学过的字词与书上的插图，联系生活实际理解词语）师：小朋友们，我们也像书本上一样来编一编儿歌吧！

（出示如：有足快快跑，有水把茶泡，有饭能吃饱，有衣穿长袍，有木长桃子，有足把脚跳，快走能逃跑，有手把衣挑……）

【设计意图】字义的理解和字形的识记相结合，可以让学生进行有意记忆，提高记忆的精确度。这也体现了形声字形表义、声表形的特点。这样的学习让学生潜移默化地领悟了形声字的特点，给学生提供了丰富的语言材料，让学生在具体的语言环境中理解词义。

板块二　我的发现

1. 复习总结。

师：小朋友们，我们的汉字文化博大精深。刚刚我们发现了可以从字的偏旁中了解字的意思。

2. 探索同偏旁字的奥秘。

师：小朋友们，我们既然已经发现了有些字的偏旁与字义有关的奥秘，那就跟老师一起去探索更多的汉字奥秘吧！

（1）认读生字。（出示汉字乐园 PPT，创设情境）

吃　叫　吹　咬　　提　拔　捉　拍　　跑　跳　踢　踩

师：小朋友们，谁带着我们来读一读这些字呢？（小老师带读，指名读，开小火车读，做动作读）

（2）发现特点。师：小朋友们，我们刚刚边读生字边做动作多有意思啊，我还有一个神奇的发现呢！你们有什么发现？

（3）小结特点。（PPT 出示课本中的提示：口字旁的字大多和嘴有关。学生聊一聊自己的发现）生：我发现了，提手旁的字大多和手有关；足字旁的字大多和脚有关。

3. 延伸拓展。

（1）小小搜索家。师：小朋友们，我们来当个小小搜索家，搜一搜我们的小脑瓜里还有没有这三种偏旁的字，把它写在书本上这四个字的后面排个队伍吧！

（2）学生练写。学生写字，教师巡视指导。

（3）同偏旁字比赛。师：小朋友们，我们一起来给这三个偏旁排排队吧，看看哪个偏旁的队伍排得最长。

（4）其他偏旁字归类。师：小朋友们，让我们也来当一当小编辑，你还知道哪些同偏旁的字？这类字又和什么有关呢？

【设计意图】首先，创设情境，引入同偏旁字，引导学生发现偏旁和字义的关系。其次，激发学生的比赛兴致，在“玩”中认识更多同偏旁的字，也为以后学生见到这类偏旁字时，为理解字义奠定基础。

板块三　字词句运用

1. 创设情境，区分字义。

（1）完成习题一。师：小朋友们，接下来我们要去郊外散散心了。（出示青山清泉图，结合图，区分字：青、清）这两个字该分别去哪个空格中呢？

远处有（　　）山，近处有（　　）泉。

（2）理解字义。师：“青”表示颜色，“清”的偏旁是三点水，表示跟水有关。

（3）拓展练习。（出示）妈妈用（　　）水洗一件（　　）色的衣服。

（4）完成习题二。（出示放学师生道别图，区分：再、在）师：“在”表示在哪里；“再”表示第二次，再次。小朋友，请独立完成。

放学了，大家（　　）教室门口和老师说（　　）见。

2. 板块小结。

师：小朋友们，我们可以根据字的部首来判断字义，根据字义来确定在什么时候用哪个字。

【设计意图】用图片引入情境的方式，能够加深学生对字义理解的印象。

第二课时

板块一　比比谁最快

1. 复习拼音。

师：我们之前学习了音序查字法，你们还记得是怎么查的吗？

（1）重读汉字拼音字母表。

（2）背诵音序查字法口诀。

2. 实践操作。

师：小朋友们，现在我们要举行一个有趣的比赛，比比谁最快。

（1）第一关：我说你来做。

师：小朋友们，准备好了吗？（教师报字典页数，学生快速翻到那一页。独立完成—同桌检查—探究快速查字的奥秘）

（2）第二关：根据拼音查字比赛。

独立完成，将字的页数写在对应字的下面。同桌检查。集体讲评。

（3）第三关：我的名字在第几页？

师：小朋友们，你们想知道自己的名字在字典的第几页吗？首先，我们要标出自己名字的拼音，再根据音序查字法查一查。

3. 学习小结。

师：小朋友们，字典是我们的小老师、好伙伴，我们读课文遇到困难了，就要请它帮忙噢！

【设计意图】学习的最终目的是学以致用。安排这一环节查一查自己的名字在字典的第几页，既激起学生的实践兴趣，又能巩固音序查字典的方法。

板块二　日积月累

1. 初识歇后语。

师：小朋友们，今天我们要学习一组特别有趣的搭配，这类搭配叫做——歇后语。（板书）

2. 初读歇后语。

（1）自由朗读。师：请小朋友自由读一读，遇到不认识的字，借助“拼音宝宝”。

（2）同桌互读。师：同桌读给同桌听，若同桌有读错的，帮一帮；若同桌读得特别好的，赞一赞。

（3）个体朗读。师：（请几位小朋友试读，重点正音）“葱、清、青、场、桶、上”等字是后鼻音，“竹、水、场、芝、十”等字是翘舌音。

（4）教师范读，集体练读。

3. 前后联系。

师：歇后语前后用“——”分开，前面的“引子”像谜语，后面的“后衬”像谜底。还有一些是运用谐音，如：一清（青）二白。

4. 多种形式朗读。

（1）师生合作。师：小朋友们，我们合作来读一读，老师读前面，你们对出后面的。

小葱拌豆腐——

竹篮子打水——

芝麻开花——

十五个吊桶打水——

（2）同桌对读。

（3）集体背诵。

5. 顺势小结。

师：小朋友们，像这样有意思的歇后语还有许许多多，我们要学会多积累。

【设计意图】“日积月累”板块重在让学生背诵。本环节通过多种形式朗读，让学生在趣味中背诵和积累。

第三课时

板块一　谈话导课

1. 提出话题。

师：小朋友们，你们喜欢小动物吗？聊一聊，你们喜欢的小动物是什么样的？

（1）聊一聊。同桌间相互说一说，和爸爸妈妈一起说一说，个别展示说。目的不在于说得有多好，只是通过这种方式激起学生的兴趣，鼓励他们多说。

（2）聊中探性格。师：小朋友们，咱们和爸爸妈妈一起评一评同桌讲的小动物吧！（此环节由爸爸妈妈引导孩子对同桌的介绍做出相应的评价，如：小猫咪很温柔，小狗狗很可爱，大狗狗很忠心，等等）

2. 出示故事。

（1）引出故事。师：小朋友们，今天老师也要介绍两只小动物给你们，它们之间发生了一件特别有趣的事情呢！（板书：《狐狸和乌鸦》）

（2）自由练读。师：它们之间发生了什么有趣的事情呢？请小朋友和爸爸妈妈一起读一读，遇到不认识的字，借助“拼音宝宝”，力求把故事读正确。

（3）分段朗读。请六位小朋友分段读这个故事，相机正音。

（4）教师范读。

3. 再次练读。

（1）自由练读。师：小朋友们，让我们再自由地练习读一遍，想一想，这个故事讲了狐狸和乌鸦之间发生了什么有趣的事呢？

（2）汇报交流。师：狐狸骗了乌鸦嘴里的肉。（板书：肉）

【设计意图】从聊身边的小动物开始，再到读文中的故事，体会不同动物的特点。

板块二　出谋划策

1. 整理故事。

师：小朋友，这个故事讲了狐狸骗了乌鸦嘴里的肉，那狐狸是用了什么方法把肉骗到手的呢？

（1）读书画句。师：请你们和爸爸妈妈再读一读这个故事，画出狐狸是怎么骗乌鸦的。

（2）集体交流。根据学生的汇报形成如下板书。

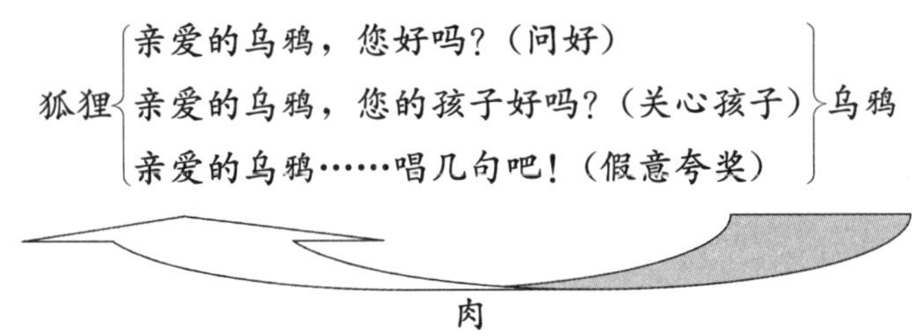

2. 了解狐狸。

师：小朋友们，说着说着，你们觉得狐狸是一种怎样的动物？从哪儿看出来的？（有礼貌/聪明/机智/狡猾）

3. 猜测。

师：乌鸦嘴里的肉也许是给谁吃的？（它的孩子）

4. 说话练习。

师：平时爸爸妈妈是不是也像乌鸦妈妈一样关爱你们？

5. 课中休息。（播放音乐《小乌鸦爱妈妈》）

6. 情感升华。

师：乌鸦妈妈爱宝宝，乌鸦宝宝爱妈妈。看，你们觉得狐狸很有礼貌，可是他的有礼貌都是为了骗取乌鸦嘴里的肉。你还觉得狐狸聪明、机智吗？

师：这么狡猾的狐狸，你觉得他还会用什么话来骗乌鸦嘴里的肉呢？我们快帮乌鸦出谋划策，他应该怎么办？（同桌分角色，各自出谋划策；学生和父母分角色朗读）

【设计意图】要让学生喜欢读故事，必先激起他们阅读的欲望。本环节，让学生体会狐狸的狡猾、乌鸦的爱听好话，并为相应的角色出谋划策。这样一来，读故事就有情境感和对象感，读书的趣味也就浓了。

板块三　总结分享

1. 体会寓意。

师：小朋友，读了这个故事你明白了什么？不能阿谀奉承干坏事，也不能听信谗言。

2. 分享故事。

师：小朋友们，我们的这个故事这么有趣，回家讲给家人听，一定非常有意思。

3. 介绍书籍。

师：小朋友，《狐狸和乌鸦》这个故事出自《伊索寓言》这本书。这本书里，还有许许多多关于小动物的有趣的故事。回家和爸爸妈妈一起看《伊索寓言》吧！

【设计意图】读书习惯的养成并非一朝一夕，而在于长期坚持。从学生喜爱看的书籍入手，此环节的目的就是激起学生对《伊索寓言》的阅读兴趣，养成阅读故事的好习惯。

板书设计：

狐狸和乌鸦

狐狸
- 亲爱的乌鸦，您好吗？（问好）
- 亲爱的乌鸦，您的孩子好吗？（关心孩子）
- 亲爱的乌鸦……唱几句吧！（假意夸奖）

乌鸦

阿谀奉承　　肉　　听信谗言

第六单元 课文（四）

本单元围绕亲近大自然这一主题，安排了《古诗两首》《荷叶圆圆》《要下雨了》三篇课文和一个语文园地。从人文角度看，《池上》呈现了在池塘上的一幅幅动感画面，彰显童真童趣；《小池》以清新活泼的语言描写了初夏荷花池的美丽景色，表现了诗人对自然景物由衷的热爱；《荷叶圆圆》用轻快活泼的笔触，展现了一个充满童趣的夏天；《要下雨了》在童话故事中蕴含自然知识，从而引导学生学会观察大自然。从语文要素看，本单元的三篇课文分别属于诗歌、散文诗、童话文体。这些都是提升学生朗读水平的极好素材，可以有机地渗透节律朗读、情韵朗读、吟诵等多种形式的朗读方法。

12　古诗二首

一、文本解读

1. 文体特点。

《古诗二首》由《池上》《小池》两首富有情趣的古诗组成。

诗起源于劳动，是最早出现的文学样式。古诗多四言，东汉魏晋以后，各种诗体始趋于完备，按体裁可分为古体诗和近体诗两种。古体诗又称古诗或古风，形式比较自由，一般不受格律束缚，句式也有长有短，四、五、六、七言及七言以上的杂言都有。近体诗对押韵、平仄、对仗都有严格的要求，一般只押平声，每篇必须对仗，平仄须符合一定的格式，字数也有严格的限制。近体诗分为律诗和绝句。律诗又分五言律、六言律、七言律、五言排律、七言排律以及三部律诗等，绝句则分五言绝句、六言绝句和七言绝句。

《池上》以活泼朴实的白描手法细腻传神地刻画出一个天真可爱的“偷采白莲”的乡村小娃，小娃天真无邪的形象在诗人的笔下显得栩栩如生，仿佛呼之欲出。

《小池》这首诗中，诗人以清新活泼的语言描写了初夏荷花池的美丽景色，表现了诗人对自然景物由衷的热爱。同时，通过对“涓涓细流、浓密树荫，清澈的水面、初露尖角的小荷、停落的蜻蜓”这些景物的描写，形象地勾画出一幅初夏荷花池的风景画。特别是“惜、爱、露、立”几个动词的巧妙运用，使这优美、宁静的画面充满了生机。

2. 文化底蕴。

《池上》给我们呈现了在池塘上的一幅幅动感画面，一个顽皮的孩子背着父母，偷偷地到池塘里去采摘心仪已久的莲蓬，然后兴高采烈地回来了。这首诗好比一组镜头，摄下一个小孩儿偷采白莲的情景。从诗的小主人公撑船进入画面，到他离去只留下被划开的一片浮萍，有景有色，有行动描写，有心理刻画，细致逼真，富有情趣。而这个小主人公的天真幼稚、活泼淘气的可爱形象，也就栩栩如生，跃然纸上了。

《小池》这首诗抒发了作者热爱生活之情，通过对“小池中的泉水、树荫、小荷、蜻蜓”的描写，给我们描绘出一幅具有无限生命力的朴素、自然，而又充满生活情趣的生动画面。全诗从“小”处着眼，生动、细致地描摹出初夏小池中生动的富于生命和动态感的新景象，用来形容初露头角的新人。

3. 语言表达。

（1）汉字。本课要求会认“浮、流、踪”等十二个生字。其中“浮、流”与水相关，“踪”与足迹相关，“荷、萍”与植物相关。

小篆 隶书 楷体 踪（zōng）

人过留名，雁过留声，每一个生命都会在世界上留下曾来过的踪迹。

“踪”字本义为足迹，是一个形声字。左边为“足”，其古文字形上边为“口”，表示膝盖；下边为“止”，指脚趾。右边为“宗”，可表示字音，同时“宗”有“往、去”的意思，这里是说去往一个地方一定会留有足迹。后来“踪”泛指各种事物留下的痕迹。此外，这个字还可用作动词，意思是追随，如“踪行”就是跟着走的意思。

会写七个生字。其中“首、采、爱、尖”为上下结构的字，“无、角”为独体字，“树”为左中右结构的字。

（2）特殊的语言表达现象。《池上》《小池》皆为七言绝句。七言绝句是绝句的一种，属于近体诗范畴。每句七个字的绝句即是七言绝句。一般而言，第一、

二、四句平声同韵，第三句仄声不同韵。第二、四句倒数第三字通常为仄音，整首诗的意境高，文辞雅，寓意深。从意脉与语序的角度分析，“浮萍一道开”的正常语序应是“一道浮萍开”，但是语序的调整使得整个诗句具有动感，读词句，眼前似乎能出现一道水痕由远及近的画面。

（3）朗读指导。对于一年级的学生来说，古诗朗读的要求便是要把它读正确，读出古诗特有的味道。要读出诗味首先要把握好节奏以及停顿，如：泉眼/无声/惜细流，树阴/照水/爱晴柔；其次是抓住字词带上理解读；最后结合多种形式的诵读配合范读，让学生的朗读水到渠成。

二、学习目标

1. 基础目标。

认识“首、踪、迹”等十二个生字；会写“首、无、爱”等七个生字；能正确、流利地吟诵故事，并能理解诗句的内容，用自己的话说出诗中描写的情景。

2. 特色目标。

指导学生根据诗句想象美景，培养学生的想象能力，激发学生热爱美好事物的情趣；在理解的基础上，结合诗句展开想象，体会童真童趣。

3. 发展目标。

品味古诗语言，抓词语感受诗人炼字之妙，改编古诗。

三、核心内容

项目	具体内容
语言内容	认读十二个生字；会写七个生字；理解诗句的内容，能用自己的话说出诗中描写的情景
思维内容	在理解的基础上，结合诗句展开想象，体会童真童趣
文化内容	指导学生根据诗句想象美景，培养学生的想象能力，激发学生热爱美好事物的情趣
方法内容	朗读课文，背诵课文。品味古诗语言，抓词语感受诗人炼字之妙，改编古诗

四、学习设计

第一课时

板块一　初读古诗

1. 激趣导入。

师：唐朝著名的诗人不少，但你知道写诗最多的是谁吗？他就是白居易。他一生写了 3000 多首诗。有一次他到荷塘边游玩，不经意间发现了一件非常有趣的事，于是白居易一时兴起，写下了一首千古传诵的好诗，它就是今天我们要学习的《池上》。

2. 初读古诗。

师：请同学们打开书本第 67 页，自由读读古诗。

【设计意图】简单的几句话介绍了白居易以及《池上》的由来，激发学生学习的兴趣。

板块二 整体感知

1. 简介诗风。

师：白居易 16 岁时，已经写出了不少可以传世的好诗，他的诗人人都听得懂，都会读。《池上》这首诗也非常容易读，愿意自己把它读通读懂吗？

2. 通读全诗。

(1) 通读全诗。师：请小朋友们通读全诗，在难读的字下面做上记号。

(2) 攻破难句。“不解藏踪迹，浮萍一道开。”

(教师范读，学生指读)

3. 同伴互助。

师：把你认为难读的字告诉同桌，请他教你读。你认为哪些字难读，能提醒一下同学们吗？（“撑”“艇”“萍”都是后鼻韵）

(懂得互助，学会感谢)

4. 学生范读。

(1) 范读。读得好的同学进行范读。

(2) 评议。范读后师生评议。

5. 指导写字。

(1) 字理识字。师：采，甲骨文=（爪：用手摘）+（果树），表示摘果。(课件出示“采”的演变)

甲骨文　金文　篆文　采 楷书

(2) 强调写法。师：爪子头，小撇平短；下边两点和短撇依次排开，中点居中，藏于撇下；左点右撇呼应，散在撇外。

(3) 学生观察字形，教师范写。

（4）学生练写，展评再练。

6. 齐读全诗。

【设计意图】本首诗的前两句不难，后两句对于一年级的学生来说有难度。通过教师范读、学生指读、同伴互助等方式的诵读，真正把难点攻破。同时，此环节的字理识字，既让课堂充满趣味，又让识字落到实处。

板块三　吟诗炼字

1. 前两行——小娃偷采莲。

（1）出示荷塘图。师：老师这里有几张荷塘的照片，同学们想看吗？（投影图片）

（2）谈话交流。师：小朋友们，这样的荷塘美吗？你最想做什么呢？

（3）理解诗意。

①理解“撑、艇”。师：诗中的小娃在干什么？你从哪个词语中看出来的？请理解“撑、艇”的意思并组词。

②理解“偷采白莲”。师：小娃为什么偷采白莲？从偷采白莲你想到了什么？碧绿的荷叶，映着雪白的荷花，实在太美啦！小孩忍不住喜爱之情才去偷采白莲。小孩担心别人不让采，就悄悄地采。看出小孩很顽皮……

（“偷”，结合自己小时候“偷偷”做的一些小恶作剧和顽皮之事，和诗中的小娃产生共鸣，体会孩子的无邪、可爱、纯真与童年的快乐、无忧、自由）

③理解前两行。师：能用自己的话说一说这两行诗的意思吗？

（4）情韵朗读。师：此时，你是小娃，心情会怎样？请有感情地朗读这两句诗。

2. 后两行——景美童心纯。

（1）理解诗意。师：小娃偷采白莲不会被发现吗？（课件展示）“不解藏踪迹，浮萍一道开。”

①理解词义。师：你读懂了什么？浮萍大家见过吗？一起看一下。（出示课件）

②启发想象。师：看到挨挨挤挤的满池浮萍你会怎么想？谁愿意带着这种着急、担心的心情读读这两句。

③情韵朗读。师：小娃想到这些了吗？为什么？那让我们高高兴兴地读读这两句诗。

小娃哪里知道，小船一路划开的一道浮萍已经暴露了他的“偷采”。只是小娃采到白莲后，高兴得忘了藏踪迹，不知道罢了。

④体会情意。师：你觉得这是个怎样的小娃，从哪个词语可以看出？（天真、可爱）

（2）描述诗意。师：请同学们用自己的话描述后两行诗的意思。

【设计意图】此环节加入了生活经验感悟，从古诗走近生活，使得诗文变得亲切，学习理解便水到渠成了。

板块四　背诵感悟

1. 练习背诵。

先自己练习，后指名背诗。

2. 分享感受。

师：读了这首诗，你的感受和体验最深的是什么？愿意跟大家一起分享吗？

3. 重点引导。

（对照板书："偷采白莲回""不解藏踪迹"等）教师引导学生体会诗歌描写了一位天真机灵、调皮可爱的小娃形象，通过他的动作、细节，表现了纯真美好的童趣。

【设计意图】所有的学习都是为了实际运用，此环节的分享既训练了学生的语言表达，又再现了童趣画面。

板块五　改编古诗

1. 分享儿童诗。

师：你还积累了哪些描写儿童的古诗呢？读给大家听一听。

2. 改编古诗。

师：小朋友们，你们能将这首优美的古诗改编成动人的故事吗？

3. 交流反馈。

【设计意图】此环节的设计旨在培养学生的想象力和创新能力。希望学生通过改变古诗，加深对本首诗的理解，走近诗人内心。

板书设计：

12 **池　上**

偷采　白莲回（天真可爱）

不解　浮萍开（童真童趣）

第二课时

板块一　以诗引诗

1. 谈话导入。

师：小朋友们，伴着春风，和着细雨，春姑娘来了。她吹红了桃花，点绿了柳树，大地立刻成了一幅五彩的画。有多少诗人用他手中的笔，写下了许多赞美春天的诗。

2. 吟咏春天。

师：现在我们来背背赞美春天的古诗。（学生背诵春天的诗，复习上节课的《咏柳》）

3. 看图激趣。

（出示配乐课件：夏天情趣图）师：你看到了什么，先一个一个说，再连起来说一说。（师引导学生说出：小荷花池、泉眼、树荫、几片生机盎然的荷叶、几只小小的蜻蜓）

4. 揭示课题。

师：是呀，大自然是那么美好，万物是那么和谐。南宋诗人杨万里用一首小诗描绘了他见到的这个初夏的荷花池，今天我们一起来学习。

板书课题：小　池

杨万里

（教师强调“池”是翘舌音，小池就是刚才课件中的荷花池）

5. 走近作者。

指名介绍自己所了解的作者情况，教师补充。

【设计意图】由复习描写春天的诗自然过渡到这节要学习的描写夏天的诗，通过语言上的惯性，保持浓郁的诗意氛围，激发学生学古诗的兴趣。

板块二　初读古诗

1. 自由读诗。

师：诗人是怎么描写这么美的小池的呢？大家自己去读读诗吧，不认识的字，请“拼音朋友”帮帮忙。

2. 认读生字。

出示生字卡片，学生“开火车”读，以此检查自读及识字情况。

重点指导：惜，xī，11 笔，左右结构，左边竖心旁，右边昔字边；照，zhào，

13笔，上下结构，下边是四点水，注意读准翘舌音；柔，róu，9笔，上下结构，上边是矛字头，下边是木字底，注意上边“矛”的写法。

3. 指名读诗。

指名读全诗，评价正误和语速是否适度。

4. 全班齐读。

【设计意图】本课要求识记的字词不多，但依然是重点，是学文的基础。抓有特点的字进行重点指导，有所侧重，懂得取舍。

板块三　深入体会

1. 描述景物。

师：（引导学生边看画面边读）请小朋友们说说诗中描写了哪些景物，在诗中找出来。（生：泉眼、树荫、小荷、蜻蜓）（教师板书：“泉眼无声溪细流，树荫照水爱晴柔”）

2. 学习一、二行。

（1）理解诗意。师：（指名读诗的一、二句，引导质疑）泉眼的水是怎样流的？“惜”是什么意思？谁舍不得谁？“爱晴柔”又怎样理解？谁能说说这行诗的意思？

（2）指导朗读。“一道细流缓缓从泉眼中流出，没有一点声音；池畔的绿树在斜阳的照射下，将树荫投入水中，忽明忽暗，清晰可见。”师：这么宁静的景色，我们该怎么读呢？（声音要轻柔、甜美、速度稍慢，读中饱含“舍不得”）

3. 学习三、四行。

（1）教师范读。（演示课件）“小荷才露尖尖角，早有蜻蜓立上头。”

（2）交流体会。师：作者是怎样描写“小荷”和“蜻蜓”的？荷叶刚露出什么？蜻蜓就怎样？如果它们会说话，会说什么？

（3）研读诗眼。师：“早”和“才”诗人用得非常准确、生动。有了这两个字，我们读这两行诗时，眼前仿佛看见了什么？

（4）朗读指导。师：多么细小而有趣的大自然的片断，竟然被细心的诗人观察到了。如果你是诗人杨万里，此时你会怎样来吟诵“小荷才露尖尖角，早有蜻蜓立上头”呢？

4. 尝试背诵。

师：是啊，清清的泉水，茂密的大树，娇嫩的荷叶，可爱的蜻蜓，构成了小池优美的风景。难怪诗人要把这小池写下来，这里真是太美啦！全班有感情地朗读全诗并尝试背诵。

【设计意图】借助生动的画面，捕捉关键的字词，引导学生理解，让重点突出，使难点分散，诗意自然平铺于学生面前。

板块四　拓展延伸

1. 拓展延伸。

师：小荷渐渐长大，想知道它们在盛夏时节的美景吗？（出示满池的荷花的画面及《晓出净慈寺送林子方》）

2. 激发情感。

师：小池只是大自然中的一个非常非常小的部分，大自然中还有更多美丽的景色呢，这些美景正等待着小朋友去发现、去观赏、去赞美！

【设计意图】感受杨万里的又一首描写盛夏荷花的诗，与本文辉映，增强学生对古诗学习的兴趣，也增加学生对古诗的积累，使学生感受大自然的美好，进而更加热爱生活，陶冶情操。

板块五：写字指导

1. 字理识字。

爱，金文=（欠：一个人张着嘴巴）表示呵气或喃喃倾诉，+（心：同情、疼惜），表示疼惜、倾诉。有的金文加手形，像一个喃喃倾诉的人伸出手捧着自己的心，表示将对方放在心上。

金文　小篆　愛 隶书　愛 楷书　爱 简化字

2. 书写指导。

（1）重点笔画指导。根据上节课书写“采”字的写法规则，强调“爱”的写法。

（2）教师范写。

（3）学生练写。

【设计意图】结合上节课写法规则，在本节课进行了渗透和巩固，真正做到了课有所得。

13 荷叶圆圆

一、文本解读

1. 文体特点。

《荷叶圆圆》是一篇轻快活泼的散文诗。诗中描写了荷叶圆圆的，荷叶绿绿的，荷叶是夏天的一首清凉的小诗，荷叶是阳光下跳动的绿色音符。小水珠喜欢荷叶，小蜻蜓喜欢荷叶，小青蛙喜欢荷叶，小鱼儿喜欢荷叶。

散文诗，是介于散文与诗之间的一种文体，是诗的散文，散文中的诗。散文诗兼有散文和诗歌的特点。它的第一个特点是篇幅短小，不分行，不押韵，但具有浓郁的抒情色彩，充满诗的意境，有内在的音乐美和节奏感。第二个特点是内容的跳跃性，以凝练的语言营造诗情画意。第三个特点是多用象征、暗示等手法扩大内容和容量。

散文诗比散文“内容更精辟，诗情更浓烈，篇幅更短小，语言更优美，意境更深远”；它比诗歌“表现更自由，思维更活泼，联想更丰富，舒展更自如，情感更和谐”。

2. 文化底蕴。

在这篇轻快活泼的散文诗里，要让孩子能感受充满童趣的夏天，去触摸生机勃勃的荷叶，去体会小水珠、小蜻蜓、小青蛙和小鱼儿们快乐的心情。诗中运用比喻的手法形象地写出了荷叶是小水珠的摇篮，是小蜻蜓的停机坪，是小青蛙的歌台，是小鱼儿的凉伞。课文语言清新淡雅，充满童真童趣，利于启迪学生智慧，丰富内心体验，激发他们的想象。

本文对荷叶的美极尽描述，“圆圆的”“绿绿的”写出了荷叶的美，“摇篮”“停机坪”“歌台”“凉伞”等词表现了荷叶的可爱及用处。除了荷叶，文中眨着亮晶晶眼睛的小水珠，展开透明翅膀的小蜻蜓，呱呱放声歌唱的小青蛙，游来游去的小鱼儿都无不向我们展示了大自然独有的魅力：神奇、美丽、可爱。

除了上面提到的大量优美语句值得体味和感悟外，课题《荷叶圆圆》也不容忽视。在“荷叶”后加个“圆圆”，这就让我们感受到了荷叶的可爱、圆润。文章在描绘美景的过程中，还传递着许多美好的情感，这种情感也许是大自然天然融合的意境，也许是人与自然的和谐相处，也许是人与人之间的人际关系。更为可贵的是，荷叶的奉献精神，它做小水珠的摇篮，做小蜻蜓的停机坪，做小青蛙的歌台，做小鱼儿的凉伞。

3. 语言表达。

（1）汉字。本课要求会认的十二个生字中，有不少生字是可以根据形旁进行识字，如：王字旁跟珠宝玉器有关（珠），提手旁跟手的动作有关（摇），月字旁跟身体有关（膀）。还有些生字可以通过编儿歌进行识字，如：人来小亭边（停），月亮在旁边（膀），三个太阳在一起（晶）等。本课还有两个新偏旁要进行强调，“躺”的“身”表意，像人侧面站立，挺着肚子；“翅”的“支”表声。

本课有七个要求会写的字，其中四个上下结构的字“亮、台、朵、美”，两个左右结构的字“放、机”和一个独体字“鱼”。“朵、机”的区别点在于：“朵”字上面不是“几”是横折弯，而“机”的第二笔是横折弯钩；“亮”字书写时，指导的重点应放在横钩和横折弯钩上；“美”字要先写秃尾巴羊，再写“大”字。

（2）词语。叠词的使用。第一小节叠词的使用，使语言特别符合孩子的语言习惯，我们读着读着，仿佛看到小朋友站在荷塘边上，惊喜地发现荷叶的特点是圆圆的、绿绿的。教学中要引导学生发现这个语言特点，并加以积累运用。

动词的使用。四个小节中动词的使用非常准确形象，且符合四种动物的生理特点，小水珠圆溜溜的一团，说它是“躺”着，特别形象。小蜻蜓展开翅膀，细细的腿“立”在荷叶上是最准确不过了。小青蛙为什么是“蹲”呢？它鼓着大肚皮，四条腿老粗老粗的，怎么也伸不直，当然只能是蹲了。小鱼儿的动作是“游”，学生比较容易理解。

（3）句式。后面四个小节句式相同，都由两个句子组成。前句都说荷叶是我的什么，后句都是相应小动物的动作。通过分析，我们可以发现，两个句子的组合不是随意的，而是比较严谨的。

（4）特殊的语言表达现象。语言的变式。中间三个小节的第二句话，都是动词加上“荷叶上”，然后接上一个短语，可是最后一个小节发生了变化，把动词放在了荷叶的后面，后面跟着的短句就比前面的长了些。这样的变化使得语言富有节奏感，又避免了审美疲劳。

（5）朗读指导。《荷叶圆圆》是一首轻松活泼的散文诗，结构清晰，语言清新淡雅、简洁明快，并且充满童真童趣，是进行朗读指导、培养语感的优质资源。课堂中，应该让学生自己去发现语言文字的美，结合情景对话读、想象读、表演读等方式充分地读，在读中去体会。

二、学习目标

1. 基础目标。

能用自己喜欢的方法，自主认识本课十二个生字，激发主动识字的兴趣；会正确书写“亮、朵”等七个生字；正确流利地朗读课文，感受夏日荷塘物与自然的和谐美，产生对大自然对美的向往。

2. 特色目标。

正确流利有感情地朗读课文，积累部分语言；在优美的童话情境中展开想象，用表演给课文增加情节，感受课文中所蕴含的童趣。

3. 发展目标。

在朗读中，感受小水珠、小蜻蜓、小青蛙、小鱼儿的快乐心情；发挥想象，深入理解课文内容；感受夏天的美好，激发对美的向往。

三、核心内容

项目	具体内容
语言内容	识记本课的十二个生字；写七个生字；积累部分语言
思维内容	感受、体验生活的童真、童趣；激发对大自然的喜爱之情
文化内容	体会小水珠、小蜻蜓、小青蛙、小鱼儿的快乐心情；发挥想象，深入理解课文内容；感受夏天的美好，激发出对美的向往
方法内容	在优美的童话情境中展开想象，用表演给课文增加情节，体会课文中所蕴含的童趣

四、学习设计

第一课时

板块一　多元描述

1. 谈话导入。

（师板画荷叶，生观察）师：说说你觉得这是一张怎样的荷叶。（通过荷叶的颜色、形状、大小进行小结归纳）

2. 齐读词语。

师：这片荷叶已经长到了你们的心里。看来，小朋友们都挺喜欢它的，要不，带着你们的喜欢咱们一起来读一读。（齐读：荷叶）

3. 板书课题。

师：又大又绿的叶子，在生活中我们经常能见到。可是这么圆的叶子还真少见。所以有人啊，就写了一篇课文，叫《荷叶圆圆》。会学习的小朋友，在老师的身后，可以用他的小手跟着老师一起写课题。（师板书课题：荷叶圆圆。强调“圆圆”的读法）

【设计意图】给学生一个平台，就能发展他们的思维，锻炼他们的口语交际。此环节的导入让学生进行多元描述，训练了学生的表达能力。

板块二　细读交流

1. 自由读。

请小朋友努力地把课文读正确，并找一找课文中的哪些小动物喜欢圆圆的荷叶。

2. 交流汇报。

根据学生的汇报板贴：小蜻蜓、小青蛙、小水珠、小鱼儿。

3. 朗读及互助。

（找到小动物相对应的小节，先自由读，再同桌互读）

师：如果你读得好，同桌给你跷一个大拇指，如果哪里读错了，请你的同桌好好地给你提上一点建议。（互助、点赞）

4. 分享读。

师：这节课我们先来分享描写小青蛙和小鱼儿的段落。

（1）走近小青蛙。

①朗读句子。指名读句子“小青蛙说：‘荷叶是我的歌台。’小青蛙蹲在荷叶上，呱呱地放声歌唱”。师：（提问）你见过青蛙吗？青蛙的歌声是怎么样的？（生齐答：呱呱）

②随文识字“放”，并进行书写指导，强调左“方”的横折钩，以及右边反文旁的写法。

③指导朗读。师：我们不仅关注到了荷叶的形状，还关注到了它的颜色，小青蛙的心情真的是很好，因为啊，它把圆圆的荷叶当成了自己的歌台。我们一起拿起书，也来感受一下这份好心情吧。小青蛙说：“……”一起读。（生齐读）

④情境模拟读。模仿青蛙的样子读，同时随机识字“唱”。

（2）迁移学习。

①走近小鱼儿。师：瞧，嘹亮的青蛙的歌声还引来了小鱼儿，它是怎么喜欢荷叶的呢？谁来试试？（指名读“小鱼儿说：‘荷叶是我的凉伞。’”）

②随文识字“朵”。介绍识记的好方法。

③朗读指导。情境读，表演读。

【设计意图】教是为了不教。本环节通过多种形式的朗读，让学生感受夏天的美好，激发对美的向往。同时迁移学法，让学生通过学习掌握方法，能够触类旁通。

板块三 书写指导

1. 字理识字“美”。

在造字时代，羊常用于祭祀，因而“羊”具有“祥”的含义。（出示“美”字的演变）仔细观察字的构成，所谓“羊大为美”。美，甲骨文=（羊，祥）+（大，人），表示人的神情安详。造字本义：古代修养深厚的高人所表现的安详、和平。在造字时代的古人眼里，安详、宁静的人最“美”（参见“静”）。金文将甲骨文的写成。篆文基本承续金文字形，将金文的写成。隶书误将篆文的“大”写成“火”。古人认为，祥人为“美”，祥战为“义”。

甲骨文　金文　篆文　美 楷书

2. 多形式识记。

①猜谜。羊儿掉尾巴，大字来顶替。

②拆字。上面是羊，下面是大。

3. 书写指导。

①强调注意点：四条横间距一样，第二横最短，第三横最长。

②教师范写，生书空后练写。

③展评后修改练写。

4. 书写方法迁移。

根据“美”字的方法指导规律，进行其余字的书写练习。

5. 课堂总结。

师：这节课我们通过表演、情境朗读学习了小青蛙、小鱼儿与荷叶之间的互动，可真有趣。下节课让我们继续学习描写“小水珠”和“小蜻蜓”的段落。

【设计意图】低年级的识字、书写指导要避免枯燥，多种形式的识字再结合字理教学，让学生学得快乐且有法可循。同时，在书写指导环节，除了要引导学生写好字，更需要引领学生发现书写的规律，举一反三。

第二课时

板块一　迁移学习

1. 齐读课题。

师：这节课我们继续学习《荷叶圆圆》。

2. 回顾学习方法。

师：谁还记得上节课我们是怎么学习小青蛙和小鱼儿这两小节的？这节课我们根据上节课的学习方法，读读描写小水珠和小蜻蜓的段落。

3. 走近小水珠。

（1）师：看到美丽的风景让他笑得比荷花还美。他还看到荷叶和谁做朋友了？（指名读，小水珠说：“荷叶是我的摇篮。”）

（2）字理识字。根据学生的回答进行字理识字“晶”。

师：“晶”，三个日在一起，看看它的演变过程。“晶”是“曐”（星）的本字。晶，甲骨文=（日，代表发光的天体）+（日，发光天体）+（日，发光天体），表示众多闪烁发光的星体。造字本义：闪烁发光的星群。当“晶”的“星群”本义消失后，甲骨文再加“生”，另造“曐”（简化为“星”）代替“晶”。篆文承续甲骨文字形。古文中“晶”与“星”互相通用。

甲骨文　小篆　晶 楷体

（3）指导朗读。重点对“亮晶晶”和“眨眼睛”进行朗读指导。

4. 走近小蜻蜓。

（1）随文识记“停、机”。师：我们张开双臂，就好像小蜻蜓展开翅膀，展开和张开的意思差不多。当我们张开双臂，像小蜻蜓飞翔的时候，此时此刻，这只小蜻蜓就像一架小飞机，所以他觉得荷叶是他的停机坪。除了在停机坪里，你还在哪儿见过“停”和“机”这两个字？（进行谜语识字：人来小亭边）

（2）动作朗读。师：多美的翅膀呀！看到那幅画面，让我们忍不住想起诗人杨万里说过这样一句话：“小荷才露尖尖角，早有蜻蜓立上头。”瞧，杨万里是大诗人呀，也是用了这个“立”字。就是因为大家都喜欢小蜻蜓那轻盈小巧的姿态，让我们一起来做那只小蜻蜓。起立，张开你的双臂，一定要稳稳地立在荷叶上哦。

5. 梳理背诵。

（1）梳理文脉。师生边读边梳理文章。（板贴：小水珠、小蜻蜓、小青蛙、小鱼儿；立、躺、蹲、躲；停机坪、摇篮、歌台、游来游去）

（2）连一连。（课件出示第72页的连一连，说一说）

师：连一连，说一说，能说完整的话。

（3）尝试背诵。根据梳理的内容进行课文背诵。

【设计意图】兴趣是最好的老师。本环节结合字理识字与情境表演，让学生读悟结合，兴致盎然。

板块二　句式练习

1. 小结拓展。

（1）引发想象。师：刚才我们借助关键词，把整篇课文记在自己的脑海里，真能干！其实呀，荷塘里不止这些朋友，还有很多有趣的小顽皮，它们也和荷叶成了朋友。在它们的眼里，荷叶又变成了什么呢？它们又是怎么说，怎么做的呢？

（2）同桌互说。师：有答案的小朋友轻声地和你的同桌交流交流。

（3）集体交流。师：有答案的小朋友说给大家听一听吧。

2. 句式练习。

师：你能学着这样的句式说一说吗？（选择其中的一句进行仿说）

荷叶是（　　）的（　　）。

（　　）说："荷叶是我的（　　）。"

【设计意图】此环节给予孩子一个拓展思维的平台，既掌握了语言点，又进行了拓展训练。

板块三　交际对话

1. 情境交际。

师：请打开课文读读，喜欢荷叶的这些朋友都说了些什么话？谁能替它们向大家作个介绍吗？你想帮谁介绍，再认真读读它的话，加入自己的想法，想象它们的样子和动作准备准备。

2. 模拟交际。

（1）学生根据课文中的话语组织语言进行介绍。

（2）四人小组讨论修改。

（3）派代表上台做介绍。

【设计意图】真实场景的再现，才能打开学生的话匣。此环节为学生还原了真实的场景，进行了对话训练，同时锻炼了交际能力。

板块四　品读课文　感受快乐

1. 情境构建。

师：荷叶姐姐最大的心愿是什么？客人们快乐吗？请仔细读课文体会体会。

2. 合作朗读。

师：你觉得谁最快乐？找到有关句子，到四人小组中读给大家听听，把这份快乐读出来。（学生合作读书）

3. 交流朗读。

（1）第一段："小水珠躺在荷叶上，眨着亮晶晶的眼睛。"

（2）第二段："小蜻蜓立在荷叶上，展开透明的翅膀。"

（3）第三段："小青蛙蹲在荷叶上，呱呱地放声歌唱。"

（4）第四段："小鱼儿在荷叶下笑嘻嘻地游来游去，捧起一朵朵很美很美的水花。"

【设计意图】多种形式的朗读，避免了枯燥，同时也是在不断地读中感受文本隐含的快乐。

板块五　互动表演　训练语言

1. 引入情境。

师：读着读着，我仿佛就是那碧绿的荷叶了。你们愿意做我的小客人吗？我们一起来演一演课文好吗？

2. 表演说话。

教师手拿荷叶，引读课文，并引导学生随机表演说话。

3. 编写歌词。

分四人小组给小青蛙编几句歌词，每人一句写下来。（学生写）

4. 汇报所编歌词。

【设计意图】情境表演，歌词编写。此环节的加入是对学生能力的一种提升训练。

板块六　总结积累

1. 齐读句子。

师：让我们一起感谢荷叶姐姐，齐读第一句话。

2. 情境练习。课件出示情境二，师生、生生合作，进行情境练习。

3. 词句积累。出示图片，引导理解积累词句。

【设计意图】学习需要积累。经过之前的学习，学生已经有了一定的积累欲望，此时去完成便水到渠成。

板书设计：

13 **荷叶圆圆**

小蜻蜓	立	停机坪
小水珠	躺	摇篮
小青蛙	蹲	歌台
小鱼儿	躲	游来游去

14 要下雨了

一、文本解读

1. 文体特点。

《要下雨了》是一篇以动物为描写对象的童话。童话是口头文学和儿童文学中的一种重要体裁。按人物形象划分，可分为超人体童话、拟人体童话和常人体童话三种。本课属于拟人体童话，所刻画的小兔子和其他小动物，既符合动物特点，又生动展现学生所熟知的生活场景，同时又将动物们在阴雨天气到来之前的举动串联起来，通过叙述它们对阴雨天气的不同应对，潜移默化地渗透生活常识。用童话故事的形式表现生活中的科学常识，深受学生的喜欢。

2. 文化内涵。

《要下雨了》一文中角色丰富，陆续表现了燕子在大雨前低飞，鱼儿在水中会感觉到憋闷，蚂蚁在大雨之前忙着搬家的情景，以此启发学生意识到生活中处处有新的知识，培养他们对生活的敏锐的观察力，体会到对大自然不仅要热爱，也要注意时时观察。当不大容易理解的常识通过这样一个有趣的童话故事渗透给学生时，其效果也是事半功倍的，巧妙地提升了学生的科学素养。

3. 语言表达。

(1) 汉字。本课要求学生认识的十三个生字中，“腰、坡、沉、伸、潮、湿、呢、消、响”都是左右结构的字，可迁移联系学生以往学过的字，进一步巩固换偏旁识字方法；“空”是一个多音字，上下结构。

本课要求写的字有七个：“呀、呢、吗、吧、加”是左右结构的字，“直”是上下结构的字，“边”是半包围结构的字。

(2) 词语。“潮湿”一词独具特色，两个字都与水有关，“潮”即是“湿”，“湿”即是“潮”，是指含水分比正常状态下多，湿度大。

（3）句式。本文反复出现“要下雨了，……”突出下雨前会出现燕子低飞、鱼游到水面、蚂蚁搬家等自然现象，以及发生这些现象的原因。

（4）特殊的语言表达现象。本课属于反复结构的童话，小白兔、燕子、小鱼和蚂蚁之间的故事情节差不多，符合低年级学生的心理特点，能很好地帮助学生识记故事和讲述故事。反复结构作为童话中的经典结构，是低年级学生易于掌握的形式，在一、二年级的教材里大量出现。

（5）朗读指导。童话的朗读有两种基本方式。一是教师的读。教师以生动活泼、饱含情感、富有儿童色彩的语言为学生读童话，充分展现文学的语言美以及蕴含在语言之中的情感美。这样不仅能吸引学生的注意力，更能以真情牵引情感，以情感激发想象。二是学生的读。教师还要善于指导学生读，读出小白兔的疑问，小蚂蚁的着急等语气。朗读童话，要用接近口语的语气，速度放慢一点，要读得亲切，表达出应有的情感。本课还可以分角色朗读，使学生在兴趣盎然的朗读中，学习语言，提高朗读能力。

二、学习目标

1．基础目标。

通过看图想象、结合生活实际等方式，认识“腰、坡、沉、伸”等十三个生字；借助以往的写字经验，端正、匀称地书写“直、呀、边、呢”等七个生字；能够正确流利地朗读课文，知道下雨前小动物们的奇特表现。

2．特色目标。

依据童话特色，采用分角色读等多种朗读方式，正确朗读课文，了解童话中蕴含的科学知识，并在背诵积累的基础上，了解下雨前一些动物的活动特征。

3．发展目标。

依据“燕子低飞、鱼游出水面、蚂蚁搬家”与下雨的关系，培养对其他动物下雨前异常表现的兴趣。

三、核心内容

项目	具体内容
语言内容	识记本课的十三个生字；书写七个生字
思维内容	了解文中小动物的异常行为与下雨之间的关系
文化内容	了解童话所蕴含的知识；学会观察大自然；善于动脑筋、想问题
方法内容	读中体会，读中理解，读中想象

四、学习设计

第一课时

板块一　由题入文

1. 出示课题。

（板书：下雨了）

师：小朋友们一起读读课题。（板书“要”字）再读一读课题。“下雨了”和“要下雨了”有什么区别吗？

2. 理解课题。

师：“要下雨了”说的是下雨之前。有一天，小白兔上山割草，正好赶上要下雨了，可小白兔却不知道，那它最后是否被雨淋湿了呢？

3. 自读课文。

师：我们还是来看看课文吧。请小朋友们轻轻地翻开课本，自己读一读课文，努力地把每个字读正确。

【设计意图】让学生通过对比理解“要”字，区分雨前和雨中，以免学生对文本的时间误解，为新课做好铺垫。

板块二　自主识字

1. 自由朗读。

师：请小朋友们自由地朗读课文，注意读准字音，读通句子。课文中有哪些字不认识？圈出来，和同伴交流识记方法。

2. 多形式诵读。

（1）指名读。师：哪个小朋友愿意来读给大家听一听？

（2）师生对读。师：老师也想和小朋友一起读，你们觉得可以怎么分工？（分角色朗读）

（3）多形式朗读。师：你还和谁读？（请和前后桌合作，分角色朗读）

3. 互教互学。

师：课文读到现在，你认识课文中的生字了吗？（呈现“腰、坡、沉、伸、潮、湿、呢、空、闷、消、息、搬、响”，调动学生多种感官体验，利用“小老师”带读）

4. 熟字带生字。

师：本课合体字居多，我们可利用形声字的规律识字，同时可用熟字带出生字识字。

腿——腰，与人的身体有关。

清——潮、湿、消、沉，与水有关。

吃——响、呢，与嘴有关。

坪——坡，与土地有关。

刚——割，与刀有关。

感——闷，与心有关。

停——伸，与人的动作有关。

摇——搬，与手有关。

【设计意图】这个片段的教学是本节课的重点，也是本节课核心内容落实的片段。通过熟字带生字的方式，以丰富的形式复现生字，为学生学习本课生字创设情境。

板块三　细读课文

1. 指导学习第一自然段。

（1）指名读。师：谁来读读第一自然段。这时小白兔有什么感觉？

（2）学习生字“闷”。出示卡片“闷”，强调读音（多音字）。

师：一颗心成天被关在门里，孤零零一个人，能不闷吗？而我们感觉有些喘不上气来，就会觉得闷。

（3）引出下文。师：小白兔为什么会感觉到闷？小白兔此时知道要下雨了吗？有谁会告诉他呢？请大家来看下两个自然段。

2. 指导学习第二、三自然段。

（1）画出对话。屏幕显示学习提示。

（学生读小黑板上的问题后，分组练习朗读并讨论）

（2）汇报讨论结果。

师：小白兔看到了谁？他们分别说了些什么？你能画出来吗？通过他们的对话，你知道了什么？

师：小白兔看到——（板画燕子）燕子低飞在做什么？虫子为什么飞得低？（板书：燕子低飞忙捉虫）

（3）指导朗读。师：（引导学生看第一幅挂图）小燕子飞得很低，小白兔奇怪地问燕子为什么飞得这么低。（学生练习朗读小白兔喊叫的句子“燕子，燕子，你为什么飞得那么低？”）你知道小白兔为什么要大声喊吗？你能学一学吗？（学生分

角色读）

（4）模仿造句。师：课文中燕子边飞边说，这里指燕子同时做几个动作？你有同时做两个动作的时候吗？你能用“边……边……”说一句话吗？

【设计意图】在理解的基础上，让学生运用，达到学以致用的目的。

板块四　指导书写

1. 认读生字。

师：再次认读今天要写的四个生字“呀、呢、吗、呢”，说说它们有什么共同特点。

2. 观察字形。

师：这四个字都是左右结构，不过在书写时，左、右两部分的大小可是有些变化的。请你看一看、比一比左、右两个部分的大小。

师：口字旁要写得小小的，在田字格的左上格，右边半个要写得稍微大一点，左窄右宽。

3. 范写练写。

遵循书写规律，教师范写，学生描一个写一个。

4. 互相评价。

根据书写规律进行互评。

5. 再次练写。

根据点评情况再次练写，争取一个比一个写得好。

【设计意图】教是为了不教。低年级的书写指导，除了要引导学生写好字，更需要引领学生发现书写的规律，举一反三，触类旁通。

第二课时

板块一　复习生字

1. 生字对对碰。

出示生字卡片，认读后在文中找出相对应的词语，多种形式地读巩固生字词。

2. 分角色读。

用“分角色”形式诵读课文。

板块二　细读课文

1. 复习第一至三自然段。

（1）齐读课文。师：齐读课文第一至三自然段，（边读边想）小白兔相信燕子

的话了吗？（强调半信半疑）

（2）引出下文。师：接下来小白兔又遇到了谁呢？大家自由读第四、五、六自然段。

2. 学习第四至六自然段。

（1）学生汇报，老师板画小鱼。

（2）理解“闷得很”。师：上节课我们知道了“闷”字的意思，那么“闷得很”是什么样的感觉？下面我们一起来做个游戏：假如你现在就是一条小鱼，跟老师做动作（双手向前伸，低下头）。现在小鱼在水里，你有什么感觉？

（3）体会“透气”。师：再跟老师做个动作（双手向后，头向前伸）。小鱼游到水面上来了，你感觉怎么样？（板书：小鱼出水来透气）

（4）分角色朗读。分组扮演小白兔和小鱼，教师读旁白部分。

【设计意图】以学生的亲身感受来理解“闷得很”，同时体验小鱼游出水面的感受。

3. 学习第七、八自然段。

师：看见燕子低飞、小鱼游出水面，听了燕子和小鱼的话，小白兔相信要下雨了吗？大家读读下面几段课文就知道了。

（1）自由读文。学生自由读第七、八自然段。

（2）理解动词。师：小白兔是否相信要下雨了，从哪里看出来的？为什么？（连忙、挎）你能学学这个动作吗？

（3）圈画句子。师：你能画出蚂蚁说的话吗？读一读。你又知道了什么？（教师板画蚂蚁，引导板书：蚂蚁高爬齐搬家）

4. 学习第九自然段。

（1）自读课文。师：请大家读第九自然段，看是否真的要下雨了？这说明燕子、小鱼、蚂蚁说得非常正确。以后你如果观察到这些现象，那就说明风雨雷电要来到。（教师板书：风雨雷电要来到）

（2）归纳板书。师：从小白兔和燕子、小鱼、蚂蚁的对话中我们发现：这些小动物奇特的表现往往和天气变化有关。你能连起来读一读吗？

5. 拓展思维。

师：要下雨前，还有哪些小动物也有一些奇特的表现？

【设计意图】调动学生学习积极性，同时也培养学生的语言表达能力、想象能力。

板块三　指导书写

1. 认读生字。

认读本节课要写的三个生字：直、边、加。

2. 观察字形。

师：仔细观察“直、边、加”这三个字在田字格里所占的位置，你发现了什么？

3. 教师范写。

师：（范写“边”字）体会半包围结构的字在田字格中的具体体现，右边的字要占三分之二，且宽松多变。

4. 学生练写。

练写“直、边、加”，描一个写一个。

5. 互相评议。

根据书写要点进行互评，再次练写。

6. 自主练写。

语文园地六

一、教材解读

语文园地六安排了五个板块内容。第一板块内容是“识字加油站”。“冰棍”“西瓜”“绿豆汤”等，这些都是夏天常见的事物，贴近学生的生活实际，能激发学生的学习兴趣。第二板块内容是“字词句运用”。这个单元的“字词句运用”主要为扩句训练和标点的正确使用。第三板块内容是“展示台”。教材选取了贴近学生生活的一些食品包装上的字，旨在激发学生的兴趣，并提醒学生：学在生活实践，须多一分用心。第四板块内容是“日积月累”，主要为关于学习、阅读的古文名言警句，激励学生养成学习、阅读的好习惯。第五板块内容是“和大人一起读”。这一板块安排了一个动人、友爱的小故事《夏夜多美》，旨在以简单有趣的故事引导学生要乐于助人，适合与大人一起读，在阅读中让学生体会夏夜因为爱而变得更美。

1. 字词句运用。

(1) 扩句。扩句是给句子添加枝叶，使句子表达得更加清楚、生动、具体，它是写作中把句子写得生动、具体的一种练习，更是一种表达方法。一年级的学生能够说、写一些简单的句子，扩句练习有助于丰富学生的话语，也能够帮助学生提取已学内容，真正做到学以致用。由简单到复杂，层层递进，提炼出了“谁怎么样地在哪里做什么”这样一种基本句式。

（2）标点。标点符号是书面语言不可缺少的一部分，它作为一种表达的工具，配合文字来表达人的思想和情感，有很大的功劳。在写作中，标点符号的一般用途大概有两种：一种用于标识句读以保持阅读节奏，如逗号、句号、分号等等；另一种则仅仅保证书写规范，如括号的使用。对一年级的学生来说，标点符号经常见面，但是没有系统地认识过。园地中的几个句子，重点展示了感叹号、问号、逗号、句号的不同用法。逗号主要表示停顿，另外三个主要配合句子所表达的情感。标点与情感表达具有一致性，所以正确把握句子的情感很重要。而标点的正确使用大有讲究，需要学生在日后的学习中慢慢加深理解，学会正确使用。

2. 展示台。

越是来源于生活的东西，越能引起学生的兴趣，因为它们具有亲和力。教材中选择展示的物品都是学生生活中常见的，有些还是学生非常喜爱的。学生有话可说，当然愿意融入课堂当中。展示台给学生一个展示平台，认识了那么多字词，学生肯定会有成就感。同时，也给学生多一种学习的选择。

3. 日积月累。

（1）文本特点。本次日积月累安排的是民间天气谚语。天气谚语又称农谚，是以成语或歌谣形式在民间流传的有关天气变化的俗语。天气谚语基本上是农业社会的产物。教材选取的这些就是比较常见的天气现象，供学生积累并运用到生活中。

（2）文化传承。在水银晴雨表发明以前，尽管有如天气棒般可预测湿度变化的工具，但最可靠的预测天气的方法仍是人类的经验。而今，虽然科技日益进步，但这些天气谚语依然非常实用。

（3）日积月累。这是学生第一次接触民间天气谚语，引导学生从中获得启示，并注意进行积累。

4. 和大人一起读。

（1）文本特点。这是一个发生在夏夜公园的友情故事。小蚂蚁回家的一路困难重重，幸好得到了“睡莲姑姑”“蜻蜓”“萤火虫”的帮助。动物故事最吸引人的部分就是拟人化的语言。在童话故事里，动物和人是一样的。他们有活动、有话语、有精神，学生读起来很有亲切感。这些动作给了小动物们以可爱的形象，学生一定会有兴趣读下去。在人物形象塑造上，都是一些夏日的小动物。再者，小蚂蚁、小蜻蜓、萤火虫，这些都是微小动物，能够激发学生的同理心和保护欲。故事中的对话比较多，明白话语的发出者也是读懂故事的一把钥匙。

（2）文化底蕴。助人为乐是件快乐的事情。你会主动关心他人吗？你会在别人有困难的时候及时给予帮助吗？学生会结合自己的认知给出答案。故事中的“睡莲姑姑、萤火虫、蜻蜓”都来帮助“小蚂蚁”，都竭尽自己所能。学生从而明白一个道理：也许自己的帮助是微不足道的，但是大家一起行动起来，终能克服困难。夏夜不只是景美，由于这份饱含热心、关切、善良的温情变得更美。

（3）亲子阅读。这是一个教育意向明确的故事。爸爸妈妈肯定希望培养一个爱己又爱人的孩子。对于故事本身，儿童化的语言给了孩子一份亲近，也给了家长一份难得的童真，所以非常适合亲子阅读。对于道理的领悟，爱是恒久的主题，无论长幼都要努力追寻。同时，人情美更需一份带着阅历的解读，爸爸妈妈能够给予指导。在朗读策略上，因为这个故事有多个主人公，并且涉及对话，分角色朗读能够帮助学生厘清脉络并加深理解。

二、学习目标

1. 基础目标。

（1）结合生活实际，认读“加油站”中的生字，熟记“日积月累”中的民间天气谚语。

（2）做一做，想一想，初步掌握扩句和正确使用标点的方法。

（3）通过和“大人一起读”，培养学生课外积累和课外阅读的习惯。

2. 特色目标。

（1）通过“日积月累”的朗读背诵，以此引导学生养成良好的学习习惯。

（2）通过展示日常生活中所认识的汉字，培养学生主动识字的习惯。

3. 发展目标。

留心观察生活中的汉字，经常有意识地积累生字。

三、核心内容

项目	具体内容
语言内容	背诵“日积月累”，感受民间天气谚语的有趣，并能结合生活实际去使用
思维内容	明白扩句对于丰富语言表达的重要性，掌握情感与标点的一致性

文化内容	感受朋友间的友爱，乐于助人
方法内容	初步掌握通过情感理解给句子加标点的方法

四、学习设计

第一课时

板块一　认读生字

1. 创设情境。

（1）联系生活。师：小朋友们，在炎热的夏天，你们最喜欢做什么事情？（学生自由表达。引导学生说一句或几句完整的话）

（2）引出词串。师：夏天，小红最喜欢做的事情便是在夜晚时分和奶奶坐在院子里乘凉，听奶奶讲故事。

2. 出示词串。

（1）“蒲扇、竹椅”。（生描绘讲故事的场景）师：奶奶坐在竹椅上，一边摇着蒲扇，一边说着故事，多么和蔼的奶奶呀！

（2）“牵牛、织女、北斗星”。师：你们想听听奶奶给小姑娘讲的故事吗？（师讲牛郎织女的故事并相机展示生字）

（3）“冰棍、西瓜、绿豆汤”。师：夏天听个故事能消暑，夏天还有很多好吃的东西，你们能说一说吗？（展示图片并相机展示生字）

（4）“凉席、蚊香、花露水”。师：蒲扇、竹椅真是纳凉的好东西，夏天还有很多消暑神器呢，你能说一说吗？（展示图片）

（5）“萤火虫”。师：夏天有种很神奇也很美的小动物，你们想知道吗？（出示谜语：白天草丛呆，夜晚空中游。一盏小灯笼，挂在身后头）

3. 自读词语。

（1）独立读。师：遇到不认识的字，拿出笔来圈一圈，然后借助“拼音宝宝”，力求读准字音。

（2）合作读。师：读给同桌听一听，同桌有不会的字词，帮一帮。

4. 集体对读。

（1）个别读。师：刚才小朋友们读得那么认真，真好！现在哪位小朋友愿意读给大家听听。

（2）重点正音。师：找出“蒲扇、萤火虫、织女”等词语中不容易读正确的字，重点练读。

5. 看图说话。

出示图片说词语，根据词语说一句完整的话。

6. 交流识字方法。

师：小朋友们，识字有好多方法，你们能说说自己是怎样记住它们的吗？（“棍、汤、扇、椅、萤、织”等字都可以结合“语文园地五”的部首探字义法，从部首中初步判断字义）

【设计意图】创设情境，引导学生联系生活实际，激起学生的表达欲望，让学生有话可说，教师相机进行说话指导。识记字的环节结合“语文园地五”，根据部首猜字义的方法，让学生对汉字的结构、字义等印象更深刻。

板块二　展示台

1. 图片激趣。

师：小朋友，这些东西都吃过吗？（PPT 出示：巧克力、牛奶、饼干、矿泉水、面包）（图片不带生字）

2. 说话练习。

学生看图选择说话：

这是（　　　　　　　）。这是一（　　）（　　）的（　　　　　　）。

3. 趣味认字。

师：小朋友们，“巧克力、牛奶、饼干、矿泉水、面包”吃完了，它们的名字你认识吗？这些美味的食物正邀请我们一起玩游戏呢！（趣味游戏：我帮食物找名字）

4. 经验分享。

师：原来留心观察包装袋上的文字也能帮助我们识字。

5. 拓展游戏。

出示生活中常见的一些食物包装袋，开展连线名字游戏。

6. 课后延伸。

师：家里还有好多包装袋，回家做成剪报，比比谁是识字小能手。

【设计意图】零食包装袋对于学生来说并不陌生，从学生感兴趣的零食入手，设计相对应的趣味游戏，让学生在“学中玩”“玩中学”，并引导学生在平时的生活中多观察，多积累。

第二课时

板块一　扩句练习

1. 看图说话。

（PPT 出示图片）师：小朋友们，看看图上的小白兔在干什么。（学生自由说话练习，教师相机指导）

2. 比较句子。

（出示）

（1）小白兔割草。

（2）小白兔在山坡上割草。

（3）小白兔弯着腰在山坡上割草。

师：同学们，刚刚大家你一言我一语说了那么多，老师忍不住要夸夸你们。同样是说小白兔割草这件事，你们更喜欢谁说的呢？为什么？

3. 归纳总结。

师："山坡上"是在说地点，"弯着腰"是在说怎样，有了这两个词，小白兔割草的样子在我们脑子里是不是更加清楚了？我们在说话的时候也要学一学。（谁）（怎样地）（在哪儿）（做什么）你会学写吗？

4. 实践操练。

（1）完成书本中练习。

（2）拓展练习。

板块二　标点使用

1. 复习回顾。

（1）认识标点。师：（出示"，""。""！""？"）小朋友们都认识它们吗？试着说一说：这几个标点符号各用在什么地方。

（2）交流总结。（PPT 出示用法口诀）师：要想记住它们，并知道它们的用途，老师还要传授你们一个小秘诀呢！

2. 标点运用。

（出示）

小鸟飞得真低呀（　　）

你写作业了吗（　　）

天安门前的人非常多（　　）

爸爸看到我来了（　　）高兴地笑了（　　）

（1）独立练习。师：小朋友们，让我们根据秘诀的提示，完成这个练习吧！

（2）同桌讨论。同桌之间相互讨论：这个句子该用什么标点符号呢？为什么？

（3）朗读体会。师：小朋友们，你的心情和感受在朗读时会跑到句子中去，你们信吗？

（4）教师引读。师：（引读）“咦，我头顶飞过一只可爱的小鸟，似乎伸手就能摸到它，所以我说——小鸟飞得真低呀！我想邀请你出去玩耍，但是我不知道你作业是否已经完成，所以我问——你写作业了吗？”真好！喜怒哀乐加上情境读一读就更加清楚了，标点符号的使用就不难了吧！

（5）找提示词。师：小朋友们，当喜怒哀乐种种情绪跑到句子里的时候，除了通过朗读能体会到，还能通过我们的火眼金睛看出来呢！（出示）

小鸟飞得真低呀！

你写作业了吗？

师：看，我们可以从通过朗读加“呀”字判断感叹句，朗读加“吗”字判断这是一个问句。你们也能从书中找找这样的句子吗？

3. 交流反馈。

4. 拓展练习。

（1）独立完成。师：小朋友，让我们也试着来写一写不同标点符号的句子吧。

（2）同桌交流。让学生将写好的句子读给同桌听一听。相互夸一夸，改一改。

（3）指名交流，教师点评。

【设计意图】标点符号的运用对于一年级学生来说是个难点。本环节设计了朗读＋关键字相结合的方式选择标点符号，降低了学习难度。

板块三　日积月累

1. 初识民间天气谚语。

师：小朋友，今天我们要学习一组古代人判断天气的谚语。（课件出示句子）

2. 初读民间天气谚语。

（1）自由朗读。师：请小朋友自由读一读，遇到不认识的字，借助拼音宝宝。比比看，谁是我们班的小文豪。

（2）同桌互读。同桌相互读，若同桌有读错的地方，帮一帮；若同桌读得特别好，赞一赞。

（3）个体朗读。教师指名几个学生朗读，重点正音：“朝”“晨”“蛇”等字是翘舌音，“晴”“明”等字是后鼻音。

（4）教师范读，集体练读。

3. 教师解读民间天气谚语。

4. 多种形式朗读。

（1）师生合作。师：小朋友，我们来合作读一读，老师读前面半句，你们读后面的半句。

朝霞不出门——

有雨山戴帽——

早晨下雨当日晴——

蚂蚁搬家蛇过道——

（2）同桌对读。

（3）集体背诵。

5. 顺势小结。

师：小朋友，本课的民间天气谚语都是古人的智慧结晶，更是他们的经验所得。在日常生活中，我们也可以用上这些谚语去判断天气变化。

【设计意图】日积月累重在让学生背诵。本环节通过多种形式的朗读，让学生将之牢记于心，并能在生活中进行运用。

第三课时

板块一　回顾导入

1. 回顾故事。

师：小朋友们，还记得语文园地五我们和爸爸妈妈一起读了一个什么故事吗？——《狐狸和乌鸦》。这个故事写了：狐狸骗了乌鸦的肉。今天，我们将和爸爸妈妈一起读另外一个故事《夏夜真美》。这个故事又会是怎样的呢？（板书：夏夜真美）

2. 初探文意。

师：小朋友们，和爸爸妈妈一起读题目猜一猜，你们从中能获得哪些信息？

3. 初读故事。

（1）自由练读。师：请小朋友和爸爸妈妈一起读一读，遇到不认识的字，借助“拼音宝宝”，力求把故事读正确。

（2）分段朗读。师：请几位小朋友分段读故事，相机正音。

（3）教师范读。师：请小朋友们和爸爸妈妈一起想一想：故事中有哪些动物？

（4）交流反馈，教师板书。

4. 概括故事内容。

师：小朋友们，让我们再快速地通读一遍，想想这个故事讲了他们之间发生了什么事。

（1）自由读。

（2）汇报交流。师：这个故事讲了睡莲姑姑、小蜻蜓、萤火虫等小伙伴们帮助小蚂蚁回家的事情。

【设计意图】对上一篇故事《狐狸和乌鸦》进行回顾，并将两个故事相互对比。通过狐狸的狡猾，对比得出睡莲姑姑、小蜻蜓、萤火虫的乐于助人。

板块二　文本探究

1. 体会心情。

师：假如你是这只无法回家的小蚂蚁，天黑了，爸爸妈妈找不到你，你想家却回不了家。当时心情会是怎样的呢？

（1）自由说。学生自由说一说。

（2）模拟情境。爸爸妈妈和孩子情境模拟。

2. 读书圈画。

师：“呜呜呜，小蚂蚁哭得多伤心呀。快去请小伙伴们来帮帮小蚂蚁吧！”请小朋友和爸爸妈妈一起读课文，画一画小伙伴们是怎么帮助小蚂蚁的。

（1）集体交流。根据学生的汇报形成如下板书。

睡莲姑姑　细心姑姑送上关心

小蜻蜓　　热心司机开“飞机”

萤火虫　　友爱帮手打“灯笼”

（2）自由说。师：小朋友，小蚂蚁的伙伴们可真有爱心，乐于助人。你能根据板书再说说他们都做了什么吗？

3. 分享收获。

师：小朋友，你们觉得小伙伴们好吗？多么好的朋友呀，有好朋友陪伴的每一天都是幸福的，怪不得最后一段这样说：“啊，多美的夏夜呀！”今天，你有什么收获呢？我们一起来分享一下吧！

【设计意图】本课设计了和爸爸妈妈情境模拟的环节，旨在让学生切身体会小蚂蚁当时着急、无助的心情，从中感叹友情的美好、可贵。

板块三　分享体会

1. 分角色扮演朗读。

小组合作加上爸爸妈妈分角色扮演朗读。

2. 理解寓意。

师：小朋友，这个故事让你明白了什么？

3. 联系生活。

师：我们的生活中，有没有帮助他人、受人帮助的经历呢？

（1）同桌之间说一说。

（2）全班交流。

（3）诉说感谢。引导学生用语言表达自己的谢意，学会感恩。

（4）付诸行动。师：小朋友，因为友情，这个普通的夏夜变得多么美好！回家后，把这个美好的故事分享给家人和朋友听，并且去帮帮身边的人吧！

【设计意图】分享中收获喜悦，喜悦中感叹帮助，从帮助中学会感恩，从而延伸到生活。

板书设计：

夏夜多美

	睡莲姑姑	细心姑姑送上关心	
小蚂蚁	小蜻蜓	热心司机开“飞机”	顺利回家
	萤火虫	友爱帮手打“灯笼”	

第七单元 课文（五）

本单元围绕着好习惯培养这一主题，安排了《玩具的家》《一分钟》《动物王国开大会》《小猴子下山》四篇课文。从文化角度看，《玩具的家》《一分钟》，用儿童的口吻讲述身边的故事，让学生明白如何养成良好的学习与生活习惯。《动物王国开大会》《小猴子下山》，则以说理童话的方式将学生难以理解的道理和方法进行浅显的趣味呈现。前者让学生明白如何把通知说清楚，后者又让学生懂得专一的重要性。从语言要素看，以上文本既有独白式语言，也有对话式语言。在朗读教学中，可以将课标提出的“在阅读中体会句号、问号、感叹号所表达的不同语气”具体落实。同时，学习本组课文，还应培养学生根据课文信息作简单推断的能力。

15　文具的家

一、文本解读

1. 文体特点。

（1）记叙。记叙文是以记人、叙事、写景、状物为主，以写人物的经历和事物发展变化为主要内容的一种文体形式，是小学语文教材中最常见的文本体裁。课文讲述的是一个叫贝贝的小女孩，总是丢三落四，找不到自己的文具。经过妈妈的教育，贝贝认识到每一件文具和我们一样都有自己的家，这个家就是文具盒。从此以后，贝贝改正了丢三落四的坏习惯，学会了整理自己的学习用品，养成了及时将学习用品整理归位，做事情井井有条的好习惯。课文按照事情发展的起因、经过、结果的顺序来写，其中还有不少的对话描写，是一年级小学生进行阅读训练的好材料。

（2）生活视角。这篇课文的内容非常贴近一年级小学生的生活实际和年龄特征。由于他们年纪小，自理能力较差，丢三落四是很常见的现象，铅笔、橡皮、转笔刀等文具使用之后，如果没有及时整理好，就容易丢失，丢了不去找也不足为奇。“铅笔，只用了一次，不知丢到哪里去了”“橡皮，只擦了一回，想再擦，就找不着了”。课文开头简洁生动的描写，主人公贝贝可爱又马虎的形象跃然纸上，孩子们读来有趣又十分熟悉，仿佛就在讲述身边的小伙伴或者自己的故事。选编这篇课文的意图在于让学生在学习阅读的同时，养成爱护学习用品的好习惯，进而学会自我管理。

（3）童真童趣。在孩子的世界中，万物都是有生命的。在作者的笔下文具也是有家的。课文文字活泼、富有童趣，将文具当成了自己的小伙伴来写。这样，学生自然而然地读懂了文具用完了也要回家的道理。这一表达，符合一年级小朋友的思维方式和表达习惯，小读者们读起来自然亲切，充满童真童趣。

2. 文化底蕴。

（1）自我管理。低年级正是培养良好学习习惯的阶段，可是丢三落四的现象在孩子们的生活中屡见不鲜。课文通过贝贝给文具找家的事例，告诉学生使用完文具后要让文具平平安安地回家，养成爱护自己的学习用品，学会自我管理的好习惯。这不仅是对低年级学生日常行为的要求，也为学生今后做人做事打下基础。

（2）知错就改。贝贝丢三落四，不会整理自己的文具，但经过妈妈的提醒，贝贝知道了要送文具“安全回家”的道理。从这些地方，可以看出贝贝是个能听从大人建议，及时改正错误的小朋友，她为学生树立了知错就改的好榜样。

（3）人文传承。《弟子规》中是这样对学童的学习习惯提要求的：“房室清，墙壁净，几案洁，笔砚正。墨磨偏，心不端，字不敬，心先病。列典籍，有定处，读看毕，还原处。”中华传统文化历来讲究学文之前先学做人。而《文具的家》则从儿童视角审视儿童的学习生活，懂得整理的重要性，更富有童真童趣，更符合儿童的学习心理。

3. 语言表达。

（1）对话形式。通过对话和动作来表现人物的不同个性是这篇文章的表达特点。在朗读对话时，要提醒学生注意提示语中表示神态的词语。在读“眨着一双大眼睛，对妈妈说”中感受贝贝说这句话时无辜的表情和语气。而在读妈妈的话时，要读出妈妈亲切、温和以及对贝贝充满了关爱的语气。在朗读训练中，教师可以采用师生分角色朗读、表演读等方式，使学生在读正确、读流利的基础上，在具体语境中读出话语的不同语气。

（2）归类识字。本课要求认识的字数量较多，要抓住重点进行指导。对课文中的生字，可以让学生分一分，哪些是已经在生活中认识的，哪些还不认识的，可以通过什么办法记住它。在交流时，可以把几个字按难易程度进行分类指导。有的用字理识字法，如“具”字的金文和小篆像一个人手捧盛有食物的鼎，后来“手”和“鼎”连在了一起，就变成了今天的**具**字。有的联系旧知识字，如“哪、新、仔”三个字是形声字，字的读音和声旁有关，而形旁跟字的意思相关联，可以迁移联系学生以往的识字经验，进一步巩固形声字的识字方法。在识字教学过程中可采用猜一猜、比一比、说一说等方法进行识字。

（3）书写分层。本课要求写七个生字。其中“找、次、让”是左右结构，“文、平、办”是独体字，“包”是半包围结构。可以先让学生仔细观察字形、结构、笔画，再说一说写的时候应该注意哪些地方。在写“找、次、让”这些左右结构的生字时，注意左窄右宽，并注意笔画顺序。而“文、平、办”三个字左右对称，但左右又有变化，在书写的时候尤其要注意这一点，如写“文”字时，捺要舒展，写“办”时，注意两点分别在“力”的两边。“包”字是右上包围结构的字，写的时候笔顺是先外后内，要注意的是“勹”的写法，要将下面的“巳”包住，同时最后一笔竖弯钩要写得长一些，钩的位置在“勹”的右边。在教学生识字时，要提醒学生注意写字姿势和笔画顺序，将字写得美观、匀称。

二、学习目标

1. 基础目标。

（1）通过字理识字法、熟字换偏旁、熟字加偏旁等方法，认识“具、次、丢、哪、新”等十三个生字。

（2）借助以往的写字经验，端正地书写“文、找、办、包”等七个生字。

（3）能正确、流利地读课文。读好长句，根据课文能恰当地停顿，在具体语境中体会角色的心情，读出话语的不同语气。

2. 特色目标。

（1）能借助提示语和课文插图，在具体语境中体会角色的心情，读出话语的不同语气。

（2）能厘清课文的因果关系，并练习说话。

3. 发展目标。

（1）能读懂课文，根据课文信息作简单推断。

（2）养成爱护学习用品的好习惯，在生活中学会自我管理。

三、核心内容

项目	具体内容
语言内容	（1）认识“具、次、丢、哪、新”等十三个生字 （2）能正确、流利地读课文，读好长句
思维内容	懂得整理的重要性，学习有条理地安排自己的学习与生活
文化内容	（1）在生活中养成爱护文具的好习惯 （2）懂得做事情要井井有条，养成良好的自我管理习惯
方法内容	（1）能借助提示语和课文插图，在具体语境中体会角色的心情，读出话语的不同语气 （2）能读懂课文，根据课文信息作简单推断

四、学习设计

第一课时

板块一　情境导入

1. 课前谈话。

师：小朋友们，你们各有哪些学习用品？它们都有哪些作用？

2. 学生反馈。

学生自由发言。（师出示相关词语卡片，贴在黑板上：铅笔、橡皮、卷笔刀……）读好词语。

3. 学习“文具”。师：我们有铅笔、橡皮、卷笔刀等学习用品，这些学习用品能帮助我们学习，是我们的好伙伴。我们管这些学习用品叫文具。（板书：文具）

（1）字理识字“具”。（出示“鼎”的图片，作简单介绍）师：（课件出示）看看“具”字的金文和小篆，这个字像什么？（让学生观察、对比，发现）“具”字就像一个人手捧盛有食物的鼎，后来“手”和“鼎”连在了一起，就变成了今天的**具**字。书写“具”字时，注意里面是三横。

（2）拓展意向。学习用品叫文具，喝茶的用品叫茶具，雨伞雨衣等叫雨具，柜子、床、桌子等摆在家里的用具叫家具。

4. 引出课题。

师：老师总是在教室的角角落落捡到很多“迷路”的文具。这些学习用品被它们的小主人弄丢了，可伤心了，你能帮它们找到家吗？这节课我们就来帮它们找找家吧！

5. 板书课题。

板书“文具的家”，指名读课题，齐读课题。

【设计意图】从学生的生活出发，理解文具的含义。通过字理识字法，认识“具”字，感受汉字文化。联系自己生活实际，激发阅读热情，进而提出阅读任务，引起学生学习的兴趣。

板块二　整体感知

1. 初读课文。

师：请小朋友们借助拼音自由地朗读课文。（出示学习提示）

（1）读准字音，不会读的字，借助拼音读准确。

（2）读通句子，遇到难读的句子多读几遍。

（3）给自然段标上序号。

2. 检查标序。

师：我们一起来数一数课文有几个自然段。（指生说一说）标错的小朋友进行修改，课文一共有六个自然段。

3. 读准句子。

师：刚才小朋友们读得很认真，老师这里有几个句子，谁会读？

（1）读句识字。（出示句子：铅笔，只用了一次，不知丢到哪里去了）

师：请小朋友们读准“一次”中“一”的变音，“哪里”的“里”读轻声。（出示“次、哪、丢”的词语卡片，“开火车”读词语卡片）

师：说说你有什么好办法记住它们。“次”字可以用学会的“吹”字换偏旁来记住它。

（2）读准多音字。（出示句子：橡皮，只擦了一回，再想擦就找不着了）

师：小朋友们读得真准确，“找不着”中的“着”是一个多音字，在这里读“zháo”，有的时候它还可以读“zhe”，比如词语“说着”“想着”“看着”。

（3）认读“新”字。（出示句子：贝贝一回到家，就向妈妈要新的铅笔、新的橡皮）（展示“新”的生字卡片，认识“斤”字边）

师：（讲解）“新的”表示没用过的，与“新”相对的是“旧”。说说还有“新的”什么？我们在读的时候把“新的”中的“的”字读得轻短一些就更好听了。（练习朗读“新的铅笔”“新的橡皮”）

（4）读准长句。（出示句子：从此，每天放学的时候，贝贝都要仔细检查，铅笔呀，橡皮呀，转笔刀哇，所有的小伙伴是不是都回了家）（出示词语卡片“每天”“仔细”“检查”“所有”，指名读词语卡片，把生词读准确）

（5）习得方法。师：读好这个长句有个小秘诀，在小逗号的地方稍稍停顿一些，把“呀”“哇”读成轻声就更好了。让我们自己先练一练，请再读一读。

4. 自由练读。

师：读准了字音，相信你们读课文就更流利了，赶紧再把整篇课文连起来再读一读吧。

【设计意图】借助课文的语境，随文认读生字，降低了识字要求。指导读好长句子，将“读正确、读流利”落到实处。

板块三 品读一、二、三自然段

1. 学习第一、二自然段。

（1）自由朗读。师：小朋友们，这里有很多的逗号，遇到小逗号，我们要停顿一下，谁再来试试？（指导学生根据标点符号，读出停顿）

（2）模仿句式。师：说说贝贝还会丢什么东西。你也能模仿上面的句子说一说吗？

________，只________，________。

例：尺子，只用了一次，想再用就不见了。

2. 学习第三自然段。

（1）练读对话。师：贝贝经常丢文具，一回到家就向妈妈要新的铅笔、新的橡皮。妈妈是怎么问贝贝的，贝贝又是怎么回答的，你能找到对话读一读吗？（请学生自读对话）

（2）借图朗读。借助课文插图，观察人物表情，读好对话。

句1，妈妈说：“你怎么天天丢东西呢？”

师：请小朋友们来读读妈妈的话。观察插图，说说妈妈说这句话时是怎样的表情。（总结）妈妈的眼睛、嘴巴张得大大的，表情多惊讶呀！惊讶的时候说话声音都往上扬了。谁能模仿着妈妈的表情再读一读？

句2，贝贝眨着一双大眼睛，对妈妈说：“我也不知道。”

师：小朋友们，读读句子再看看插图，贝贝说话的时候是做了什么动作，是什么表情？贝贝眨着一双大眼睛，两手摊开，模样多无辜呀！让我们也来模仿贝贝的动作和表情读读贝贝的话吧。

（3）教师小结。师：仔细观察课文插图，看看人物的表情，能够帮助我们把课文读好呢。

（4）师生对读。师：老师来扮演妈妈，你来扮演贝贝，让我们一起合作着读读这段话吧。

（5）同桌演读。师：和你的同桌小伙伴分角色练习表演读妈妈和贝贝的对话。

（6）指名展示。请一对同桌来演一演。评价时要注意学生是否抓住人物的个性特点，表演出不同的动作，读出不同的语气。

【设计意图】课文的插图是宝贵的课堂教学资源，要善于利用。在学习课文第一、二自然段时，可以借助提示语和插图的帮助，读出人物对话的不同语气。

板块四　学写生字

1. 出示儿歌。

师：这节课，小朋友们学得非常努力，老师奖励给大家一首儿歌。让我们去读读吧。（学生自由读儿歌）

2. 发现生字。

师：让我们一起读一读这首儿歌。儿歌里藏着四个我们这节课要学写的新字，谁是火眼金睛，能马上找到它们？

3. 观察生字。

（课件出示田字格生字“次”“找”）师：观察“次”和“找”，你发现了什么？

4. 重点指导。

师：“次”和“找”它们都是左右结构的字，都是左窄右宽，写“次”的时候注意捺的舒展，写“找”的时候注意关键笔画斜钩。

5. 老师范写。

师：（师范写生字“次”“找”）请小朋友伸出右手手指来跟老师一起写一写，写的时候注意结构和笔画正确。

6. 学生练习。

师：请小朋友们拿出方格本，在本子里写一写“次”“找”“平”“办”几个生字，注意写好关键笔画。

7. 集体讲评。

选具有代表性的学生作品，屏幕呈现，师生合作讲评。评价指向关键笔画。

8. 修正练写。

讲评之后，请小朋友再各练写一个。

【设计意图】书写汉字，渗透抓住字形结构和关键笔画将汉字写端正的方法，养成良好的书写习惯。

板书设计：

15 **文具的家**

铅笔 橡皮 转笔刀…… 找 次

第二课时

板块一 复习导入

1. 复习词语。

（教师手举词语卡片，请小朋友们“开火车”认读词语）

文具 一次 哪里 新的 每天 平安 这些 仔细 检查 所有

2. 复述原因。

师：小朋友们，上一节课我们一起读了课文《文具的家》，你能用“因为……所以……”来说说贝贝为什么要给文具找家吗？（出示）“因为________________，所以贝贝要给文具找家。”

3. 情景想象。

师：主人公贝贝丢了很多文具，如果你是这些被丢失的文具，你想对贝贝说些什么呢？

4. 引出下文。

师：这些丢失的文具多么伤心呀，让我们来看看妈妈有什么好办法，来帮帮这些丢失的文具。

【设计意图】1. 复现生字，对生字新词进行巩固。2. 复述原因，训练学生对记叙文因果关系的概括能力。3. 情境想象，创设出文具走失的情境，激发学生学习下文的兴趣。

板块二 品读课文第四、五、六自然段

1. 学习第四、五自然段。

（1）自读课文。师：请先读读课文第四自然段，想想妈妈有什么好办法。

（2）指名朗读。师：（请一位同学读读第四自然段）你怎么读得这么温柔呀？有什么好办法？

（3）朗读指导。师：是呀，你学会了在课文插图的帮助下，想象着妈妈的特点，读出了她温柔、慈爱的样子。

（4）练习朗读。师：请小朋友们看看课文插图，模仿着妈妈的动作，摸着贝贝的头，来读妈妈的话，你会更温柔。

（5）读懂意思。师：妈妈的话是什么意思呢？贝贝有家，文具也有家，贝贝能平平安安回家，文具也应该平平安安回家。

（6）学习词语。（相机学习词语“平平安安”）师：什么是平平安安？很安全就是平平安安。你也能用“平平安安”说一句话吗？

（7）自读课文。师：听了妈妈的话，贝贝找到文具的家了吗？请小朋友们自己先读读第五自然段。

（8）指名读文。（请一位小朋友读课文第五自然段）师：贝贝找到文具的家在哪儿？原来书包里的文具盒就是这些文具的家。

（9）齐读课文。师：让我们一起把第四、五自然段连起来读一读吧。

2. 学习第六自然段。

（1）自读课文。师：知道了文具盒就是文具的家之后，贝贝又是怎么做的？请小朋友们自由读第六自然段。

（2）理解“从此”。（指名读第六自然段）师：“从此”就是从什么时候开始。

（3）抓关键词。师：从哪些地方可以看出贝贝改掉了丢三落四的小毛病呢，你能圈一圈这些词语吗？

（4）交流词语。学生圈出“每天”“仔细检查”“所有”。

（5）入境说话。师：小朋友们，如果你是贝贝，每天放学的时候你会怎么检查文具？（课件出示）

铅笔，用好了，把它________________________。

橡皮，擦完了，把它________________________。

……

（6）相机小结。师：每天放学的时候，贝贝都要看看自己带来的每一支铅笔、每一块橡皮、转笔刀，是不是一个不落地放进了文具盒，这就叫“仔细检查”。（认读词卡“仔细检查”）（拓展词卡“井井有条”）像贝贝这样，把文具摆放得整整齐齐，就叫“井井有条”。

（7）拓展说话。师：说说生活中谁还会仔细检查什么？（学生仔细检查试卷，老师仔细检查作业，医生仔细检查病人）

3. 齐读课文。

师：恭喜贝贝终于学会了给她的文具找家，让我们一起把第四至六自然段连起来读一读，感受贝贝的转变。

【设计意图】1. 借助插图和生活经验，读出人物特定的语气。体会妈妈的话的具体含义。2. 在语境中理解词语，学习语言表达的同时，学会迁移。

板块三　拓展思维

1. 总结课文。

师：小朋友们，学了这篇课文，你觉得贝贝是个怎样的孩子？

2. 迁移运用。

师：看看你的书包里有哪些学习的小伙伴？和同桌说说你从今以后会怎么爱护它们，能用上这些词语就更棒了。（课件出示）

仔细检查　　　平平安安　　　所有

（1）同桌交流。我的书包里有（　　　），每天放学的时候，我会（　　　）。

（2）指名反馈。指名交流认真的同学说一说自己会怎么做。

3. 课堂小结。

师：除了文具，我们的衣服、鞋子，碗筷、玩具……也有自己的家，让我们在使用完它们之后，也帮助它们找到自己的家，做一个做事井井有条的孩子吧。

【设计意图】1. 语言的习得在于不断地实践。让学生在模仿中学习运用本课所学的词语，并能用一两句话表达自己的想法，使习得的言语内化于心。2. 体会课文传递的人文价值，懂得做事情要井井有条，有爱护自己学习用品的意识，逐渐养成好习惯。

板块四　书写生字

1. 复现生字。

师：小朋友们学得这么认真，让我们来玩一个小游戏——文具找家。在每个房子的门口，出现生字：平、包、办。

2. 留空书写。（出示词语填空）

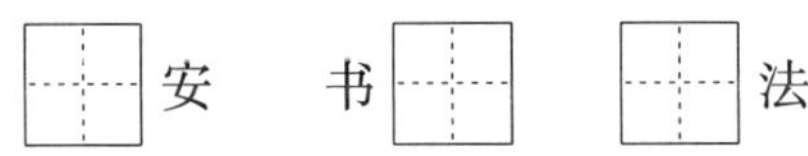

（1）反馈答案。平安、书包、办法。

（2）学习结构。师：“平、包、办”都是独体字，要写在田字格的中间。其中“平、办”左右对称，注意两点的位置；“包”是右上包围结构，写的时候要注意先外面，再里面；“平”注意笔画顺序及压线笔。

（3）教师范写。老师范写“平、包、办”，边写边解说关键笔画。

（4）学生练习。学习独立练习书写“平、包、办”这三个字。

（5）同桌互评。师：小朋友们，与自己的同桌互相评一评，看看关键笔画有没有写对。然后再写一个，争取一个比一个写得好。

（6）展示互评。老师展示学生练习，点评书写，再修改自己的书写。

【设计意图】生字分类书写，凸显独体字共同特点，渗透抓关键笔画将汉字写端正的方法，培养学生的书写能力。

板书设计：

15　**文具的家**

每天　仔细　检查　所有　平　办　包

16　一分钟

一、文本解读

1. 文体特点。

（1）记叙。记叙文是以记人、叙事、写景、状物为主，以写人物的经历和事物发展变化为主要内容的一种文体形式，是小学语文教材中最常见的文本体裁。《一分钟》记叙了元元因多睡了一分钟，而迟到二十分钟，耽误了半节课。叙事内容结构简单，课文按照事情发展的起因、经过、结果的顺序来写，使学生在阅读中领悟到时间的宝贵，懂得珍惜时间的道理。

（2）生活视角。《一分钟》贴近孩子生活经历，从儿童的生活切入，读来格外亲切。许多孩子都有睡懒觉的经历，有的起床后还磨磨蹭蹭的，所以也有迟到的经历。如此，就形成了阅读的张力，能够吸引孩子们的注意力，易于他们以饱满的情绪进入阅读状态。因而，在学习本篇课文时，容易引发孩子们的共鸣与思考，让他们知道时间的宝贵，懂得严格要求自己，珍惜时间。

2. 文化底蕴。

（1）珍惜时间。惜时是中华文化传承中的一个重要题材。《一分钟》是从儿童视角审视儿童生活，让学生感受到时间的宝贵，懂得珍惜时间。时间的宝贵程度不在于它的长短，一分钟、一秒钟也要学会珍惜。如果我们利用好每一分、每一秒，那么时间就不会从我们手中白白流走。

（2）严于律己。通过元元因多睡了一分钟，而迟到二十分钟，耽误了半节课的例子，让学生进行自我反省，严格要求自己，做事情不拖拖拉拉。

（3）文化传承。从小养成良好习惯是我们的优良传统，如大家熟悉的《三字经》《弟子规》等童蒙读物。本课就是以儿童熟悉的生活为素材编写而成的习惯养成故事。从元元的身上，学生认识到要养成早睡早起不迟到的好习惯，延伸到生活和学习的其他方面，通过拓展联系生活，帮助学生树立正确的价值观，养成良好的习惯。

3．语言表达。

（1）假设句式。课文第二自然段和第三自然段出现了“要是早一分钟就好了”来表达元元着急后悔惋惜的心情。抓住关键词“要是……就……”能帮助学生体悟人物心情。联系课文内容进行言语迁移，运用“要是……就……”这样的句式说话。句式的模仿迁移，与课后习题短语两相结合，可以拓宽学生的思维空间，帮助学生习得规范语言，提升学生的语言素养。

（2）归类识字。本课要求学生认识的十三个生字中，“钟、洗、刚、汽、决、经”六个是左右结构，“元、共、定、背”四个是上下结构，“迟”是半包围结构，“丁、已”是独体字。“钟、洗、刚、汽、决、经、背”是形声字，可联系学生以往的识字经验，进一步巩固形声字的识字方法。“已”是象形字，可采用字理识字，激发学生学习汉字的兴趣。在展开的教学过程中应充分调动学生学习的积极性，采用猜一猜、说一说等方法识记生字，让学生产生学习的成就感。

（3）书写分层。本课要求写的字有七个：“坐”字是特殊结构，“丁、已”是独体字，“元、共”是上下结构的字，“钟、经”是左右结构的字。类似结构的字，学生已不再陌生，可迁移运用以前学过的方法，让学生谈谈写好这些字应注意的要点，然后重点指导书写“钟、经、已、坐”四字，关键笔画与间架结构要提醒学生注意。

二、学习目标

1．基础目标。

（1）通过字理、熟字加换偏旁、猜谜语等识字方式，认识“钟、元、迟、洗、决、定”等十三个生字。借助以往的写字经验，端正地书写“钟、元、已、经”等七个生字。

（2）能正确、流利地朗读课文，体会文中主人公的心理变化。能用“要是……就……”说话。

2．特色目标。

（1）能在读中体会文中主人公的心理变化。能用“要是……就……”说话。

（2）积累时间的名言名句，知道时间的宝贵，懂得珍惜时间，严格要求自己，不拖拉，养成良好的学习习惯和生活习惯。

3. 发展目标。

能从阅读中得到启示，懂得养成好习惯的重要性。

三、核心内容

项目	具体内容
语言内容	（1）端正书写“钟、经、已、坐”四个生字 （2）学习运用“要是……就……”这一句式
思维内容	明白一分钟发生的连锁反应，知道事物之间存在相互联系。训练逻辑思维，把握内容之间的内在联系，作出简单的推断
文化内容	知道时间的宝贵，懂得珍惜时间，严格要求自己，养成良好的生活习惯
方法内容	（1）进一步掌握熟字加换偏旁的方法 （2）掌握抓关键笔画，把字写端正的方法 （3）通过品读相关语句，感受角色的心情变化

四、学习设计

第一课时

板块一　游戏导入，感受一分钟

1. 字理识字。出示小篆鐘、隶书鍾，引导学生观察发现左边是“金”，右边是“重”，合起来表示钟有“千金重”，表示时间的珍贵宝贵，从而激发学生学习汉字的兴趣。

师：（让学生做一个游戏）请小朋友们认真看着黑板上的这幅图画，不能眨眼，坚持一分钟，比一比看谁能坚持住。

2. 感受一分钟。

师：通过刚才的游戏，用你自己的话说说，“一分钟”有多长？

【设计意图】采用猜一猜、说一说等方法了解“钟”字的意思。通过课前游戏，激发学生学习兴趣，让学生形象地感受一分钟的概念，为下文学习作铺垫。

板块二　整体感知

1. 揭示课题。

学生看教师板书，读题，然后导入新课。

2. 自由读文。

请小朋友自由读课文，出示两个要求。

（1）独立读。师：遇到不认识的字，拿笔圈出来，然后借助“拼音宝宝”，力求读准字音。

（2）合作读。师：读给同桌听一听，同桌有不会读的字词，帮一帮。

3. 集体对读。

（1）检查朗读。师：刚才小朋友们读得那么认真，真好！现在哪位小朋友愿意读给大家听听。

（2）相机正音。（重点正音“哈欠”“背”）师：在“哈欠”中“欠”读轻声；背着书包中的“背”，这是一个多音字，这里读“bēi”，还可以读“bèi”，例如后背、背书。

4. 归类识字。根据读音特点、构字特点归类让学生认读。

（1）认读生字。出示第一组生字：“钟、迟”，重点指导读准翘舌音；出示第二组字：“刚、经、定”，指导读准后鼻音。

（2）识字生字。师：你有什么办法快速地记住这些“生字宝宝”？

熟字加偏旁识字：钟、迟、洗、汽。

熟字换偏旁识字：快—决。

【设计意图】根据读音特点、构字特点归类，让学生认读，既可以降低识字的难度，同时又渗透识字的方法。

板块三　首尾对读

1. 自由朗读。

思考：为什么元元多睡一分钟而迟到了二十分钟？

2. 对照学习。

在交流过程中出示第一段（睡懒觉）和第五段（迟到进课堂），引导学生对照学习，了解前因后果。

（1）了解原因。（指名读课文第一段）师：谁能用动作演示打“哈欠”？（指导朗读：“再睡一分钟吧，就一分钟，不会迟到的。”读出懒洋洋的语气和神态）

（2）感受结果。指名读课文第五自然段。让学生联系自己的经验，模仿老师的语气，读出批评和惋惜的语气。

3. 体悟心情。

(1) 自由朗读。师：元元两次叹气说“要是早一分钟就好了”的时候，他会想些什么？（先让学生自己读书感悟，体会元元当时着急的心情）

(2) 小组讨论。谈谈自己的想法，揣摩元元的心理；然后派代表上台发表见解。

(3) 感情朗读。师：你能把元元此时的心情通过朗读表达出来吗？（指导通过朗读表达元元当时的心情，注意读出叹息、自责的语气）

4. 小组讨论。

师：觉得这一分钟重要吗？为什么？

师：（小结）当小朋友们看见元元“红着脸，低着头”走进教室时，一定会受到强烈的感染——就这一分钟，使他迟到了整整二十分钟；就这一分钟，耽误了学习，使他感到愧疚和后悔。

5. 首尾对比朗读。

(1) 男女对比朗读。男生读第一自然段，读出元元懒洋洋不愿起床的拖拉心情，女生读第五自然段，读出元元因上课迟到后悔的心情。

(2) 师生对比朗读。教师读第一自然段，读出元元懒洋洋不愿起床的拖拉心情，学生读第五自然段，读出元元因上课迟到后悔的心情。

【设计意图】课文描写的是儿童熟悉的生活，在理解上没有太大难度，可以让学生自主阅读，自己读懂故事的前因后果，这就是“学生会的不教”。再让学生通过首尾对比朗读，体会元元心情变化。体悟用朗读表达人物的心情。教师应该教的是“学生不会的。”

板块四　书写生字

1. 识字比赛。

师出示生字卡片，同桌互测生字识字情况，比一比，看谁认得多，记得牢。

2. 观察发现。

师：“钟、经”是左右结构的字，左窄右宽明显。“钟”字的撇要舒展，包住下面的两个短横；“经”字中第二个撇折的折与右边横撇的撇要穿插。（这些关键笔画与间架结构要提醒学生注意）

3. 描红仿写。

4. 展示讲评。

教学进行星级评定：笔画正确一颗星，结构端正两颗星，干净整洁三颗星。

5. 作业布置。

师：你一分钟能做什么？课后自己做一做试验，并记录下来。

【设计意图】观察、交流、指导、描红、仿写、展示、讲评，既发挥学生的主动性，又适时强化教师的有效指导，学生眼、口、手、心并用，可以有效提高写字指导的效率。

第二课时

板块一 复习巩固

1. 游戏活动。

(1)“一分钟”组词。教师从“我会认”和“我会写”的生字中，选择几个，进行组词比赛，看谁组词多。

(2)“一分钟”猜字谜。教师把生字编成谜语，如，“金银铜铁全聚中”，谜底为“钟”。以组为单位让学生猜谜，比一比哪组猜得多。

2. 看图复述。

(1) 出示图片。教师出示打乱顺序的图片，分成六组镜头：一是睡觉，二是过马路等红灯，三是等公交车，四是走路，五是迟到进课堂，六是后悔。

(2) 学生排序。师：请小朋友们排序，并用课文中的句子进行阐述。

3. 看图说话。

师：元元因为多睡一分钟而迟到二十分钟，一分钟发生了这么多的连锁反应。如果时间能够倒流，元元又会怎么做呢？根据课文内容，用上“要是……就……”说一说。

【设计意图】通过有趣的游戏活动，既巩固生字识记，提高学生的学习兴趣，又在活动中体会“一分钟”的时间意义。通过排序整体感知课文内容，用上“要是……就……”训练逻辑思维，把握内容之间的内在联系，作出简单的推断。复述课文大意，明白一分钟发生的连锁反应，知道元元因为多睡一分钟而迟到二十分钟的内在逻辑关系。

板块二 读中品味

1. 学习第二自然段。

(1) 自由朗读。师：(请小朋友边读边想) 遇到红灯的时候，元元做出了什么反应？

（2）理解“叹气”。

（3）动作演示。师：叹气是什么样的啊？你能做做动作吗？

（4）联系生活。师：你在什么时候叹气啊？（伤心、难过、无奈、后悔……）

（5）体会心情。师：元元因为什么而叹气啊？

（6）读中感受。师：（指名读句子“他叹了口气，说：‘要是早一分钟就好了’。”）读出元元后悔的心情。（再齐读）

（7）移情体验。师：如果你是元元，这时候一定会想：“要是早一分钟，就能____________了。”

（8）感情朗读。师：（齐读第二自然段）感受多睡一分钟造成的后果。

2. 学习第三自然段。

（1）理解内容。师：读读第三自然段，说说你从这个自然段中读懂了什么？

（2）交流句子。（出示）“到了十字路口，他看见前面是绿灯，刚想走过去，红灯亮了。”

（随机指导“刚”，读准后鼻音）

（3）交流反馈。师：读了这句话，你想说什么？（引导学生明白）“刚”字表示因为多睡一分钟发生的第一次连锁反应：错过绿灯。

（4）教师范读。师：（读）“到了十字路口，他看见前面是绿灯，刚想走过去，红灯亮了。”（感受“刚”字重读，可以表达可惜之情）

（5）交流句子。师：“元元等了好一会儿，才走过十字路口。”这句话说明因为迟了一分钟，碰上了红灯，元元耽误了不少时间。（相机理解“才”，说明时间等得长）

（6）朗读指导。师：怎么读，才能让人感受到元元等待的时间长呢？

3. 学习第四自然段。

（1）理解内容。师：读读第四自然段，说说你从这个自然段中读懂了什么？

（2）学生交流。让学生交流在阅读中的发现。

（3）感受“焦急”。师：（出示句子）“他等啊等，一直不见公共汽车的影子，元元决定走到学校去。”抓住“等啊等”“一直”，体会元元此刻焦急的心情。

（4）朗读指导。师：怎么才能读出这种焦急？（指导学生）“等啊等”可延长读。

（5）移情体验。师：如果你是元元，这时候会想：“要是早一分钟，就能____________了。”

4. 整体回读。

师：朗读第二、三、四自然段，感受多睡一分钟带来的连锁反应及其内在联系。

【设计意图】1. 引导学生抓住具体语句说说自己的感受。2. 通过朗读、想象、品味，感受元元一路焦急的等待和不停地叹息、步行的辛苦、脸红的尴尬及深深的后悔。3. 感悟“珍惜时间、分秒必争”的道理。

板块三　感悟积累

1. 说一说。

师：读了元元的故事后，小朋友们一定有好多话要说吧，因为不只是元元，好多小朋友也有和元元一样的经历，说一说你的心里话吧。

2. 教师总结。

师：小朋友时间是最宝贵的，而且时间的宝贵程度不在于它的长短，一分钟、一秒钟我们也要学会珍惜。如果我们利用好每一分、每一秒，那么我们就没有让时间从我们身边白白流走。

3. 交流名言。

组织学生交流自己搜集到的有关“珍惜时间”的名言警句，读一读、背一背。

4. 积累名言。

教师出示关于时间的古诗、名言警句。

【设计意图】1. 珍惜时间。读完《一分钟》，要让学生想到“分秒必争”，年年如此，一生坚持。知道时间的宝贵，懂得珍惜时间。2. 严于律己。让学生进行自我反省，严格要求自己，做事情不拖拖拉拉。

板块四　书写生字

1. 识字小测。

（教师拿出生字卡片，同桌之间互相测试生字识字情况）师：比一比，看谁认得多，记得牢。

2. 观察发现。

师：独体字“已”的竖弯勾要出头，与“自己”的“己”进行比较，“己”的竖弯勾不出头。“坐”用编字谜的方法记住：两个小人坐在泥土上。（这些关键笔画与间架结构要提醒学生注意）

3. 描红仿写。

4. 展示讲评。

教学进行星级评定：笔画正确一颗星，结构端正两颗星，干净整洁三颗星。

【设计意图】观察、交流、指导、描红、仿写、展示、讲评，既发挥学生的主动性，又适时强化教师的有效指导，学生眼、口、手、心并用，可以有效提高写字指导的效率。

板书设计：

元共已坐

多睡一分钟————迟到二十分钟

珍惜时间

16　**一分钟**

叹了口气

又叹了口气

红着脸，低着头

17　动物王国开大会

一、文本解读

1. 文体特点。

（1）知识童话。知识童话，就是采用童话的方式，讲述有关知识的童话作品。《动物王国开大会》以童话的方式向儿童展现了如何把通知说清楚这一应用文知识，但既是童话，就必须具有童话的基本艺术特点。本篇童话就是运用幻想性的形象，采用拟人化手法，寓教于乐，把儿童不容易表达完整的通知，表现得适合他们的心理特点和接受能力。

（2）对话推进。《动物王国开大会》以一组组紧密的对话展开故事。以狗熊大声喊通知为主线，狐狸、大灰狼、梅花鹿一次次帮助它把通知说清楚。通过三组对话，不仅推进了故事的发展，更是把说通知的要求提高了。在对话推进中，将说好通知这一知识难度分层，又充满了浓浓的童趣。此外这些对话基本没有提示语，对话语言简洁、轻快。

（3）充满童趣。童话主要是通过想象、幻想和夸张的手法来塑造形象、表现知识，儿童喜闻乐见，这篇知识童话也不例外。《动物王国开大会》中的主角——狗熊，憨态可掬，每次说通知，都是拿着喇叭一连叫上十遍，读来让人觉得有意思；当知道自己没说清楚时，还伸了伸舌头，做个鬼脸，捶捶自己的脑袋，完全是一副做错了事的孩子的形象。“你说一百遍，大会也开不起来”，用夸张式的语言风格，幽默有趣。

2. 文化底蕴。

（1）不断进步。当我们学习一项新本领时，会遇到各种各样的麻烦，需要不气馁，更需要不断进步这样的精神状态。童话中的狗熊一次次地大声喊通知，在狐狸、大灰狼、梅花鹿的帮助下终于把通知说清楚了，最后森林大会成功召开。狗熊在犯错后，并没有放弃，而是在大家的帮助下，一次次地进步，走向了成功。

（2）大胆自信。大胆自信是对自身力量的确信，深信自己一定能做成某件事，大胆实现所追求的目标。《动物王国开大会》中的狗熊，每一次喊通知都是大声地喊上十遍，即使已经错了很多次，也无法改变他这样大胆自信的状态。在童话故事中就传达出在说通知时要大声、自信，让所有的人都能听见这样的信息。

（3）文化传承。尊重他人是一种高尚的美德，是个人内在修养的外在表现。无论是在学习、工作还是生活中，无论是对同学、老师、领导、同事或是邻居、朋友甚至家人，都应该自觉践行尊重。童话中的狗熊在传达通知时，一次又一次地闹出了笑话，狐狸、大灰狼、梅花鹿这些动物没有取笑他，而是尊重他，善意地提醒帮助他。

3. 语言表达。

（1）反复结构。反复性结构，这是童话故事中最常见、最经典的结构。反复是一种强调，它使某种模式更牢固，更易于辨认，也使故事更为单纯。《动物王国开大会》中的反复结构非常明显，狗熊把通知说错了三次，每一次都是狗熊说错，其他动物纠正，再是老虎告知，这样固定的情节模式。当然反复也不是完全重复，每次反复都会加入一些新的元素，或者包含递进。

（2）学习“通知”。通知的应用非常广泛，在我们的日常生活中随处可见。《动物王国开大会》中的狗熊经过狐狸、大灰狼和梅花鹿的帮助，终于把通知的时间、地点和参加对象说清楚。其他动物在听通知时都非常认真仔细，能获取关键信息。在课后练习中，编者还联系学生的日常生活，出示了一则少先队大队部发布的通知，让学生读一读，说一说。

（3）分层识字。本课要求学生认识的十三个生字，比较分散，可以在各个环节分层渗透识字。有些字关注字形，有些字关注字音，有些字会理解并能运用。例如，“物”，特别关注新出现的牛字旁；“通”，不仅要关注字音，还要在读了第一则通知后，理解通知的含义；“舌”，字理识字，“舌”演变过程：甲骨文，金文[古文字]，篆书[篆书字形]到楷体言，它的本义是在口中，用以言说、味觉的器官。

（4）书写迁移。“连、还”，学生已经写过类似的“迷、运”等走之底的字，应引导学生回忆书写注意点。“百、舌”和“点”都有“口”，应提醒学生注意“口”字的变化，“百”的“口”是竖长，横折钩的横在横中线上，“舌”的“口”要注意收口，在横中线下，“点”的“口”也要收口，虽然横折也在横中线上，但它的“口”要写得又扁又小。“要”，注意写好女字底，“女”的横要长，托住上面部分。

二、学习目标

1. 基础目标。

（1）通过字理识字、联系生活等方式，认识“物、舌、虎”等十三个生字。

（2）借助以往的写字经验，端正地书写“要、连、还、点”等六个生字。

（3）通过方法迁移，象形字的演化过程，进一步提升学生自主识字的能力。

2. 特色目标。

（1）借助插图，想象画面，读好童话中的对话。

（2）了解课文内容，明白在生活中如何清楚地传达通知。

3. 发展目标。

（1）懂得发布通知时要说清楚通知的时间、地点和参加对象，并能倾听通知，抓住这些要点。

（2）乐意演一演童话故事。

三、核心内容

项目	具体内容
语言内容	（1）重点指导书写含有“口”的三个生字“百、舌、点” （2）知道发布通知要说清哪些要点，能读懂通知
思维内容	通过阅读课文内容获取有用信息，并且进行整合
文化内容	（1）学习准确自信地表达 （2）感受与同伴之间互相帮助的和谐与美好
方法内容	（1）学习借助提示语，朗读好对话 （2）书写汉字养成先观察、比较，再落笔的好习惯

四、学习设计

第一课时

板块一　整体感知

1. 创境激学。

多媒体展现动物王国的情境，教师引出课题，学习生字“物”，认识牛字旁。

2. 自由读文。

学生自由读课文，边读边标出自然段序号，圈出难读的词语。

3. 检查正音。

（1）同桌合作。同桌之间互相读一读难读的词语。

（2）展示读。师：难读的词语都会了么？谁愿意大胆自信地上来给大家读读？读准后鼻音“狗熊、通知”，翘舌音“注意、准时”和前鼻音“一百遍、鬼脸”。

（3）厘清课文。师：读了课文，谁已经发现狗熊大声喊了几回通知？

【设计意图】初读环节，留给学生充分读的时间，通过合作读培养学生互相学习的意识；让学生大胆地上来展示读，又为后面大声地读通知做了铺垫。

板块二　品读第一次通知

1. 画出通知。

师：请小朋友们自由读读第一至六自然段，画出狗熊第一次是怎么通知的。

2. 读准通知。

师：请大家把画出的通知自由读一读吧。

（1）自由读。教师巡视，给予有困难的学生及时的指导。

（2）指名读。检查学生能否将通知读正确、读流利。

（3）学习词语。师：（出示词卡“注意”）读准字音。你看，当你想要让大家关注你时，你就可以用上“注意”一词。

（4）读准句子。师：现在，谁愿意再来读读这句话。

3. 朗读通知。

师：抓住提示语，体会狗熊是怎样发布通知的？

（1）关注“大声”。师：狗熊是怎样通知的？（引导学生关注）“大声喊”，谁愿意大声地来读一读。

（2）小结方法。师：当我们在读对话的时候，要关注前面的提示语，它会帮助我们把对话读得更生动。

（3）读好通知。指名学生抓住提示语朗读通知，再全班齐读。

4. 表演读。

（1）教师引读。（教师扮演狐狸引领学生接读）

师：（引读）你说一百遍，大会也开不起来。因为你没告诉大家，大会在哪一天开，是今天，还是明天，还是……

（2）学生接读。师：谁能接着读读狗熊的话？（指名读第五自然段）

（3）学习词语。出示词卡“舌头”，展示“舌”字的历史演变。

师：（出示词卡“鬼脸”）谁也来给大家做做鬼脸。

（4）配动作读。师：这句话，我们还能配上动作读一读呢！

（5）方法小结。师：你看，加上动作一读，我们就会读得更有趣了。

5. 角色演读。

师：小朋友们读得可认真，就让我们把这一部分连起来演一演吧。

（1）分配角色。教师抓住是否大胆自信和有没有加动作进行点评。

（2）小组合作。四人小组合作读一读，演一演。

（3）提取信息。师：在狗熊的这则通知里，你知道了些什么？（板贴——谁参加）为什么这一次狗熊把通知叫上一百遍，大会也开不起来么？看来，我们在说通知时，要说出开大会的时间。（板贴——时间）

6. 总结学法。

师：刚才，我们用读、画、演的方式读懂了狗熊第一次发布的通知。（附板书：读、画、演）

【设计意图】角色朗读不但可以促使儿童更主动地理解故事，把握形象，同时又在特定的情境中进行了生动的语言训练，在对角色心理的揣摩中，促进了学生丰富的情感体验。总结学法，为下文的迁移阅读提供了方法。

板块三　自读第二次通知

1. 迁移阅读。

师：狗熊第二次又会怎样喊通知呢？请用刚才的方法接着读读第七至十二自然段。

（1）自主学习。学生画出狗熊第二回通知的内容，再读给同桌听一听。

（2）师生演读。师：老师来当当大灰狼，谁愿意来当当狗熊，老虎谁来？（相机点评学生的朗读：有没有读出不同角色的语气）

（3）生生合作。四人小组合作读：三人分角色，一人读旁白。认真合作，上台演示，评比“最佳表演”奖。

2. 作出判断。

师：你觉得狗熊这次通知得怎么样？

(1) 引导发现。师：虽然狗熊说了时间，但是没有把时间说清楚，要说清楚是哪一天的几点钟。

(2) 补充板书。哪天？几点钟？

【设计意图】文本采用了童话常用的反复结构。这一部分和第一部分有很多的相似处，及时总结学习方法，放手让学生自己学习，“先学后教”，在学生有困难时加以点拨，体现“以生为本”的理念。

板块四 书写生字

1. 仔细观察。

师：“百、舌、点”这三个字都有“口”，但是在书写时却各不相同。“百”的“口”是竖长，横折钩的横在横中线上，“舌”的“口”要注意收口，在横中线下，“点”的“口”也要收口，虽然横折也在横中线上，但它的“口”要写得又扁又小。

2. 教师范写。

教师边写，边强调要点。

3. 学生自主练写。

师：每位学生把这三个字在田字格中写一遍。

4. 集体讲评。

挑选有代表性的学生作业纸点评，提醒注意点。

5. 修正练写。

按照讲评要求，每个字再写一个。

【设计意图】写字指导对于低年级学生来说尤为重要，字不仅要写得正确，还要写得美观。另外加强指导，教师适时启发、准确引导、示范指导、学生仿写几个步骤环环相扣，循序渐进，并且注重对学生写字姿势的指导、写字习惯的培养。

第二课时

板块一 续读故事

1. 复习旧知。

(师生合作读第一次和第二次通知)

“动物王国要开大会了，狗熊为了召集大家准时来参加会议，用喇叭大声喊——狐狸跑来了，告诉他，你说一百遍，大会也开不起来，因为——第二次，狗熊又用喇叭大声喊——可大会还是开不起来，因为——”

2. 出示插图。

师：（观察插图）这一次狗熊通知成功了吗？抓住插图中的“?”（猜测）狗熊又碰到了什么问题？

3. 续读故事。

师：请小朋友们自己读读第十三至十六自然段，用笔画出狗熊通知的内容。读一读，想一想，狗熊这次又遇到了什么问题？

（1）画出通知。学生画通知，再自由练读，教师巡视，相机指导。

（2）朗读通知。师：请一个学生来读读狗熊的通知。（教师相机点评学生的朗读）

（3）发现原因。师：狗熊为什么要捶捶自己的脑袋？说通知时，把地点说清楚也是非常重要的。（板贴——地点）

4. 读完整通知。

师：经过狐狸、大灰狼、梅花鹿的帮助，狗熊终于把通知说完整了。

（1）指名读文。师：谁给大家来读读？（生边听边画出：开会的时间、地点、要求谁来参加）

（2）提取信息。师：现在你知道动物大会什么时候开么？又是在哪里开呢？请你填一填。（课件出示）

时间____________ 地点____________ 参加人____________

5. 课中操。

师：这个故事真有趣！老师把它编成了一首儿歌，让我们一起来读读吧。

动物王国开大会，
狗熊来把通知喊。
一次忘把时间说，
一次时间没说清，
一次又把地点忘。
狗熊伸舌，做鬼脸，
自己也觉闹笑话。
狐狸、灰狼、梅花鹿，
纷纷奔来把忙帮，

完整通知出来了！出来了！

【设计意图】利用课文中的插图，既培养了学生的观察能力，又能充分地用足文本资源；课中操用儿歌的形式重组文本，不仅引导学生回顾了整个故事，也再次复现了本节课教学的生字，提高了实效。

板块二　梳理通知

1. 复现通知。

屏幕显示狗熊说的四则通知。

(1) 整合通知。师：请四位同学分别来读一读，其他同学想想它们之间有什么不一样的地方。

(2) 交流不同。师：第一则通知只说清了参加的对象；第二则通知加了时间——明天；第三则通知把时间明天说得更清楚了——明天上午八点；第四则通知还加上了地点。

(3) 小结通知。师：看来我们在发布通知时，不但要说明请谁参加，也要说清楚准确的时间，还要告诉大家地点。不然，我们会像狗熊前三次发布通知那样，一连喊上一百遍，也没人会来参加大会。

2. 拓展延伸。

师：（教师续讲故事）第二天上午，动物们都准时来到森林广场，参加了大会，这时，狗熊又拿起喇叭大声地通知大家：凡是森林王国里的动物，都必须参加“才艺展示大会”。这则通知刚说出口，他就发现自己又犯了老毛病了，小朋友们，你们能帮帮他吗?

(1) 小组讨论。四人小组交流：这则通知里少了什么?

(2) 全班交流。在通知中，要说清楚才艺展示大会的时间和地点。

(3) 阅读通知。在学生的提示中，教师把通知修改完整。（课件呈现）

通　知

下个月1号在森林广场举行“才艺展示大会”，凡是森林王国里的动物，都必须参加。

老虎大王

12月5日

3. 阅读通知。

师：生活中，我们也经常会看到通知。请看课文第93页，读一读课后的通知。

（1）读好通知。师：（自由练读）谁能把这则通知大声地读出来，让大家都听清楚。

（2）同桌合作。师：（同桌之间交流）你从这则通知中知道了什么？把这些信息填写在横线上。

（3）交流反馈。教师用实物投影展示合作结果，同学点评，有错误的及时修改。

时间：4 月 22 日上午 8 点　　地点：教学楼门前

参加人：各班参加运动会入场式的同学　　事情：参加运动会入场式

通知人：少先队大队部　　通知时间：4 月 20 日

【设计意图】将生活中经常用到的应用文“通知”融合到童话故事里，用反复的手法向学生循序渐进地介绍通知的要点，是本文最大的表达特色。在教学中，除了引领学生不断搜集、整理信息，明了通知的要点外，还要为学生创造实践机会，螺旋式地达成教学目的。

板块三　书写生字

1. 迁移书写。

（出示生字：连、还）

（1）回忆走之底的字的书写要领。

（2）学生练写“连、还”。

2. 书写“要”字。

（1）仔细观察。师：注意“西”成为部件后的笔画变化，竖弯变成竖；写好女字底，撇折与长点在竖中线交叉，稳稳托住上面的“西”。

（2）学生练写，教师讲评。

【设计意图】写字指导，各有侧重。“连、还”，通过回忆，帮助学生整理写好相同部首的字的要领；通过引导学生观察，注意写好主笔，使得学生逐步学会写好字的方法。

板书设计：

17　**动物王国开大会**

谁参加？

通知　　时间（哪天？几点钟？）

地点？

18　小猴子下山

一、文本解读

1. 文体特点。

（1）说理童话。童话指的是在现实生活的基础上，以符合儿童想象力的情节，采取拟人、夸张、象征等方法编织而成的一种富于幻想色彩的故事。它是儿童文学中一种非常重要的文体，是小学生较早并大量接触到的文学样式之一，在学生的成长过程中具有重要而深远的影响。小学语文教材中选编的拟人体童话可以分为两大类：一类是说理童话，一类是科普童话。《小猴子下山》是一篇非常典型的说理童话。故事讲了小猴子下山掰玉米、摘桃子、摘西瓜、追兔子，结果却空着手回家。以此说明一个道理：目标不明确，做事不专一，是不会有收获的。

（2）人物生动。《小猴子下山》这篇童话故事以连环画的形式呈现，以小猴子下山所经过的地点变化为故事发展线索，讲述了小猴子下山路上的经历。刻画了一个机灵淘气、三心二意的小猴子形象，和绝大多数儿童的性格有相似之处。一年级小学生读来，仿佛照见了自己和小伙伴的影子，非常有趣。

（3）思考推理。《小猴子下山》通过小猴子下山的经历，告诉读者：目标不明确，做事不专一，是不会有收获的。这对一年级下的学生的阅读能力是个新挑战：在读懂课文的基础上要整合信息，抓住故事的主要情节进行表达，并在理解的基础上对“小猴子最后为什么空着手回家去”作出推断，是对学生进行逻辑思维训练的好材料。

2. 文化底蕴。

（1）习惯养成。小猴子见到玉米掰玉米，见到桃子扔玉米，见到西瓜扔桃子，扔掉西瓜追兔子，结果却空着双手回家去。造成这种后果的原因是小猴子见一样爱一样，目标不够专一，做事三心二意。学生在阅读中懂得了这个道理，也明白了养成做事专注的好习惯是多么重要。这也是说理童话寓思想教育于生动故事中，润物无声、育人无痕的优点所在。

（2）文化传承。阅读《小猴子下山》可以帮助学生建立这样一种价值取向：无论做什么事，都要有取舍，选中目标后就要坚持到底。如果像小猴子那样，不切实际地什么都想得到，“这山望着那山高”，结果肯定是一无所获。

3. 语言表达。

（1）反复结构。童话故事大多数是按事情发展的顺序叙述，有头有尾，故事情节完整。不少童话在叙述过程中会使用反复的手法，即相同的情节和语言往往稍加变动反复出现，便于学生阅读、记忆、讲述。课文的第一至四自然段结构相同，表达相似：小猴子来到……看见……就……故事反复四次，读起来却无重复啰唆之感，反而富有节奏感，让人觉得趣味无穷。童话的这种特点，便于进行复述教学。

（2）用词准确。课文的第一至四自然段虽然结构相同，表达相似，但用词却准确，富有变化。一系列动词“掰、扛、扔、摘、捧、抱”写活了小猴子见异思迁的情态。“又大又多”“又大又红”“又大又圆”“蹦蹦跳跳”等词语富有画面感，在教学中要引导学生品读语言，感受文学语言美，培养想象，体悟文学形象美。

（3）归类识字。本课要求学生认识的十二个生字中，七个是与动作有关：掰、扛、扔、摘、捧、抱、蹦。可借助动作演示来识字，其中“扛、扔、摘、捧、抱、蹦”这几个形声字可借助形声字构字特点来读准音，认清形。“瓜”是象形文字，可采用字理识字，演示它的变化过程：金文、大篆、小篆、隶书，帮助学生识记字形，理解字义。

二、学习目标

1. 基础目标。

（1）通过看图想象、动作演示等方式，认识“猴、结、掰、扛”等十二个生字。能够正确区别“摘、扛、捧、抱、追”等动词。

（2）借助已有的写字经验，端正地书写“块、常”等七个生字。

（3）能正确、流利地朗读课文。

2. 特色目标。

（1）通过学习课文，了解小猴子下山的路线。

（2）学习并积累“又（　　）又（　　）”形式的词语，并会迁移运用。

（3）借助课文插图、板书等讲述故事。

3. 发展目标。

（1）通过形声字的字形梳理，借助形旁理解字义，借助声旁掌握读音。

（2）由故事得到一定的启示：目标不明确，做事不专一，是不会有收获的。

三、核心内容

项目	具体内容
语言内容	(1) 重点指导书写“块、常、瓜”等七个生字 (2) 学习并积累“又（　　）又（　　）”形式的词语，并会迁移运用。能够正确区别“摘、扛、捧、抱、追”等动词
思维内容	能通过阅读提取、整合信息，抓住故事的主要情节进行表达，并在理解的基础上对“小猴子为什么会空着手回家去”作出推断
文化内容	由故事得到一定的启示：目标不明确，做事不专一，是不会有收获的
方法内容	(1) 进一步掌握利用形声字特点的方法来识记生字 (2) 抓关键笔画写好汉字 (3) 借助课文插图、板书等讲述故事

四、学习设计

第一课时

板块一　导入课题

1. 谈话导入。

（教师板书“小猴子”）师：（指名说说）在你的印象中，小猴子是怎样的?（引导学生说说自己所了解的小猴子的性格特点、生活习性等）

2. 教学“猴”字。

师：(出示生字卡“猴”）说说有什么办法记住它?（引导学生联系学过的反犬旁的字“猫、狗”，识记“猴”字。出示词卡“小猴子”，指导读好名词的轻声）

3. 揭示课题。

（板书补充课题，生齐读课题）

师：小猴子在山上玩腻了，想要下山去玩玩，看看有什么好吃的好玩的，它会去哪些地方呢?请大家打开课文，认认真真读一读。

【设计意图】1. 猴子是小学生比较熟悉并喜爱的小动物，让他们谈谈印象，能唤醒已有的阅读经验，从而产生阅读的兴趣。2. 带着问题进入初读，不仅能激发学生的阅读欲望，还能提升他们阅读的专注程度。

板块二　整体感知，明确路线

1．初读课文。

出示要求：把课文读正确，遇到难读的字多拼读几遍。再标出自然段的序号。

2．朗读反馈。

指名分自然段朗读课文，随机正音。（板贴生字卡：掰、扔、摘、捧、抱、追）

3．字形识字。

师：请看看老师贴在黑板右侧的这些生字卡，你有什么发现？

（1）发现共性。“扔、摘、捧、抱”都是提手旁，这几个动作都与手有关；“追”是走之底，和腿的动作有关。

（2）理解字义。师：你能做做这些动作吗？（教师一一出示字卡：扔、摘、捧、抱）

（3）据形猜字。师：掰有两个“手”，中间一个“分”，你能猜猜它是什么意思吗？

4．画出地点。

师：小猴子下山，都经过了哪些地方？请你在课文中画一画。

5．说说地点。

根据学生回答，课件出示词组。

（1）读准词组。师：读准“一”的变调，“里、下”要读轻声。（再随机教学）“瓜”，要读准音。

（2）迁移学习。师：谁能说说“一（　　）树林”。

6．排列图片。

（课件出示课文中被打乱顺序的插图）

师：谁能按照小猴子下山时走过的路线，将这些图片排一排？

7．练习说量词。

师：谁能看着图片说说，小猴子下山都经过了哪些地方？

8．板贴地点。

师：请你把这些地点，按照顺序贴在黑板上。

【设计意图】1．课文中出现了大量动词，在初读时先要求读准音，再通过品读课文去理解意，分层学习，降低难度。2．厘清小猴子下山的路线，培养学生搜集信息、整合信息的能力，同时在运用中积累量词。

板块三　品读课文，发现“所见”

1. 发现“所见”。

师：小猴子到过这么多地方，都看见了什么呢？

（1）圈一圈。师：自己读一读课文，圈一圈小猴子都看见了什么。

（2）说一说。（圈好后，与同桌讨论一下）师：你们圈的都一样吗？

（3）读一读。根据学生回答，出示词卡：玉米、桃子、西瓜、小兔子，指名读，“开火车”读。

①字理识字。师：（出示瓜）小朋友猜一猜，这是什么字？说说你猜的理由。

②演示过程：大篆瓜、小篆瓜、隶书瓜，感受象形字用字形传递字义的特点。

③组词拓展。师：说说你还知道哪些瓜？

（4）贴一贴。师：小猴子都在哪些地方看见它们的？请你在黑板上贴一贴。

2. 发现特点。

师：仔细看看插图一到插图四中的小猴子，你有什么发现？（引导学生发现小猴子一直都非常开心）小猴子这么开心，是因为它一路看到的都是好东西呢！

（1）示范圈画。（课件出示第一自然段）师：你看，小猴子来到一块玉米地里，看见玉米结得又大又多。（教师圈画“又大又多”，将词卡“又大又多”，贴到黑板上）

一块玉米地里　　玉米　　又大又多

（2）学法迁移。师：你能像老师这样，边读课文，边圈出桃子、西瓜、兔子的特点吗？

（3）指名贴词。学生读、圈，教师巡视，指名完成的学生将词卡贴在黑板上。

（4）学说词语。师：你能用又（　　）又（　　）来夸夸小兔子吗？（预设：又白又胖，又活泼又可爱）

（5）练读词语。读一读这些词语，要让人觉得这都是好东西呢！

3. 拓展运用。

师：这些特点都是小猴子看到的，那小猴子闻一闻，会发现？尝一尝，会发现？摸一摸，会发现？［引导学生说出又（香）又（甜）、又（甜）又（脆）、又（鲜）又（嫩）等特点］

4. 课中操。

师：小猴子下山看到这么多好吃的、好玩的，真开心。请你打着节奏读一读。

【设计意图】1. 分层识字，在朗读课文中要求学生读准“掰”等表示动作的字串的读音，借助字理教学“瓜”，识字形明字义，体现了识字教学的层递性。2. 让学生在整体感知中，厘清小猴子下山的路线，潜心领会文中小猴子一路所见及其特点，培养学生在阅读中提取信息、整合信息的能力。

板块四　写字教学

1. 生字复现。

出示生字“非、常、块、瓜”，指名认读。

2. 指导书写。

（重点指导“非、瓜”的笔顺）师：“非”，从左到右，先竖后横，左右对称，注意压线笔横的位置；“瓜”，第一笔要写成平撇如瓜藤，第二笔竖撇如瓜叶，中间竖提＋点如瓜果，最后一捺如瓜叶。（教师范写一个，学生学写一个）

3. 学生练习。

学生先描红，再仿写。教师巡视指导。

4. 反馈评价。

将学生写的字在实物投影仪下进行反馈，师点评：书写是否正确，结构是否匀称。

【设计意图】写字教学一定要让学生养成先观察后动笔的习惯，这样才能让每一次练习都变得高效。而教师的点评要紧扣指导要求，凸显写字目标。

第二课时

板块一　趣味复习

1. 读词说话。

比赛摘词语水果，读准词语：又大又多、又大又红、又大又圆、蹦蹦跳跳。

师：谁能选一个词语说一句话？（引导学生选用词语复述课文中的内容：如“玉米又大又多、桃子又大又红、西瓜又大又圆、小兔子蹦蹦跳跳真可爱”，再鼓励学生用上这些词说说其他的事物）

2. 读读做做。

认读生字：掰、扛、扔、摘、捧、抱。

（1）看图认字。师：这些字读什么？你能看图猜一猜吗？

（重点讲解会意字“掰”：两手一用力，东西分两半）

（2）学做动作。师：（出字卡）你能学着小猴的样子做一做动作吗？

（3）连线识字。师："字宝宝"跑错位置了，你能看图连一连吗？

（4）选词说话。选用几个词，各说一句话。

师：请小朋友们思考，这些动作可以换一换吗？

【设计意图】以摘水果、做动作、连线等游戏方式创设学习情境复习生字词，能激发学生的学习热情，而以词串、字串等形式归类出现，更方便学生进行识字、学词，提升学习效率。

板块二　品读课文，发现"所做"

1. 引领发现。

教师引导学生阅读第一自然段，发现小猴子的所做。

（1）读文思考。师：请小朋友们自己读读课文，想想小猴子到了玉米地里是怎么做的呢？

（2）圈画动词。教师根据学生回答，在课文中圈出动词"掰、扛"。

（3）借图理解。师：请小朋友们看插图，你有什么发现？（引导学生发现小猴子的表情、动作，推测小猴子的心理）

（4）入境体验。师：小朋友们，小猴子看到这又大又多的玉米，会有什么想法呢？

（5）看图演读。师：你能配上小猴子的动作，读好这一段吗？

（6）小结学法。师：刚才老师和大家用读一读、圈一圈、看一看、演一演（附板书）的方式学习第一自然段。

2. 合作发现。

师：你能用上（教师手指附板书提示）这些方法，和同桌合作学习第二、三自然段吗？

（1）互相听读。同桌合作，一人读一段，有问题，帮他指出来。指名读得最认真的一对同桌，读给大家听。

（2）检查圈画。师：你圈出了哪几个写小猴子动作的词？同桌相互比一比，圈得一样吗？（指名一桌在实物投影仪下展示自己的发现）

（3）看图发现。师：对同桌说说，你看着图画，觉得小猴子心里在想什么？（指名说得认真的一对同桌说给全班同学听）

（4）合作演读。同桌合作，一人朗读一个自然段，能配上动作就更好了。指名合作最好的一对同桌向全班展示。

3. 独立发现。

师：用刚才阅读发现的方法自己读读第四自然段。

（1）自主发现。学生按照刚才的学习方式自读第四自然段，教师巡视。

（2）反馈交流。

①交流看图发现。师：小猴子看到蹦蹦跳跳的小兔子，把西瓜一扔，追小兔子去了，西瓜碎成了好几瓣。

②交流小猴所想。师：猜猜小猴子是怎么想的？

【设计意图】课文第一至四自然段结构相同，都是一只小猴子来到什么地方，看见什么，怎么做来构段的。在经过第一自然段教师的引领学习之后，后面三个自然段可以采用同桌合作、独立阅读、教师随机指导的方式进行学习，让之前学到的学习策略得以运用。培养学生结合图文搜集、整理信息的能力。

板块三　看图复述，推断原因

1. 看图复述。

（呈现课文插图一至四）师：你能看着插图，连起来说说小猴子来到了什么地方，看到了什么？做了什么？

（1）小组练习。四人小组合作，每人选择一幅画面说一说。

（2）指名说说。请四位学生上台，选择其中一幅画说一说，（其余同学认真倾听）师：他们有没有说清地点？看到了什么？做了什么？

（3）连图复述。师：哪个能干的同学能看图把小猴子下山的经过说一说呢？可以请黑板上的这些词语帮忙。

2. 齐读结果。

出示课文第五自然段，全班齐读。

3. 推断原因。

师：小猴子下山，看到这么多好东西，做了这么多努力，最后为什么只好空着手回家去了呢？（通过讨论，引导学生明白）小猴子目标不专一，见一样爱一样，三心二意，结果什么也没有得到。

4. 入境体验。

师：如果你是小猴子的好朋友，你知道了这件事，你会怎么对小猴子说呢？

【设计意图】1. 借助图画复述，要求学生在读懂课文的基础上整合信息，抓住故事的主要情节进行，既培养了读图能力，又运用了课文中学到的词语，体会用词的准确性，将文本语言进行了内化。2. 在理解课文，整合信息的基础上对

“小猴子最后为什么会空着手回家去”作出推断，是更高要求的逻辑思维训练。

板块四　指导书写

1. 生字复现。

出示儿歌，复现生字，拍手朗读。

（认读后，定格生字“往、进、空”，再指名认读）

2. 指导书写。

重点观察三个生字的结构以及书写顺序。关注半包围“进”，提醒学生左下包围的字先内后外。教师范写一个，学生学写一个。

3. 学生练习。

学生先描红，再仿写。教师巡视指导。

4. 反馈评价。

将学生写的字在实物投影仪下进行反馈，教师点评：书写是否正确，结构是否匀称。

【设计意图】重组文本创编儿歌复现生字，既是对文本信息的整合，也是对生字词的巩固。

板书设计：

18　**小猴子下山**

一块玉米地里　　玉米　　又大又多　　掰　　扛
一棵桃树下　　桃子　　又大又红　　扔　　摘
一片瓜地里　　西瓜　　又大又圆　　捧　　扔　　摘
树林里　　小兔子　　蹦蹦跳跳　　抱　　扔　　追

口语交际：一起做游戏

一、文本解读

1. 文体特点。

（1）口语交际。口语交际是指特定环境里产生的言语环境，不同于听话、说话，它是由说听双方共同构成的一种交际方式。其核心是“交际”，除了语言这一因素之外，还涉及交际手段、交际对象、交际环境、交际规则等基本要素。其基本特点是听说双方互动，只有交际双方进入互动的状态才是真正意义的口语交际。本教材中的口语交际打破了以往教材中单纯的独白式讲解的做法，不但追求口头语言能力的提升，还将交际能力、内在素养交融在一起，使口语交际真实地回归到实际交际的需求。

（2）图文并茂。本次口语交际依旧采用了图文并茂的表现形式。先用“邀请小伙伴一起做游戏吧”这句话激发学生自主表达的欲望，再出现两幅插图：第一幅图呈现了传统游戏“贴鼻子”的游戏场景，引发学生的记忆，激发了学生表达的兴趣。第二幅图呈现的是两个女孩的对话情境，特别值得关注的是对话过程中有邀请，有回应。最后是交际技巧策略提示：一边说，一边做动作。这样别人更容易明白，在前几次口语交际的基础上又提出了新要求。

（3）贴近生活。“一起做游戏”是一年级下册第四次口语交际的内容。主题的选择与一年级上册中的“我说你做”“我们做朋友”“用多大的声音”“请你帮个忙”是一致的，都是选择了学生在实际生活中经常遇到的情境，关注的是学生实际的交际需求，更能激发学生的交际欲望。

（4）目标明确。“一起做游戏”与部编版教材前七次的口语交际一样，以“便签条”提示的方式，提出了口语交际的要求：“一边说，一边做动作，这样别人更容易明白。”值得注意的是，这目标不是孤立的，而是在原先几次口语交际的要求上，提出了新的交际礼仪要求。同时也是交际的有效策略：用动作辅助讲解，能让对方更容易明白你的意思。

2. 文化底蕴。

（1）热情待人。在家中、学校里、社会上，时时处处都要与人进行交际，在交际之中最能体现一个人的文化素养和品位。《中国学生发展核心素养》（课题组历时三年集中攻关，并经教育部基础教育课程教材专家工作委员会审议，最终形成研究成果，于 2016 年 9 月定稿）明确指出，学生发展性核心素养分为文化基础、自主发展、社会参与三个方面。通过本次口语交际活动，学习如何邀请伙伴一起游戏，与他人分享游戏的快乐，正是传承了中华民族待人热情的优良传统。

（2）积极参与。一年级的学生基本上具备了日常的交际能力。通过前面七次的口语交际练习，学生也基本掌握了口语交际时的基本礼仪。本次口语交际又提供了新的交际策略要求：一边说，一边做动作，这样别人更容易明白。这其实是在以往的“与别人交谈时，态度要自然大方，有礼貌”的基础上，让学生主动与人交际，“让我们一起做游戏吧”，主动去说服别人，并能尽自己所能用上交际策略来说服对方一起参与。这样积极、热情的交际心态是成功的基础。

（3）团队精神。我们都生活在大集体中。“一把筷子折不断”“树多成林不怕风”“百花齐放春满园”等学生熟悉的谚语，诠释的都是“集体力量大”的文化内涵，而游戏，正是培养这种团队精神的优秀媒介。学生邀请到同伴参与，就是得到了同伴的支持。有了同伴的参与，可以协同作战，可以互相支持，更有可能体验游戏成功的成就感。

3. 语言表达。

（1）语言准确。本次口语交际的语境是“邀请小伙伴一起做游戏”，衡量标准是能否邀请成功。因此，在交际时，一是要使用礼貌用语，态度大方自信；二是能用身体语言辅助表达，把游戏的方法介绍清楚，吸引被邀请者参与到游戏中。对于一年级下的学生来说富有挑战性。

（2）情境创设。文本中提供了两个交际场景：第一个是玩传统游戏“贴鼻子”。第二幅图呈现的是两个女孩的对话情境。对话过程中有邀请，也有回应，既提供了表达的范式，又为学生的交际提供了想象与表达的空间。

（3）实践策略。有了情境创设，激发了学生主动交际的欲望之外，教师还应该考虑如何引导学生进行实践表达。如，在游戏时，提醒伙伴的话语要准确，邀请伙伴参与时态度要热情，介绍的声音要响亮，还要有条理地说清楚游戏的步骤，有需要时可以配上动作说明。而被邀请者要认真倾听，不懂的地方要学会提问。只有这样的实践，才能真正培养学生面临相似的交际情境时进行适恰表达的能力。

二、学习目标

1. 基础目标。

（1）观察图片，链接生活，产生交际的欲望。

（2）能一边说，一边做，把游戏规则说清楚。

（3）在交际实践中进一步养成良好的倾听和表达的习惯。

2. 特色目标。

（1）借助交际实践，掌握“一边说，一边做动作，这样别人更容易明白”的交际策略。

（2）通过交际实践，明白邀请伙伴参与时应该热情大方，表达时要有自信。

3. 发展目标。

通过交际实践，让学生综合运用所学到的交际策略，体会交际成功的喜悦，能乐于表达、自信表达。

三、核心内容

项目	具体内容
语言内容	（1）能大声说出自己的邀请 （2）能条理清晰地介绍游戏的方法
思维内容	在被邀请者不明白游戏方法时，怎样有条理地进行解释
文化内容	（1）在邀请伙伴参与时，态度要热情大方 （2）懂得与伙伴分享游戏的快乐，获得成功的体验
方法内容	（1）在介绍游戏方法时，要借助连接词把步骤说清楚 （2）借助动作，可以让别人更容易明白你表达的意思

四、学习设计

第一课时

板块一　创设情境，点燃交际热情

1. 畅谈游戏。

师：生活中，有各种各样好玩的游戏。课间，大家都喜欢玩什么游戏呢？请你说一说你最喜欢的游戏名称。

2. 看图入境。

师：小朋友们，这个游戏你熟悉吗？（课件出示本次口语交际的第一幅情境图“贴鼻子”）

（1）观察插图。师：请你说说，图中的小朋友在干什么？

（2）介绍游戏。师：老师也很想玩玩“贴鼻子”游戏，可是我不会。你能告诉我这个游戏怎么玩吗？

3. 揭示课题。

师：这节课，我们就学一学怎样邀请伙伴一起做游戏。（板书课题，生齐读）

【设计意图】创设情境，唤醒学生对于游戏的美好体验，学生自然有了表达的愿望。随后，教师提出请学生帮助介绍游戏玩法的要求，学生交际的热情就会被点燃。接着提出这节课的学习要求，为学生进入模拟交际奠定了基础。

板块二　模拟练习，学习交际策略

1. 进入交际。

师：小朋友们，老师也很想和你们一起玩“贴鼻子”游戏。你愿意邀请我吗？

谁来试一试。

2．明确要求。

指定一生上台邀请老师一起做游戏，其他生倾听，观察，再提出建议。

（1）师生练习。（通过师生对话，引导学生进入交际情境，明确本次交际的任务）

生：老师，我们一起做游戏吧！

师：好啊，可是我不会玩呢。

生：没关系，我可以教你。

（2）交流发现。师：刚才，从老师和同学们的对话中，你有什么发现？

$生_1$：邀请时声音要响亮。

$生_2$：态度要热情，有礼貌。

$生_3$：说话时眼睛要看着对方。

（教师随机板书：热情有礼貌）

（3）教师小结。刚才，大家发现的是我们前几次口语交际课学到的交际礼仪。那么，这次口语交际，我们还有什么新的任务吗？

（4）明确任务。师：请小朋友们自己读读课文“泡泡”，找一找。（引导学生读“泡泡”：“没关系，我教你，这个游戏可以这么玩……”）

3．介绍游戏。

师：这个游戏怎么玩？请你看看视频。（教师播放“贴鼻子”的视频）

（1）同桌讨论。看完视频，同桌相互讨论：“贴鼻子”游戏可以分成几步？

（2）提炼步骤。指名说，其他同学补充。在反馈过程中，教师提炼出“贴鼻子”游戏的步骤：①用一块布蒙上眼睛。②从指定位置走到黑板前。③根据合作伙伴的提示，将熊鼻子贴到正确的位置。

4．微课示范。

（播放微课视频）

师：请小朋友们认真看，仔细听，她是怎么介绍的。

（微课内容）

小燕：兰兰，来，和我们一起玩“贴鼻子”吧，可好玩了呢！

兰兰：谢谢！可是我不会玩啊。

小燕：没关系，我来教你。这个游戏这么玩：首先，我用布蒙住你的眼睛，接着，你从指定的位置走到黑板前，然后根据我给你的提示上下左右移动，将熊鼻子贴到正确的位置。

兰兰：太好了。你这么一介绍，我就明白了。我们一起玩吧！

5. 学习介绍。

师：小朋友们听清楚了吗？小燕是怎样将游戏步骤介绍清楚的呢？（根据学生回答，板书“首先、接着、然后”）

师：（提示）用上这几个连接词，就能将游戏步骤介绍得清清楚楚。除此之外，我们还可以用上“一、二、三”这些词分步把游戏步骤介绍清楚。（教师随机板书：说清游戏步骤）

6. 师生合作。

师：谁愿意和老师一起合作玩“贴鼻子”游戏？（师生示范对话，一边玩，一边复述游戏规则。同时加上动作）

7. 提升要求。

师：在刚才介绍规则时，老师边说边加上了动作，这有什么好处呢？请小朋友们自己读读课本中的“小提示”。（教师随机板书：边说边做动作）

8. 集体实践。

师：接下来，我们分成几个小组，大家轮流玩“贴鼻子”游戏。请看黑板上的星级评价标准（态度热情有礼貌，一星；说清游戏步骤，一星；边介绍边做动作，一星）。比一比，谁能得到三颗星。

【设计意图】1. 如何有条理地介绍游戏步骤，对于一年级学生来说是个难点。选用微视频示范，给予学生学习的样本，再通过教师引导，懂得用上连接词去分步介绍，降低了表达的难度。2. 分步提炼交际策略，由低到高呈现交际的要求，为学生的交际实践提供了支撑，也为伙伴间相互评价提供了依据。

板块三　拓宽场所，提高交际实效

1. 再现场景。

教师用照片形式呈现学生在不同地点进行游戏的场景。如，在操场上和同学玩“二人三足”，在公园里和小伙伴一起玩“丢手绢”，在家里和爸爸妈妈一起玩“萝卜蹲”。

2. 选择游戏。

师：这些游戏都是大家在课余经常玩的。选择你最喜欢的一个游戏，邀请同桌一起玩。

3. 再提策略。

师：（请大家注意）邀请时要热情大方，介绍时要说清楚游戏步骤，最好能加上动作。被邀请的同学如果没有听清楚，可以向对方提问，请他重复一遍。

4. 实践演练。

同桌之间展开交际，教师巡视指导。表现出色的小组给予表扬。

5. 上台展示。

邀请刚才实践演练中表现出色的同桌上台展示，其他同学根据黑板上的星级要求评比，最终评选出“最佳推荐者”。

6. 课堂小结。

师：在生活中，我们经常会遇到这样的情况：比如，游戏人数不够时，你要主动去邀请别人加入；比如，其他小朋友在做游戏，你很想参加，却不知道怎么玩。这时，你可以用上今天学习的本领。

【设计意图】生活时时处处都会发生口语交际。学生应该将课堂中学会的交际策略运用到自己的生活中，这样才能切实提高人际沟通与社会交往能力。在结课环节，创设情境，让学生将表达策略运用到不同的游戏介绍中，既能让学生熟练掌握学习内容，又懂得要在生活中随时发挥口语交际的实效性，使学生的交际热情由课堂延伸到生活。

板书设计：

一起做游戏

热情有礼貌 ★

说清游戏步骤 ★ 首先 接着 然后

边说边做动作 ★

语文园地七

一、教材解读

语文园地七安排了三个板块内容。第一板块内容是“识字”。包括：“识字加油站”，通过本次学习，让学生学会认字的小方法——熟字加减法；“字词句运用”，让学生在比一比、填一填形近字中区分认识生字，并且能在零语境中展开想象，说几句话，培养学生的联想和表达能力；“书写提示”，让学生认识左上包围和右上包围的生字的新书写规则——先外后内。第二块内容是“日积月累”。安排了一些关于读书的诗句，通过读一读、背一背的方式，让学生养成多积累的好习惯。第三块内容是“和大人一起读”。安排了一首有趣的儿歌《孙悟空打妖怪》，内容富有趣味性，又很有节奏，读起来朗朗上口，适合和大人一起朗读，并能在朗读中了解孙悟空三打白骨精的故事。

1. 识字加油站。

（1）学习识字方法。在小学阶段中，一年级是非常重要的，它承载着幼小衔接和通往自主学习的桥梁的作用。在一年级，学生最需要形成的能力，莫过于自主识字了，所以本次主要让学生在学认八个生字的同时，掌握认字的一种实用的方法：熟字加减法。

①加一加。加一加就是用熟字加偏旁的方法来学生字，用学生以前学过的生字加上偏旁变成新的生字。这样学生记忆起来就比较简单，而且可以训练学生自学的能力。在学生认识生字的基础上，还可以利用游戏的方式让学生加深印象。让学生分别扮演已学过的熟字，通过“找朋友”的游戏记忆生字，达到趣味和识字的有机融合。

②减一减。减一减的方法就是把以前学过的生字去掉某一部分变成新的生字。这一部分的学习过程也可以变成一个游戏过程，让学生分别扮演不同的熟字，通过减一减的游戏变成新的“生字宝宝”。这样课堂的气氛也活跃了，学生学习的兴趣也提高了，记住的生字就多了。

2. 字词句运用。

（1）区分形近字。形近字是指几个字形结构相近的字。它的搭配有一定的规律，并有各自的特点。本次园地中所选的形近字有两类特点：一类是笔画相同，位置不同，如“人”和“入”；另一类是字形相近，笔形不同，如“己”和“已”。因此，如何区分这些形近字，应该是教学的重点。让学生在创设情境中发现具体的形近字，它们的区分在哪里，并能学会正确书写。同时也可以让学生运用编顺口溜等有趣的方式来记住它们的字形，以防混淆。

（2）零语境说话。小学一年级学生的理解能力有限，因此在零语境说话中应持鼓励态度。在指导学生运用几个词语说话时，应注意尽量不超过学生的学习范围，或者可以与日常生活联系起来。教师可以制造特定的语境供学生参考，也可以提供精美的插图，让学生在视觉的享受中学会用词语说话。本次园地中选择了“花朵”“笑声”“阳光”“草地”“告诉”“歌唱”“跑步”“喜欢”八个词语。在教会学生正确朗读八个词语的基础上，可以利用图片让学生形象地感知描绘的美景和人们的活动。这样，直观地让学生感受画面的美感，并让学生学会用几个词语说几句话，会轻松不少。

3. 书写提示。

认识一种新笔顺，在教学中要指导学生运用正确的笔顺来书写。本园地选取的四个生字，属于两类结构的生字，可以让学生先去发现：一类是左上包围结构的生字，如“左、床、居”；一类是右上包围结构的生字，如“包”。因此，在学生书写这几个生字之前，教师应先指导学生发现认识左上包围结构和右上包围结构的生字，书写都是先外后内，再指导学生书写正确。

4. 日积月累。

（1）文体特点。本次日积月累安排的是一些关于读书的名言名句。这四句诗句有选自古代先秦诸子百家的著作《论语》《荀子》中的，也有古代学者董遇、董其昌等人所说的名人名言。这四句名言所蕴含的皆是怎样读好书的方法和好处。“敏而好学，不耻下问”和“不知则问，不能则学”是说明读书时的一种好方法：边学边问；“读书百遍，而义自见”和“读万卷书，行万里路”则说明读书的另一种好方法：要多读书。这四句读书名言告诉我们：只有勤问、多学、多读，才能读好书。而且，四句读书名言均是四字短句，读来脍炙人口，在读中就可让我们充分感受到读书的方法和重要性。

（2）文化传承。这是学生第一次接触到的关于读书的名言佳句，在名言佳句中传达的是读书方法和读书的好处。其实，从古到今，有很多关于读书的名言佳句。如杜甫的“读书破万卷，下笔如有神”，孔子的“万般皆下品，唯有读书高!”等。此类佳句，成为了读书的名言警句，直到现在，还在时刻提醒人们多读书，读好书。这是诵读积累的材料，也是文化传承的载体，让学生在积累中做一个有文化底蕴的人。

（3）习惯养成。虽然这是学生第一次接触到的关于读书的名言，可是以“日积月累”的方式出现，可见它承担的责任。除了理解名言佳句的意思，还有承担着课外积累的任务。告诉学生可以大量积累有关读书的名言佳句，让他们养成积累的好习惯。

5. 和大人一起读。

（1）文体特点。这是一首描写孙悟空三打白骨精的传统连锁调儿歌，取材于中国四大名著之一《西游记》，把中国优秀文学作品以中国传统儿歌形式体现，便于学生学习和理解。儿歌中的孙悟空、猪八戒、老妖婆等都是拟人化的，具有浓厚的童话色彩，他们神通广大，具有超人的本领，尤其是孙悟空深受学生的喜爱。在这首儿歌中，讲述了唐僧师徒取经途中，遇到妖怪，除了孙悟空外，其他师徒都没分清人、妖，差点上当的故事，以此告诫人们对陌生人要提高警惕，防止上当受骗。这首儿歌更为突出的特点便是传统连锁调，即前一句尾词作为后一句的首词，而且还“随韵黏合”，即两句为一层次，每层次上句起韵，下句以此押韵，两句在内容上没有关联，这非常适合学生独立朗读。这样的文体特点利于激起学生朗读欲望和表演欲望。

（2）文化底蕴。这一首儿歌传递的既有文化方面的知识，又有告诫性的作用，借故事中唐僧和猪八戒都没分清人、妖，差点上当的故事，来告诫人们对陌生人要提高警惕，防止上当受骗。这样的儿歌和大人一起读，在浓浓的趣味中既激发了学生阅读名著的兴趣，又让学生学会提高警惕。

（3）亲子阅读。这是一篇富有趣味又教育意向明显的文章，如果放在教读课文中，明显没有和家人一起读、一起演来得有趣味，也更有教育意义。于是，编者将这篇课文放在了“和大人一起读”这一栏目里。可以和爸爸一起读，可以和妈妈一起读，当然还可以跟姥姥一起读。当孩子拿着课文，和爸爸、妈妈，或者姥姥一起读、一起演，那会是怎样的一幅温馨的画面呢？读着演着，孩子自然就已将名著经典故事了然于心，相信阅读名著的兴趣也会越来越浓。亲子阅读就是大人、小孩依偎在一起，能够趣味盎然朗读着交流着，在不知不觉中让孩子感受到读书的乐趣。教育不是目的，培养孩子课外阅读的习惯是目的。这文本就能很好地营造亲子阅读的氛围。

二、学习目标

1. 基础目标。

（1）通过讨论、合作等方式，学会新的识字方法，区分形近字，尝试零语境说话。

（2）通过“日积月累”“和大人一起读”这两个活动，培养学生课外积累和课外阅读的习惯。

2. 特色目标。

（1）通过“日积月累”的朗读背诵，激发学生积累有关读书名言的欲望。

（2）通过生生表演等方式，激发学生阅读四大名著的兴趣。

3. 发展目标。

掌握识字方法，鼓励学生学会独立识字，并能用几个词语零语境说话。

三、核心内容

项目	具体内容
语言内容	（1）通过零语境展开想象说话，培养学生的联想能力和语言表达能力 （2）背诵读书名言，了解读书方法，感受读书带来的好处 （3）通过表演儿歌，积累语言
思维内容	（1）掌握识字新方法，同时尝试零语境说话 （2）初步了解儿歌中传统连锁调的特点
文化内容	感受儿歌中的趣味性，并培养读名著的兴趣
方法内容	（1）发现识字方法，能较快利用识字方法记住新生字 （2）区分形近字，能认识并正确书写 （3）清楚左上包围结构和右上包围结构的字书写的笔顺是先外后内

四、学习设计

第一课时

板块一　识字加油站

1. 创设情境。

师：小朋友们，平常喜欢游园吗？今天老师要和你们一起去畅游语文乐园，现在我们先来到了一片果园里。（课件出示果园的情境，逐渐在树上呈现带有熟字“口、少、月、半、山、夕、王、见”的苹果）

2. 摘苹果复习熟字。

师：这些苹果上的字你们认识吗？让我们一起来摘一摘吧。

3. 认识生字。

师：看，果园叔叔奖励我们认识四个生字呢！（课件出示第一组：四个“加一加”的生字）

（1）同桌互读。同桌之间互读这四个生字。

（2）检查读。师：（指名读，大家正音）读准“吵”“胖”“岁”“现”。

（3）说发现。师：从这四个生字和这些熟字中，小朋友们发现了什么呢？

（4）变一变。师：给熟字找一找朋友，变成我们今天学习的这四个生字吧。

（5）小结。师：小朋友们都很棒，都发现了这种识字的新方法：加一加。加一加可是识字中的一种好方法呢！（板书：加一加）

4. 再次摘苹果复习熟字。

师：学会了“加一加”的认字方法后，我们继续摘苹果。（课件出示，逐渐在树上呈现带有熟字“飘、风、校、木、张、长、甜、舌”的苹果）

5. 认识生字。

师：看，果园叔叔再奖励我们认识四个生字呢！（课件出示第二组：四个“减一减”的生字）

（1）个人读。个人认读，将字读准确。

（2）检查读。（师指名读，大家正音）读准“票、交、弓、甘”。

（3）说发现。师：从这四个生字和这些熟字中，小朋友们又发现了什么呢？

（4）变一变。师：我们再来将熟字变一变，变成这四个生字吧。

（5）小结。师：这又是一种识字的新方法：减一减。减一减可是识字中的另一种好方法呢！（板书：减一减）

6. 巩固生字。

师：小朋友们，我们通过加一加、减一减的识字方法，很快认识了八个生字。

（1）去掉拼音读。将八个生字拼音去掉，抽读。

（2）“开火车”读。利用词语卡片“开火车”抽读。

（3）摘苹果读。师：看，这八个生字也变成苹果了，我们来摘一摘吧。

【设计意图】创设情境，让学生通过摘苹果的方式复习已学过的生字，便于学生更快地发现识字方法，认识新的生字。同时，也在情境和游戏、魔术中让学生喜欢学习汉字，学会主动识字。

板块二　字词句运用

1. 创设情境。

师：我们继续游玩。瞧。果园里的小朋友们在欢迎我们呢！（课件出示八个小朋友，身上分别写着：午、牛、己、已、刀、力、人、入）

2. 读正确。

师：这么多“双胞胎”兄弟，你们能读准确吗？

3. 区分形近字。

师：看，每对“双胞胎”兄弟长得都很像，你在书写中能区分它们吗？

（1）汇报交流。师：笔画相同，位置不同，如“人”和“入”；字形相近，笔形不同，如“己”和“已”，“午”和“牛”，“刀”和“力”。

（2）编顺口溜。师：找一找有什么办法能记住这些形近字呢？（指导顺口溜）

“午”字不出头，“牛”字尾巴往上翘；

“巳”出半，“己”不出；

撇在上，捺在下为“人”，捺在上，撇在下为“入”；

撇出头为“力”，撇藏里为“刀”。

（3）巩固应用。师：请小朋友们大声读出这四对“双胞胎”的名字，并分别给它们组组词。

4. 零语境说话。

师：我们继续在果园里游玩。

（1）创设情境，读准词语。师：前面有几块木牌阻挡我们的去路了，你能将木牌上面的词语读准确吗？（课件出示木牌上的词语为“花朵、笑声、阳光、草地、告诉、歌唱、跑步、喜欢”）

（2）选词说话。师：小朋友们，你能选择其中的几个词语来说几句话吗？

（3）欣赏图片，再次指导说话。

【设计意图】创设情境，带领学生去通过认识“双胞胎”，从而了解形近字之间的联系与区别，激发学生学习汉字的兴趣，也使学生明白只有仔细观察汉字的字形，才能把汉字写得准确无误。同时在创设情境中指导学生零语境说话，让学生身临其境，激发了他们的联想能力和表达能力。

板块三　书写提示

1. 发现。

师：看，果园里的小朋友们正在写这几个生字呢！（课件出示“床、左、居、包”）

（1）读准确。师：你们能把这几个生字读准确吗？

（2）观结构。师：“床、左、居”是左上包围结构，“包”是右上包围结构。

（3）看笔顺。（课件演示每个生字的书写）师：你们发现书写笔顺了吗？

（4）小结。师：它们的书写规则都是先外后内。

2. 书写。

（1）范写。师范写，学生书空。

（2）描红书写。注意坐姿端正，握好笔。

3. 评价。

利用投影仪展示作品，引导学生针对每一笔画在田字格中的占位以及笔画书写的长短进行点评。

4. 小结。

师：要想把字写得美观，不仅笔顺要正确，同时要注意笔画的位置，书写的长短等，这样才能把字写得美观、大方。

【设计意图】《语文课程标准》指出，规范写好汉字是教学的基本要求。因此，我们的课堂教学，必须关注学生写字姿势是否端正，写字的基本笔顺是否掌握，从细节之处明确要求，严格要求，才能促进学生良好书写习惯的培养。

第二课时

板块一　旧知导课

1. 知识复习。

师：我们在这一单元学过《古诗两首》，哪位小朋友能来给我们背一背。

2. 导入名言。

师：这些诗句都是古代名人给我们留下来的宝贵财富呢！同样，我们今天也要去学习几句古人的名言。

3. 初读名言。

屏幕显示“日积月累”的四句读书名言。

（1）读一读。师：小朋友自己读一读，借助“拼音宝宝”能读正确吗？

（2）猜一猜。师：在每句名言后面括号里的是什么？（这句名言的出处或者作者）

【设计意图】知识复习。通过勾连学过的知识来唤起学生的记忆，使学生拉近和新知的距离，更快地接受新知。明确所学内容，从而激发学生的学习兴趣。

板块二　朗读背诵

1. 检查字音。

师：小朋友们，这四句读书名言，看起来很短，读好却不容易，昨天老师读了好多遍才读好。你们才读了一两遍，就读好了吗？

（1）同桌互读。师：同桌读给同桌听，若同桌有读错的“帮一帮”，若同桌读得特别好的，赞一赞。

（2）个体朗读。师：（请几位小朋友试读，重点正音）“能、行”是后鼻音，“敏、问”是前鼻音，“见”要读成“xiàn”。

（3）集体练读。重点指导读正确。

2. 发现特点。

（1）引导发现。师：小朋友，这四句读书名言，数一数，每句都是几个字？

（2）发现短句。师：这四句读书名言都是八个字，四字为一短句。

（3）明确目的。师：这四字短句，读起来朗朗上口。

3．节奏朗读。

师：你们听老师朗读，听一听老师的朗读和你们的朗读有没有什么不一样的地方？

（1）教师范读。读出停顿与节奏，标出每句的停顿号。

（2）学生发现。教师朗读时每句停顿的地方不一，节奏感强。

（3）师生合作。师：小朋友们，你们都感觉到了老师的停顿，那我们合作起来读一读。（老师读每一句名言的上半句，学生读下半句）

（4）同桌对读。一人读上半句，一人读下半句。

（5）展示朗读。请小朋友自告奋勇展示读，重点感受停顿与节奏。

4．猜测意思。

师：小朋友们，每句名言我们都能读准，而且还能读出节奏了。那每句名言告诉我们什么意思呢？

（1）圈相同字。师：一、二两句中有两个同样的字，发现了吗？圈一圈。三、四两句也有两个同样的字，发现了吗？圈一圈。

（2）猜猜意思。师：一、二两句互相对应的字为“学、问”，就是读书时碰到不懂的就要边学边问；三、四两句互相对应的字为“读、书”，就是告诉我们书要多读。

（3）出示意思。师：小朋友们，请看清大屏幕，这四句读书名言是在告诉我们：要多读书，碰到不懂的就要多学、多问。

（4）再次诵读。师：这些读书名言让我们知道了这么重要的读书方法，我们再来读一读吧。

5．集体背诵。

【设计意图】“日积月累”重在让学生背诵。本环节通过多种形式朗读，猜一猜理解意思诵读，在反复地读中让学生明意思，背名言。

板块三　拓展延伸

1．了解典故。

师：小朋友们，这些读书名言到底是怎么来的呢？我们来看看名言的典故吧。（老师讲典故、播放典故视频）

2．推荐试背。

师：小朋友们，我们背诵了四句有关读书的名言。除了这四句读书的名言之

外，我们还有很多有关读书的名言呢！（出示其他读书名言）

重点诵读：读书破万卷，下笔如有神。

3. 顺势小结。

师：小朋友们，关于这样的读书名言在古代和现代都有很多，我们要学会多积累。

【设计意图】让学生了解一下这些名言背后的故事，更加深学生对这些名言的印象。同时引入其他读书名言，拓宽学生的视野，渗透语文积累的重要性。

板书设计：

读书方法：多问　多读

第三课时

板块一　歌曲导课

1. 欣赏音乐。

师：小朋友们，熟悉这首歌曲吗？

2. 聊《西游记》。

师：有哪些小朋友看过或者知道《西游记》这部中国名著的？

（1）想一想。师：书中写到了哪些重要的人物？

（2）说一说。师：《西游记》围绕着唐僧师徒写了去西天取经的故事，经历了九九八十一难。

3. 出示故事。

师：小朋友们，又到了我们“和大人一起读”的时刻，今天读的这首儿歌就是《西游记》中的故事《孙悟空打妖怪》。（相机板书）

（1）自由练读。师：这是怎样的一个故事呢？请小朋友自由读一读，遇到不认识的字，借助“拼音宝宝”，力求把故事读正确。

（2）“开火车”读。师：请每位小朋友读一行，“开火车”读完这首儿歌，相机正音。

4. 再次练读。

师：小朋友们，让我们再自由地练习读一遍，想一想这首儿歌写到了《西游记》中的哪个故事呢？

（1）自由练读。

（2）汇报交流。写了孙悟空三打白骨精的故事。（板书三打白骨精）

【设计意图】从学生熟悉的《西游记》的音乐开始，再聊聊《西游记》，拉近了学生与名著的距离。再到读儿歌，知道了这是孙悟空三打白骨精的情节，更加激发起他们的阅读欲望。

板块二　发现特点

1. 引导发现。

师：小朋友有没有发现今天读的儿歌跟其他儿歌不同？或者有什么区别呢？

2. 发现连锁调。

师：每两行为一句，前句的最后一个词是后一句的开头。

3. 回读发现。

师：我们再来读读这首儿歌，发现前句的最后一个词就是后一句开头的词。

4. 感受好处。

师：这样的“连锁调儿歌”，像串珠一样把儿歌串在一起，读起来很有节奏，朗朗上口，更有趣味了。

5. 视频欣赏。

6. 学练朗读。

师：小朋友们，学着刚刚的节奏，自己试着再读读这首儿歌。

【设计意图】连锁调儿歌，读起来更顺口，也更有趣味性，引导学生发现这首儿歌的特点，再通过视频感受，让学生对这首儿歌更感兴趣。

板块三　表演展示

1. 朗读儿歌。

师：分组轮流朗读或以接龙方式朗读儿歌，感受儿歌连锁调的特点。

2. 表演展示。

师：将儿歌中所描绘的故事表演出来。

（1）五人一小组角色扮演。五人小组分扮角色，巩固对诗歌内容的理解，学会念儿歌，并鼓励学生边念儿歌边做动作。

（2）上台展示。请五人小组上台来展示表演，分别戴上面具，分角色边念儿歌，边表演，其他学生注意观看。

（3）师点评。

【设计意图】如此有趣的儿歌，在学生朗读熟练的基础上，让学生上台戴上面具展示表演，既激发了学生的表演欲望，在表演中又让学生将儿歌再次巩固。

板块四　分享经验

1. 明白原因。

师：小朋友们，你们知道为什么唐僧和猪八戒会上白骨精的当吗？

2. 总结。

师：所以，我们对陌生人要提高警惕，防止上当受骗。

3. 分享方式。

师：小朋友们，这首儿歌如果也和家人一起去读一读，演一演，一定会是一幅很有趣的画面。那你们以前和爸爸妈妈读故事，觉得最有意思的是什么呢？

4. 故事来源。

师：小朋友们，你们刚才说了那么多有趣的事情，那你们和爸爸妈妈共读的故事都来源于哪里，可以和同学们一起分享吗？[引导学生关注《西游记（注音美绘本）》]

5. 提出建议。

师：小朋友们，你们最喜欢爸爸妈妈以怎样的方式和你们一起共读《西游记（注音美绘本）》呢？

（1）书写心愿。师：小朋友们，老师发给你们一张亲子共读卡片，把你们希望怎么读《西游记（注音美绘本）》的想法写在上面。

（2）付诸行动。师：小朋友们，把你们的心愿带回家，读给爸爸妈妈听一听。

6. 建立档案。

师：小朋友们，我们和爸爸妈妈一起读《西游记（注音美绘本）》时，老师希望你们和爸爸妈妈一起建立一个读书资料袋。

【设计意图】读书习惯的养成并非一朝一夕，而在于长期坚持。此环节让学生分享各自的读书乐趣，并向他们建议建立读书资料袋，目的就在于让他们养成读故事的好习惯。

板书设计：

孙悟空打妖怪（三打白骨精）

连锁调儿歌

提高警惕　　　　我

怎么读？

第八单元 课文（六）

这一单元的内容是童话题材，由《棉花姑娘》《咕咚》《小壁虎借尾巴》三个故事组成。它们特点鲜明、情节曲折，采用反复的手法描绘故事。课文语言生动，趣味性较强，是进行分角色等朗读训练的典型教材。《棉花姑娘》和《小壁虎借尾巴》是科普童话。《咕咚》则是说理童话。后两篇课文以不注音的形式出现，要求学生能圈出不认识的字，猜猜它们的读音与意思，再说说是怎么猜出来的，让学生尝试在阅读中运用已经掌握的形声字识字、联系上下文识字等方法，提升识字能力。三篇课文都以连环画的形式配图，图文并茂，学生可以借助图画阅读，降低阅读难度，提升阅读趣味。同时，为学生练习讲故事提供抓手，教学中可以充分利用。

19　棉花姑娘

一、文本解读

1. 文体特点。

（1）科普童话。童话是儿童文学的重要体裁，是一种具有浓厚幻想色彩的虚构故事，多采用夸张、拟人、象征等表现手法编织奇异的情节。科普童话就是用童话的形式讲述科学知识。它可以把那些科学的、纯理性的概念化作幻想的、感性的形象，既富于科学的启示，又具有艺术的美感。《棉花姑娘》是一篇科普童话故事，它以童话形式寓生物常识于生动的故事之中。

（2）科学视角。棉花、七星瓢虫等动植物离一年级学生的生活还有一定距离，部分学生虽已接触过棉花，通过阅读积累了部分益虫益鸟的知识，但还未形成科学的知识体系，需进一步培养对科学常识的兴趣。《棉花姑娘》一文，通过前后对比能让学生清晰地了解棉花的特征；根据动物的不同特点，把学生的视角引向自然科学，让他们有观察、探索和发现身边科学的欲望，树立起保护益虫益鸟的意识。

(3) 情节曲折。课文伊始直接点出棉花姑娘生病了，希望有医生给它治病，这是故事的起因。接着讲述棉花姑娘请求燕子、啄木鸟、青蛙给自己治病，可都被它们婉言拒绝了，这是故事发展。最后，一群小虫飞了过来，吃掉了蚜虫，让棉花姑娘恢复了健康，这是故事结果。故事的架构是曲折的，随着故事的发展，棉花姑娘的心情也一波三折：刚生病时盼望得到治疗，请求别人无果时，一次比一次失望，一次比一次着急，最后意外得到治疗感到惊奇、惊喜，这种情节结构及人物心情变化，引人入胜。情节结构整体特点虽不是一年级学生需学习的，却为激发学生阅读兴趣、理解内容和讲述、表演故事打下了基础。

2. 文化底蕴。

(1) 保护益鸟益虫。益鸟益虫是人类的好朋友，我们要好好保护它们。燕子、啄木鸟、青蛙虽然不会吃蚜虫，帮不上棉花姑娘的忙，但是它们各有本领：燕子会捉空中飞的害虫，啄木鸟会捉树干里的害虫，青蛙会捉田里的害虫。七星瓢虫则不愧是“活农药”，在它的帮助下棉花姑娘的病终于好了。这些益虫益鸟是保护庄稼、保护树木的好卫士，我们人类应该保护好它们。

(2) 说话得体。本文对话较多，且小动物的话语得体礼貌，恰当表达了人物情感。棉花姑娘请求他人帮助的话语中，一个“请”字写出了礼貌，而“吧”字和感叹号则体现了强烈的请求语气。燕子、啄木鸟、青蛙的话语，结构相似，它们帮不上忙，都说“对不起”，表示不好意思，用“只会”来说明原因，表达无奈之情。最后建议请别人帮忙，表示关心，语气委婉、亲切。每组对话都礼貌得体，给我们提供了榜样——日常生活中与人交流要用礼貌用语。

(3) 文化传承。益虫益鸟的存在让我们的生活更加美好，它们身上既寄托着我们美好愿望，也有我们学习的精神品质，更有我们人类所欠缺的本领。在课后习题连一连和说一说中，不难发现，这些益虫益鸟各有特点，用自己的特有本领去帮助需要帮助的人。这种尽己所能、助人为乐的品质正是我们要学习的。

3. 语言表达。

(1) 反复手法。本课第二至四自然段采用结构相同的段落形式并列呈现：先写谁来了，再写棉花姑娘的请求，最后写燕子、啄木鸟和青蛙的婉言拒绝。反复以对话形式推进故事情节，让孩子在棉花姑娘和燕子、啄木鸟及青蛙的对话中了解不同益鸟益虫的不同作用。这样的语言形式非常符合儿童特点和认知规律，既能使学生在丰富的语言环境中，在动听的童话故事中了解不同益鸟益虫的捕食方式，又加深了学生对文本语言表达形式的印象。

（2）用词准确。棉花姑娘见到不同动物的句段，基本结构一致，但见到青蛙的第四自然段，修饰语有了变化（“棉花姑娘说”变成了“棉花姑娘高兴地说”），表现了棉花姑娘内心的期望值在增强；对于小动物的到来，课文用了不同的描述：燕子、啄木鸟是“飞”来的，青蛙是“跳”来的，写出了动物的不同特点；文中对七星瓢虫的介绍特别生动形象，“圆圆的”写出外形特点，“七个斑点，就像七颗星星”写出其又一特征和名字的由来；棉花姑娘病好后的“碧绿碧绿”“雪白雪白”两个叠词，让人感受到棉花姑娘的美丽与健康。

（3）书写分层。本课要求写的字，上下结构的字有两个，“奇、星”二字上大下小，要注意“奇”字中大字头的最后一笔是点；“病、医”二字半包围结构，要提醒学生病字旁和区字框的书写笔顺；“别”字左右结构，注意利刀旁的书写，竖收笔要垂露竖，竖钩出钩要强健锐利，不可太大。

二、学习目标

1. 基础目标。

（1）通过换部件、生字复现、汉字的演化过程等方式认识“棉、娘、颗、瓢”等生字，进一步提升学生多样的识字能力。

（2）借助写字经验，端正书写“病、医、星”等生字，养成良好的书写习惯。

（3）在朗读中感悟 ABAB 结构的词语在语境中的表达效果，并拓展积累。

2. 特色目标。

（1）通过换位思考、分角色朗读等方法，读好请求、焦急等不同语气。

（2）借助课文插图、情境表演来复述故事。

3. 发展目标。

（1）依据“瓢、娘”等生字特点，进一步培养学生据形猜意的能力。

（2）通过用句式“因为……所以……”，让学生认识一些对人类有帮助的益鸟益虫，了解它们各自帮助的对象，从而激发学生对学习科学常识的兴趣，树立保护益虫益鸟的意识。

三、核心内容

项目	具体内容
语言内容	（1）感受 ABAB 结构的词语在语境中的表达效果 （2）重点指导书写“病、医、别”等生字

思维内容	(1) 通过换位思考，感受棉花姑娘从生病到治好病这一过程中的心情变化 (2) 会用句式“因为……所以……”转述文本语言，读懂燕子、啄木鸟和青蛙婉拒的原因
文化内容	(1) 感受益鸟和益虫的不同作用，我们要保护它们 (2) 学习礼貌得体的说话方式
方法内容	(1) 进一步掌握利用形声字的特点及换部件等方法来识记生字；抓关键笔画写端正汉字，掌握半包围结构的汉字书写笔顺 (2) 学会分角色朗读，读出人物的不同语气，并尝试表演

四、学习设计

第一课时

板块一　猜谜揭题

1. 猜谜导入。

课件出示谜语：“说它是花不是花，冷天人人需要它，白白胖胖真可爱，一堆一堆白花花。”打一种植物——“棉花”（出示课件），指名读正确，观察“棉”的字形记忆生字。揭示课题。学生看教师板书，读题，导入新课。

2. 读准音。

师：棉花是一种植物，课文把它当人来写，亲切地称它为：棉花姑娘。（指名读课题）注意“娘”读轻声。

3. 观字形。

师：咱们仔细看看这两个字（姑娘），有什么发现？（生：都是形声字，都是女字旁）为什么都有女字旁？这就是形声字的最大特点，形旁表意，声旁表音。

【设计意图】采用猜谜的方式，直接引导学生直观认识棉花，然后过渡到“棉花”“姑娘”两个词语的学习，接着读好课题。这个环节的设计目的在于引起学生的学习兴趣，分散对“认读字”的记忆，让学生很自然地进入新课的学习中来。

板块二　整体感知

1. 初读课文。

师：最近棉花姑娘不知道怎么了，你瞧（出示图），她愁眉不展的，咱们赶紧打开书本去读读发生了什么事。（出示两个要求）

(1) 独立读。圈出不认识的字，借助拼音力求读准字音。

(2) 合作说。读完课文后与同桌合作说一说，口头完成填空。

棉花姑娘（　　）了，她请（　　）、（　　）和（　　）帮忙治病。最后，（　　）帮棉花姑娘治好了病。

2. 师生交流。

（1）识记生字新词。发挥小组互助学习的优势，让学生根据偏旁、结合字义记忆字形。“瓢、吐、啦”是形声字，可以引导学生利用形声字的特点识记；“颗”可以用“棵、课”字换部件的方法识记；“燕”字是象形字（草字头是头部，中间的“口”是身体，分散在“口”两侧的“北”像燕子的翅膀，最后的四点底则像尾部），可采用字理识字，演示汉字演变过程：甲骨文、小篆、楷体燕；“碧”字可自编顺口溜识记。

①生自读生字。出示注音生字，生边读边记。

②小组合作识字。说说哪些字难记，交流识字方法。

③游戏闯关读词。（重点读好树干、可恶、治病、碧绿）

（2）把握整体内容。指名交流课文大致内容。

【设计意图】本环节的设计目的在于引导学生把握课文的主要内容，并且把“认读字”的学习集中起来，由字到词，循序渐进。通过自己独立学、小组合作学、游戏闯关学等多种识字教学手段，将识字教学更好地落到实处。

板块三　精读课文

1. 学习第一自然段。

（1）找出病因。师：课文一开始就告诉我们棉花姑娘生病了。棉花姑娘为什么会生病呢？（她身上长满了许多蚜虫）

（2）了解蚜虫。师：（出示蚜虫图片）正是这样的蚜虫在她身上呢！蚜虫是一种很小很小的虫子，只有芝麻粒大，它专吸植物身体的水分和营养，植物会被它们吃得又黄又瘦，甚至枯死。看到这些虫子，你感觉怎么样？真是——（出示：可恶的蚜虫）指导读好句子。

（3）换位思考。师：此时，如果你就是棉花姑娘，这么多蚜虫在你身上咬啊，吸啊，你会感觉怎么样？（带着痛苦与企盼读句子）

（4）指导朗读。师：读好整段话。（指名读，齐读）

2. 理解内容。学习第二至四自然段。

师：（过渡）生病的棉花姑娘多么盼望有人给她治病啊，我们知道她都请了哪几个小动物帮助自己？（燕子、啄木鸟、青蛙）

（1）学习第二自然段。

①读句子，画一画。师：读读第二自然段，用横线和波浪线分别画出棉花姑娘和燕子说的话。

②找原因，说一说。师：想想燕子为什么不帮助棉花姑娘。请你这样说一说。（出示）“因为（燕子）________________，所以不能给棉花姑娘治病。”

③分角色，读一读。（同桌合作读好句子）师：（指导朗读）“请求句”紧扣“请”“吧”和感叹号读出诚恳迫切的请求语气；“婉拒句”紧扣“对不起”“吧”和感叹号，读出无奈的抱歉语气。

④小结学法。师：画一画，画出对话的句子；说一说，用“因为……所以……”的句式说说不帮忙的原因；读一读，分角色读出不同语气。

（2）学习第三、四自然段。

①出示学习方法。

②师生交流互动。

（3）比较句子。比较棉花姑娘说的三句话。

①出示句子，发现异同。师：（同）三句话都是请求的语气；（异）语气一次比一次强烈。

②删去“请”和“吧”，比较异同。（感受说话得体）

3. 男女生合作读好对话。

4. 课间操。

（拍手念儿歌）

【设计意图】本环节的设计重点是在指导朗读，并教给学生阅读的方法。教学段落结构相同的第二至四小节，扶放结合，举一反三，以读代讲，并用“因为……所以……”的句式把燕子、啄木鸟和青蛙不会给棉花姑娘治病的原因说清楚，使学生懂得如何把要叙述的内容说清楚，并紧扣“请、对不起、吧”等字眼来指导读出不同语气，渗透说话要礼貌得体，为第二课时的表演童话打下基础。

板块四　写字教学

1. 生字复现。

游戏：七星瓢虫捉蚜虫。最后定格书写生字“病、医、别”。

2. 学生观察。

“病”和“医”两个字都是半包围结构；“别”是左右结构。

3. 指导书写。

师范写，学生书写。教师强调病字旁和区字框的笔顺，“病”字的病字旁的撇是竖撇，不可写成斜撇；“医”字的区字框最后一笔是竖折；“别”字的利刀旁的竖收笔要垂露竖，竖钩出钩要强健锐利，不可太大。

4. 学生书写。

先描红，再仿写。教师巡视指导。

5. 反馈评价。

学生书写反馈，师生评价：书写正确，结构匀称。

【设计意图】“病”和“医”这两个字都是半包围结构，但又有所不同，所以在指导书写时采用同时观察，分别指导，一起反馈的教学方法，目的既可以节省时间又可以培养学生的观察能力，让其养成先观察后动笔的书写习惯。

板书设计：

19　**棉花姑娘**

燕子		空中飞的害虫	病 医 别
啄木鸟	捉	树干里的害虫	画
青蛙		田里的害虫	说
			读

第二课时

板块一　复习巩固字词

1. 猜字谜。

小水珠落到舞台边（治）；大树旁放条白毛巾（棉）；斜月照犬脚印一串（然）。

2. 读词卡。

指名读，“开火车”读，全班齐读。

3. 读词语，连成句。

（出示课件）

啄木鸟	捉空中飞的害虫
青蛙	捉树干里的害虫
七星瓢虫	捉田里的害虫
燕子	捉叶子上的蚜虫

【设计意图】本环节的设计目的是为更好地落实巩固认读字的学习，不同形式读字词，加深学生对生字的记忆。读词语，连线成句的复习，既可以帮助学生建立句子的概念，又可以帮助学生回顾把握课文的主要内容。

板块二　学习故事结果

1. 学习第五自然段。

（1）引出七星瓢虫。

师：棉花姑娘病得那么严重，燕子、啄木鸟、青蛙都没能帮上忙，最后是谁帮她治好病的呢？（七星瓢虫）

（2）了解七星瓢虫。

①读读课文中描写七星瓢虫的句子。

②PPT 配图，补充七星瓢虫的资料：一只七星瓢虫一天能吃一百三十多只蚜虫，是庄稼的好朋友。

③用第一人称来介绍。相机理解“忽然”和“很快”，感受七星瓢虫本领大。

（3）指导朗读。师：读出喜爱之情。（自由读，齐读句子）

2. 学习第六自然段。

（1）交代结果。师：有了七星瓢虫，棉花姑娘的病（全好了）。你从哪儿发现的？（碧绿碧绿　雪白雪白）

（2）句子比较。感知叠词的形象美，节奏美。

◆不久，棉花姑娘的病好了，长出了碧绿碧绿的叶子，吐出了雪白雪白的棉花。她咧开嘴笑了。

◆不久，棉花姑娘的病好了，长出了碧绿的叶子，吐出了雪白的棉花。她咧开嘴笑了。

（3）拓展练习。师：你还知道碧绿碧绿的（　　），雪白雪白的（　　）。

（4）指导朗读。师：假如你就是棉花姑娘，此刻你的心情怎样？想对七星瓢虫说什么？（带着这样的心情读好句子）

（5）拓展积累。七星瓢虫可真是大自然的卫士呢，很多人都要感谢它，因为有了它。（出示图文）

高粱（　　　　）油菜花（　　　　）青菜（　　）。

3. 教师小结。

【设计意图】本环节主要引导学生感悟棉花姑娘病好后的愉悦心情，通过比较句子让学生品悟 ABAB 结构叠词的形象美、节奏美，体会棉花姑娘的美丽与健康。不仅让学生对文本内容加深了解，知道七星瓢虫是益虫，能帮助棉花姑娘吃掉蚜虫，更是引领孩子沉入学习文本的遣词造句，提高孩子的阅读水平。

板块三　表演故事

1．主题升华。

师：这节课我们不光经历了棉花姑娘治病的全过程，认识了可爱的七星瓢虫，知道它像燕子、啄木鸟和青蛙那样都是我们人类的好朋友。有了它们，植物、庄稼才能茁壮地成长。我们一定要保护它们，为共同建设美好家园奉献力量。

2．故事表演。

师：这么有趣的童话，让我们一起演一演吧！

（1）PPT 出示课文插图。

（2）小组合作表演，师巡视指导。

（3）学生上台展示。

（4）师生点评。

【设计意图】表演是童话教学的有效方法。本环节的设计目的是通过表演调动学生的学习兴趣，并把文本的语言内化为自己的语言。在表演过程中，孩子已经不知不觉地学会复述故事。借助插图来表演，降低表演的难度，可消除部分学生对表演的恐惧心理，以此激发其积极性。

板块四　指导书写

1．写“奇”和“星”。

上下结构，上窄下宽，学生自己观察并书写。提醒“奇”字上的“大”最后一笔是点。

2．写“干”和“七”。

独体字，注意在田字格里的位置。

3．展示评价。

选择代表性的作品，屏幕展示，集体讲评。

【设计意图】生字归类书写，能凸显同类字的特点，易于培养学生的书写能力。

板书设计：

19．**棉花姑娘**

奇	星	干	七

七星瓢虫

碧绿碧绿

雪白雪白

20 咕咚

一、文本解读

1. 文体特点。

（1）说理童话。说理童话是童话的一种，通过丰富的想象、幻想和夸张来塑造形象，反映生活，对儿童进行思想教育，告诉孩子人生道理。《咕咚》一文是由民间传说改编的，故事的内容非常有趣：小兔子偶然听见“咕咚”一声，以为是怪兽，吓得撒腿就跑，其他动物都跟着跑起来，最后野牛提出质疑，大伙儿发现“咕咚”原来是木瓜成熟后掉到湖里发出的声音。这个故事告诉儿童“耳听为虚，眼见为实”的道理。把深刻的寓意渗透在拟人体童话中，更贴近儿童的阅读心理。

（2）哲理视角。盲目跟风是大社会中人们的一个弊病。课文通过拟人体童话告诉学生遇到事情，要眼见为实，不能盲目跟随别人，人云亦云。教育孩子养成独立思考的习惯，形成批判性地看待事物的思维品质。这一课对儿童哲理思维习惯的养成有着至关重要的作用。

（3）情节曲折。童话故事最大的特点就是情节贴近儿童心理，一波三折，引发学生阅读兴趣和思考。《咕咚》一文兔子遇到“咕咚”，误以为是怪物，这是情节发展之一。兔子的谣言一传十，十传百，造成动物们的恐慌，这是情节变化进展之二。野牛站出来提出质疑，是故事的转折点。情节的变化吸引学生沉浸在阅读中潜心会文，用心思考。

2. 文化底蕴。

（1）独立思考。网络时代，人云亦云的现象非常严重，“咕咚”现象也不少见。《咕咚》这样的小故事里蕴含着大道理：小兔没有亲眼证实事情的真相就妄下定论，认为咕咚是怪物，而其他小动物盲目听从小兔的话跟风，让一个小小的木瓜掉落声变成了怪物，引发森林里的骚动，只有野牛能在众动物中保持清醒的头脑和自己的想法，并带着大家探寻出事情的真相。儿童正是形成独立人格的关键时期，学习本课，让学生懂得要从小事着眼，学会独立思考。

（2）民间传说。《咕咚》是由我国民间的传说改编而来的童话故事。通过改编，让文本更适合儿童阅读。中外的传统民间故事中有许多类似《咕咚》这样蕴含着深刻哲理的小故事，如《伊索寓言》等。可以引导学生进行阅读，感受、学习民间故事中流传着的智慧的处事方式。

3. 语言表达。

（1）反复手法。《咕咚》是用最传统的童话叙事方式展开故事的，即故事情节相似、对话内容相同。全文共七个自然段，共写到六组对话。兔子说的“不好啦，‘咕咚’可怕极了!”是在逃跑时喊的话，表现出对“咕咚”的害怕，之后的猴子一边跑一边说的话“不好啦，不好啦，‘咕咚’来了，大家快跑哇”！运用了同样的语言内容来表达相同感情，推动情节发展。如果在故事编写时，在此处插入小鸭、小鸟、小鹿任何动物，对话内容仍旧可以反复重现。这种内容连接，情节相似的表达手法，反复阅读，可以让学生体悟童话故事的这种表现手法。同时，这样的叙事方法非常适合第一学段的学生学习复述故事。

（2）分类识字。本课要求学生认读的十三个生字，会写的七个生字中，有两个是和动物名称有关：象、羊，可以在课堂教学中随文结合图片识记。“象”与“家”字都是从“豕”部，可用字理识字。如从“家”的象形字形演变中（甲骨文、金文、小篆直到隶书家）感受到汉字文化的魅力。字理识字既能了解汉字的发展史，了解汉字特有的文化传承，又能激发学生学习汉字的兴趣。

（3）书写分层。本课要求写的字有七个：吓、跟、羊、都、怕、家、象。其中“家”和“象”字在讲解字理字形演变的时候相机教学，宝盖头要写得宽，下半部分的“豕”为书写难点，注意提醒学生起笔在横中线上方，三个撇的书写要紧凑，一撇比一撇长，且方向相同、间隔均匀。“吓、跟、都、怕”都是左右结构的字，要教学生观察左右部分的高低胖瘦和笔画穿插。比如“吓”字，口字旁要在横中线上，靠整个字的上部分，“跟”字左右相等，“都”字则左高右低。独体字“羊”的书写较简单，可让学生在厘清笔顺之后，临摹书写。

二、学习目标

1. 基础目标。

（1）通过图文结合、字理演变、形声字构字特点等识字方法，认识“咕、咚、熟、掉、鹿、野”等十三个生字。

（2）学习正确书写“家、象、都、怕”等七个生字。

（3）通过对象形字的字形梳理，字理的讲解，进一步培养学生对汉字的热爱。

2. 特色目标。

（1）借助童话故事情节反复的特点，结合课文插图，尝试复述故事。

（2）通过阅读讨论、联系生活等方式，理解故事想要传达的道理。

3. 发展目标。

（1）依据“咕、咚、哇、啦”等字形特点，培养学生据形猜意的能力，认识语气词。

（2）通过本课的学习，激发学生阅读同类故事的兴趣。

三、核心内容

项目	具体内容
语言内容	（1）通过多种识字方法，认读“咕咚”等十三个生字，会写“吓”等七个字 （2）通过朗读，初步感受童话故事反复的叙事特点
思维内容	提取文本信息，思考动物们为什么会跟着兔子跑，而野牛却不这样做，能作出自己的价值判断
文化内容	知道要根据自己的所见去作出正确的判断，独立思考，不人云亦云
方法内容	（1）进一步掌握形声字据形猜意的方法 （2）学会分角色朗读，读出人物的不同语气

四、学习设计

第一课时

板块一　游戏导入，揭示课题

1. 游戏热身。

（1）课前游戏。师：上课之前，我们来玩个游戏，你们一边模仿声音一边加上动作，看谁模仿得最像。

青蛙叫？（呱呱）苍蝇飞？（嗡嗡）大雨下？（哗哗）小孩哭？（哇哇）

（2）认识象声词。师：这些词都是口字旁，都是表示声音的，我们把这样的词叫做象声词。

2. 导入课题。

（1）引出“咕咚”。师：接下来，老师请你再来听一种奇怪的声音，仔细听！你听到了什么？

（2）板书课题。（指名读，齐读）师：发现了吗？“咕咚”这个词也是口字旁，去掉口字旁，它们还读“gū dōng”。你猜猜它们应该表示什么？

（3）读题设疑。师：“咕咚”到底是什么呢？是不是声音呢？请大家打开课文自己读一读。

【设计意图】游戏导入，利用模仿象声词激发学生学习兴趣，渗透形声词的猜读方法。

板块二　整体感知，厘清人物

1. 初读课文。

（教师出示初读要求，学生自由读课文）

（1）自由读文。师：遇到生字圈一圈，猜一猜它的读音，有疑问的可以请教同桌或老师。

（2）同桌互读。师：同桌之间相互交流自己圈出的生字，猜猜读音。有疑问的可以请求老师帮助。

（3）随机教学。预计学生对这几个字会有困难：熟、掉、野、拦、领。教师可以借助生字卡随机教学读音，帮助认清字形。如“熟”字的教学：先读准翘舌音，再解释本义（把食物煮到可以吃的程度），然后找找反义词（生）。

（4）教学句子。师：文中有几个句子很难读。谁愿意来挑战一下？（指导读准音，读好停顿。重点指导读好句末的语气词，要读轻声）（课件出示）

2. 厘清人物。

师：让我们再次读读课文，找找课文中讲到了哪些动物被吓跑了？用“____”画出来。

（1）教师指导。师：故事中，首先听到“咕咚”声的是？请你把他的名字画出来。（他被吓了一跳后——指名认读词卡“拔腿就跑”）

（2）自主读画。师：接着被吓坏的动物有哪些？请你读读课文第二、三、四、五自然段，把它们的名字画出来。

（3）认读人物。师：谁来说说，都有哪些动物被吓坏了？（根据学生的反馈，认读动物名字：小猴子、狐狸、山羊、小鹿、大象）

（4）字理识字。课件展示“象”字的演变过程，了解“象”的字理，趣味识记。

【甲骨文】　铜器铭文【金文】　【大篆】　【小篆】

【隶书】　【魏书】　【楷书】　【行楷】　【宋体】

（5）理解“大伙”。师：兔子、小猴子、狐狸、山羊、小鹿、大象这么多伙伴在一起，就可以称为“大伙”。（出示词卡“大伙”，“开火车”读，齐读）

3. 梳理情节。

师：这么多动物都跟着小兔子跑起来了，真是好笑！老师还把这情境编成一首儿歌呢！咦？儿歌怎么缺了几个动物的名字？你能和同桌合作把它填完整吗？

木瓜树上高高挂，
“咕咚”掉下吓一跳，
兔子听了拔腿跑，
________后面跟着叫，
“‘咕咚’真可怕！
________快跑哇。”
吓坏________和________，
还有________和________。

4. 课中操。

师：小朋友们太能干了！让我们打起节奏读一读《木瓜树上高高挂》。

5. 发现不同。

师：就连这么大这么厉害的大象也跟着小动物们跑，只有谁和大家表现不一样呢？

（1）搜索信息。自己读读第五自然段，把它画出来。教师根据学生回答，出示词卡“野牛”，认读“野”字。

（2）认读“拦住”。师：（出示词卡“拦住”）请小朋友们看看“拦”的偏旁，猜猜“拦住”就是？（出示近义词“挡住”。指名读，齐读）发现“拦”“挡”形声字构字的特点。

【设计意图】1. 在整体感知的基础上，引导学生用“读、画”的阅读方式梳理课文中繁多的人物，并随机进行生字词教学，融识字与搜索、提取信息等语文能力培养为一体。2. 利用儿歌巧组文本，既复现生字，又梳理情节，还调节了课堂气氛，激发学生的学习兴趣，可谓“一举三得”。

板块三　书写生字

1. 复现生字。

课件将刚刚朗读的儿歌隐去，凸显本课要求书写的生字“家、象、羊”。

2. 字理识字。

师：仔细观察，哪两个字很像？

（1）出示图片。演示甲骨文——————家

（2）拓展义项。“豕”就是猪，在远古时期，我们人类的祖先就把捕捉回来的野猪养在家里，留着平时吃。他们把猪养在屋了的下层，自己仕在屋子的上层。“家”字就是这么来的。

（3）找出共性。“象”和“家”一样，都有一个“豕”。

（4）发现不同。重点讲解“象”的笔顺。

3. 书写“家”“象”。

注意提醒学生“家”字的“豕”部起笔在横中线上方，接着写撇与竖弯钩，然后再写左边两撇。三个撇的书写要紧凑，一撇比一撇长，且方向相同、间隔均匀。“象”字三个撇的第一撇要穿过“口”字。

（1）教师范写。学生书空。

（2）学生练写。教师巡视指导。

（3）反馈点评。关注刚才讲的几点有没有注意到。

4. 书写“羊”字。

师：（让学生观察）“羊”字书写要注意什么？（然后再进行练写）

5. 书写反馈。

讲评之后，请学生在练习纸上补全儿歌。

【设计意图】1. 字理识字，牢记生字字形的同时，渗透汉字文化。2. 写字分层。已经掌握的笔画部件让学生自己练习，老师只教学生不会的。

板书设计：

20　**咕　咚**

小兔　　　　拔腿就跑

小猴子

狐狸　山羊　小鹿　大象　　跟着跑

野牛　　　　拦住大家

第二课时

板块一　复习导入，回顾情节

1. 读题导入。

师：小朋友们，上节课我们认识了许多可爱的动物朋友，你们还认识它们吗？

2. 认读词语。

师：现在我们来“开火车”认读词语。

（1）故事人物。兔子　小鹿　狐狸　山羊　野牛　大象　小猴子

（2）动作词组。掉进　跟着　拦住　领着　拔腿就跑

3. 简要复述。

师：上节课我们说到首先听到“咕咚”声的小兔被吓得拔腿就跑，接着被吓坏的动物有？（根据学生回答，将上节课的板书复现在黑板上）

4. 理解结果。

师：请小朋友们读读课文第六自然段，看看“可怕的‘咕咚’”到底是什么？

（1）指名朗读。请读得最认真的学生朗读第六自然段。

（2）理解“领着”。师：（出示词卡“领着”）“领着”就是？（带着）请你领着全班同学读一读。

（3）看图说话。师：（请学生仔细看看插图）你能说说谁领着谁吗？让学生从图中发现：是前面的动物领着后面的。如“兔子领着狐狸，狐狸领着猴子，猴子领着大象”。

【设计意图】以词语串的方式呈现新词，分类复现，提高识字的效率。抓住课文中的人物简要复述情节，对上一课时的学习进行回顾，为进入品读奠定基础。

板块二　品读课文，探究原因

1. 创境入文。

教师范读第一自然段。感受木瓜掉进湖里的声音。

（1）听读想象。学生边听边想象木瓜从高高的树上掉进湖里的情境。

（2）师生合作。师：“一个木瓜从高高的树上掉进湖里”，生：（接读）“咕咚！”（抓住“！”感受声音的响亮）

2. 移情体验。

师：如果你是胆小的兔子，听到这响亮的声音，你会怎么想？

（1）想象说话。“如果我是兔子，我会________________，因为____________

__________。”

（2）看图理解。（出示词卡“拔腿就跑”）师：（指名读）你能学着图中兔子的样子“拔腿就跑”吗？

（3）朗读感知。师：（指名读句子）读着读着，你好像看见了一只怎样的兔子？

（4）句式转换。（指名读句子：“小猴子看见了，问他为什么跑。”）师：如果你是小猴子，你会怎么问？

（5）角色扮演。和同桌合作，一人做小猴子，一人做小兔子，一问一答。

（6）感受害怕。（探究）小兔为什么一边跑一边叫，不停下回答？小猴子听了小兔的话，心里会想？

3. 朗读体验。

（1）对比朗读。通过对兔子和小猴所叫的内容比较，感受它们的害怕。

师：兔子是这样叫的：“不好啦。‘咕咚’可怕极了！”谁来读一读？小猴子是这样叫的：“不好啦，不好啦，‘咕咚’来了，大家快跑哇。”谁来读？

（2）比较不同。

师：它们的话有什么不一样？请你对比着读一读。感受连用两个“不好啦”，使事情变得更可怕，更危险了！

（3）表演朗读。指名男女生分角色朗读兔子和小猴的话。

（4）想象对话。师：（同桌合作说一说）小猴子碰到狐狸，它们之间会怎样对话？碰到山羊、小鹿呢？（课件出示）

________看见了，问小猴：“________________？”

小猴一边跑一边大叫：“不好啦，不好啦，‘咕咚’来了。”

________看见了，问：“________________？”

________一边跑一边大叫：“________________。”

（5）感受“热闹”。师：这么多动物一起跑，一起叫，这就是热闹。

（6）贴图理解。师：请将黑板上的动物图片排排队，让它们一个跟着一个跑。

（7）感受恐慌。师：这话越传越可怕，传到大伙儿那里就变成了要“逃命”了。（认读词卡“逃命”。再朗读句子“快逃命啊，‘咕咚’来了！”）

（8）体验朗读。师：谁能把这种越来越可怕的感觉读出来？

4. 情韵朗读。

出示课文第四自然段，通过朗读感受动物们的恐慌。

（1）自由练习。师：你能通过朗读，把动物们的惊慌表现出来吗？

（2）表演朗读。6 人小队为单位，观察插图，找找自己代表哪个动物。一个跟着一个起立，齐声朗读第四自然段。

5. 探究原因。

师：为什么小动物们跟着小兔跑，连大象也跟着跑？说说你的看法。（通过讨论，明白：其一，害怕这种情绪也会传染。其二，动物们都随意相信了别人）

6. 探究不同。

师：自己读读课文第五自然段，想想：面对惊慌的伙伴们，野牛是怎么做的？

（1）交流反馈。师：野牛为什么拦住大伙儿？（指名说说自己的猜想。引导学生联系下文）野牛的问话“你看见了”，猜测野牛的想法：只是听别人说，自己没有亲眼见到，怎么可以随意相信呢？

（2）再读理解。师：野牛问了哪些动物？（自由读课文厘清问话的次序）（课件出示）

野牛问大象，大象说没看见。

野牛问________，小鹿说没看见。

野牛问________，山羊说没看见。

野牛问________，狐狸说没看见。

野牛问________，小猴说没看见。

最后问________，兔子说：“是我听见的，‘咕咚’就在那边的湖里。”

（3）角色体验。师：谁来当当野牛，来问问动物们。（指名分角色表演）

（4）引读结果。师：（引读）“兔子领着大家来到湖边。”生：（接读）“正好有个木瓜从高高的树上掉进湖里，咕咚！”大家你看看我，我看看你，都笑了。

（5）采访明理。师扮演记者，生扮演动物们，通过采访，说说自己的感受。

师：野牛，现在，你想说什么？

师：谁愿意来做做记者，采访一下其他的动物。

（6）教师小结。师：你们说的让老师想到了一句流传了很久很久的话：“耳听为虚，眼见为实。”（课件出示）一定要看到事实再作出判断，否则会闹笑话呢！

7. 课中操。

（课件出示文本重组后的儿歌）

木瓜树上“咕咚”掉，

吓得兔子拔腿跑，

猴子后面跟着叫，
怕得大伙跟着跑。
野牛拦住大家伙，
都把事实瞧一瞧，
兔子领到湖边看，
哎呀呀，只是木瓜水中掉！
你说，好笑不好笑！

【设计意图】1. 通过情境创设、角色体验、情韵朗读等多种方式品读课文，在丰富的言语实践活动中体验人物内心世界，自然揭示故事中所蕴含的哲理，将语文素养的培养分解落实。2. 扶放结合，以学生的年龄特征等学习心理为基点设计言语情境，真正体现“以生为本”的理念。

板块三　书写生字

1. 复现生字。

课件将刚刚朗读的儿歌隐去，凸显本课时要书写的生字“吓、怕、跟、都”。

2. 观察发现。

这几个字都是左右结构的，我们要仔细观察左右结构的高低胖瘦。

（1）教学“吓”字。提醒学生“吓”字的口字旁要在横中线上，靠整个字的上部分。

（2）教学“怕”字。注意竖心旁的笔画顺序。

（3）教学“跟”字。左窄右宽，注意足字旁的变化。

（4）教学“都”字。左高右低，注意双耳旁的写法。

3. 书写练习。

师范写，学生先书空，再描红。

4. 写字反馈。

先同桌互评，然后再写一个，争取一个更比一个好。再选择有代表性的学生练习，屏幕呈现，集体讲评。

【设计意图】生字归类书写，能够凸显一类字的共同特点，可培养学生自主观察的习惯。写字指导不面面俱到，要从学生的实际学情出发，只教学生不会的。

板书设计：

20　**咕　咚**

木瓜掉落

小兔	拔腿就跑	听见
大伙儿	跟着跑	↓
野牛	拦住	看见

21 小壁虎借尾巴

一、文本解读

1. 文体特点。

（1）科普童话。童话指的是在现实生活的基础上，以符合儿童想象力的情节，采取拟人、夸张、象征等手法编织而成的一种富于幻想色彩的故事。它是儿童文学中一种非常重要的文体，是小学生较早并大量接触到的文学样式之一，在学生的成长过程中具有重要而深远的影响。小学语文教材中选编的拟人体童话可以分为两大类：一类是说理童话，一类是科普童话。《小壁虎借尾巴》是一篇科普童话。它通过童话的叙述方式传递了这样一些科学知识：第一，壁虎尾巴有一个与众不同的作用——在遇到危险时通过挣断尾巴达到自救；第二，壁虎挣断的尾巴过段时间能够重新长好；第三，燕子、小鱼、老牛尾巴各有它们的作用。

（2）情节生动。《小壁虎借尾巴》故事以连环画的形式呈现，以“小壁虎”为童话的中心人物，以“借尾巴”为童话的中心事件，讲述了这样一个故事：小壁虎的尾巴被蛇咬断了，它觉得没有尾巴很难看。它向小鱼姐姐借，小鱼要用尾巴拨水，它向老牛伯伯借，老牛要用尾巴赶蝇子，它向燕子阿姨借，燕子要用尾巴掌握方向。小壁虎只好伤心地回家找妈妈，却惊喜地发现自己已经长出新尾巴了。作者精心设计了小壁虎断尾求生→借尾遭拒→新尾长成的故事情节，开端紧张惊险，中间曲折起伏，结局既出乎意料，又在情理之中。这样的情节构思无疑会把儿童带入小壁虎生活的天地，去感知它、认识它、理解它、评价它，从中获得情趣陶冶和知识启迪，了解小壁虎的尾巴有再生的特点。

2. 文化底蕴。

（1）礼貌用语。在小壁虎借尾巴中，小壁虎在断了尾巴的情况下，分别向小鱼、老牛和燕子借尾巴。在小壁虎借的过程中，我们充分感受到它的有礼貌。如它在向小鱼借的时候，它问道：“小鱼姐姐，您把尾巴借给我行吗？”在“姐姐”“您”“行吗”中都可以看出小壁虎在借时的语言是非常有礼貌的，同样在向老牛、燕子借时也是如此。在小壁虎身上，处处闪现着小朋友们需要学习的精神品质

——待人礼貌。

（2）真诚相待。小壁虎在借尾巴，但小鱼、老牛、燕子都不能把尾巴借给它，因为尾巴对它们自身来说都很重要。在这样的情况下，它们真诚地面对小壁虎，真诚地跟小壁虎说不行。而这份朋友之间的真诚相待，也是文章向我们传递的一个信息：朋友之间无法帮助对方很正常，但一定要真诚相待。

（3）文化传承。自然科学的神秘与奇妙，使人类孜孜不倦地去探寻去发现。在《小壁虎借尾巴》中，动物们的尾巴各有妙用，运用童话的表现形式又让孩子喜闻乐见。这样的文章拓宽了学生的思维空间，激发了学生探究动物尾巴还有何作用的欲望，对自然科学的兴趣亦被点燃。

3. 语言表达。

（1）反复结构。《小壁虎借尾巴》中小壁虎向小鱼、老牛和燕子借尾巴的三个段落，每段都是按照先写小壁虎爬到哪里，再写小壁虎看到谁用尾巴在干吗，最后再写小壁虎和对方关于“借尾巴”的对话描写。最重要这三段都是用反复的形式进行表述，这也正是第一学段儿童熟悉的童话表现手法。因此，虽然文字较多，学生学习却颇为轻松有趣。如在每一次小壁虎借尾巴的时候，作者都描写了小壁虎“爬呀爬”。这个“爬呀爬”，不仅写小壁虎断了尾巴爬得慢，而且说明他爬得远，爬得久，正因为爬了很久，所以最后才长出了尾巴。因此，这“爬呀爬”，和后面长出尾巴是相照应的，暗藏伏笔。而且，这样的结构，读来朗朗上口，使学生在学习中同时感受汉语的音律节奏之美，提升学习语文的兴趣。

（2）借助熟字识字。本课要求学生认识的九个生字中，有很多形声字，如“蚊、咬、赶、房、转”等，可以用拆一拆，加一加的方法，培养学生联系旧知，借助熟字识字的能力。

（3）书写分层。本课要求写的字有七个，其中“捉、姐”是左右结构的字，“条、您、草”是上下结构的字。此类结构的字，学生已不再陌生，可迁移运用以前学过的方法，让学生谈谈写好这些字应注意的要点，左窄右宽。然后重点指导书写“爬”，写好“爪”字的一捺，舒展到右下格，方便“巴”的书写。“房”字是半包围结构，注意“户”的竖撇，“方”作为部件，要写得小一些；这些关键笔画与间架结构要提醒学生注意。

二、学习目标

1. 基础目标。

（1）通过看图想象、结合生活实际等方式，认识“蚊、咬、赶、房、转”等十一个生字。

（2）借助已有的写字经验，端正地书写“捉、爬、您”等七个生字。

（3）通过形声字的字形梳理，进一步培养学生借助熟字多识字的能力。

2. 特色目标。

（1）借助插图理解课文内容，了解小鱼、老牛和燕子等不同动物的尾巴的功能及壁虎尾巴的特点。

（2）通过分角色朗读等方式，读好恳求、伤心等不同语气。

（3）借助课文插图及情境表演来讲故事。

3. 发展目标。

（1）依据“蚊、咬、赶、房、转”等形声字的构字特点，进一步培养学生据形猜读的能力。

（2）引导学生探究其他动物尾巴的作用，激发学生对自然科学的热爱。

三、核心内容

项目	具体内容
语言内容	（1）重点指导书写“河、借、呀”等六个生字 （2）能准确读好停顿、重音，读出角色对话时的语气
思维内容	能通过阅读提取信息，读懂不同动物的尾巴有不同的功能，并能用自己的语言说说动物们不借给尾巴的原因
文化内容	（1）感受动物们的礼貌真诚 （2）感受自然科学的奇妙，并产生探究的兴趣
方法内容	（1）进一步掌握利用形声字特点的方法来识记生字 （2）抓关键笔画写好汉字 （3）学习分角色朗读，读出角色对话时的不同语气，并尝试表演

四、学习设计

第一课时

板块一　猜谜揭题

1. 谜语导入。

（课件出示谜语）称虎不是虎，墙上自由爬，待在房屋上，专捉飞来将——学生猜对后，教师用课件出示小壁虎图片。

2．读准音。

指导学生读准“小壁虎”。

3．认识壁虎。

师：壁虎是什么样子的呢？（课件出示，边指边介绍壁虎）

4．揭示课题。

师：今天，我们一起学习发生在小壁虎身上的故事。（板书课题，生齐读课题）

5．学习“借”。

师：你借过什么？

6．提出问题。

师：读了课题，你想知道什么？小壁虎为什么要借尾巴？向谁借尾巴？怎样借？

【设计意图】1．兴趣是最好的老师。猜谜语既调动学生的积极性，也开拓学生的思维。谜面中告诉了学生壁虎的一些生活习惯，便于学生学习下文。2．带着悬念进入初读，不仅能激发学生的阅读欲望，还能提升他们阅读的专注程度。

板块二　整体感知

1．初读感知。

师：请小朋友们带着这些问题，读读课文。（出示要求）遇到不认识的字圈一圈，可以自己猜猜它们的读音，也可以向老师、同学请教。

2．识字反馈。

师：你圈出的字是哪个？你猜它读什么？说说你是怎么猜出来的。

3．朗读反馈。

指名分自然段朗读课文，随机正音：“挣断”“难看”“拨水”“赶蝇子”“掌握”等。

4．圈一圈。

师：谁能说说，小壁虎都向谁借尾巴了？（相机板贴动物图）请你在课文中把它们的名字圈一圈。

5．说一说。

师：（出示句式）“小壁虎先向____借尾巴，接着向____借尾巴，最后向____借尾巴”，谁能把它们放进句子里说说。（小壁虎先向小鱼借尾巴，接着向老牛借尾巴，最后向燕子借尾巴）

【设计意图】悬念可以推动学生自主阅读。指名说说考察了阅读的专注程度，借助“先——接着——最后”的句子帮助学生梳理课文主要内容，培养学生对文本的整体感知能力。

板块三　学习第一至三自然段

1. 探究原因。

师：小壁虎为什么要去借尾巴呢？

(1) 指名学生读第一自然段，其他同学边听边看图思考。

(2) 指导学生用上“因为……所以……”，说一说小壁虎借尾巴的原因。（因为小壁虎的尾巴断了，所以它要去借尾巴）

2. 学习“挣断”。

师：那小壁虎的尾巴怎么会断呢？

(1) 读准句子。“一条蛇咬住了它的尾巴，小壁虎一挣，就挣断了。”

(2) 看图解词。动画演示“一挣”“挣断”，帮助学生理解小壁虎“断尾逃生”的本领。

3. 指导朗读。指导学生读准停顿：“小壁虎/一挣，挣断尾巴/逃走了。”

4. 深入探究。

师：小壁虎的尾巴断了，要去借尾巴，它要去借的另一个原因是什么？

(1) 用上“因为……所以……”说一句完整的话。（因为没有尾巴很难看，所以小壁虎要去借尾巴）

(2) 理解“难看”。师：“多难看”的意思就是？（样子不好看）

(3) 读出“伤心”。指导学生抓住语气词“哪”读出小壁虎伤心的语气：“没有尾巴，多难看哪！”

5. 表达练习。

师：你能把小壁虎为什么要借尾巴的原因都告诉大家吗？

6. 看图学文。

师：小壁虎是怎样向小鱼借尾巴的呢？请大家看图，按“谁、在什么地方、干什么”的顺序说说你看到的内容。（板书：小河边　小鱼）

7. 品读“爬呀爬”。

师：课文是怎么写它来到小河边的？（爬呀爬）你从“爬呀爬”读懂了什么？（说明了小壁虎爬的路远，爬了很长时间）（随机指导学生）读准“爬”的字音，你会爬吗？（动作表演理解字义）

8. 指导书写。

师："爬"半包围结构，左下包右上，"爪"字的一捺要舒展到右下角，让"巴"爬上去，注意"巴"的最后一笔起笔要落在竖中线上。

9. 情韵朗读。

师：（指导朗读）"小壁虎/爬呀爬，爬到/小河边"。注意停顿，"爬呀爬"要读得慢一些，突出它爬了很长时间。

10. 演绎学词。

师：小壁虎爬到小河边看到了什么？（看见小鱼摇着尾巴，在河里游来游去），（板书：摇）你能学着小鱼摇摇尾巴吗？摇着尾巴，也可以说成？（摆着尾巴）

11. 移情体验。

师：如果你是小壁虎，你看到小鱼的尾巴摇来摇去，心里会想什么？（引导学生想象，如：小鱼姐姐的尾巴多漂亮啊，我就向她借吧）

12. 情韵朗读。

师：谁来学学小壁虎，向小鱼借尾巴？（指名朗读"小鱼姐姐，您把尾巴借给我行吗?"）

13. 比较句子。

课件出示以下句子，通过比较，感受小壁虎的礼貌：

（1）小壁虎说："小鱼姐姐，您把尾巴借给我行吗?"

（2）小壁虎说："小鱼，你把尾巴借给我！"

师：你觉得小鱼姐姐会喜欢哪只小壁虎？（引导学生明白"行吗"是征求别人的意见，是用商量的语气和小鱼说话，显得很有礼貌）

14. 读出"请求"。

"小鱼姐姐，您把尾巴/借给我/行吗"

15. 读文发现。

指导学生到文中寻找到句子来回答："不行啊，我要用尾巴拨水呢。"（课件演示理解"拨水"）（板书：拨水）

16. 读出"为难"。

师：因为小鱼姐姐要用尾巴拨水，所以只能很为难地对小壁虎说"不行啊"。谁来做做小鱼，读出这种为难来。（师指导学生朗读）

17. 合作朗读。

同桌分角色朗读小壁虎和小鱼的对话。

【设计意图】一年级小学生对于文本语句的理解需要教师一步步去引导，因此在教学中要穿插换位体验、想象、比较等一系列策略来品味语言，带领学生在对语言文字的品读中感受小壁虎的礼貌，内化文本语言，学习如何得体地说话。

板块四　写字练习

1. 生字复现。

游戏：小壁虎捉飞虫，读对生字，捉到一个。最后定格书写的生字“条、您、草”。

2. 学生观察。

（发现）共同特点：上下结构；不同点：“条”上下均等，“您”上长下短，“草”上短下长。

3. 指导书写。

教师范写，学生书空。

4. 学生练习。

学生先描红，再仿写。教师巡视指导。

5. 教师评价。

书写是否正确，结构是否匀称。

【设计意图】这三个字都是上下结构，但又各有不同，所以在指导时采用同时观察，分别指导，一起反馈的教学方法，既可以培养学生的观察、比较能力，又能养成先观察后动笔的习惯。而点评又紧扣指导要求，凸显写字目标。

第二课时

板块一　复习导入

1. 复习词语。

比赛摘词语水果，读准生字、词。

2. 串讲课文。

师生串讲课文主要内容：小壁虎的尾巴被蛇咬断了，没有尾巴真难看。它先向小鱼姐姐借尾巴，接着向老牛伯伯借尾巴，最后向燕子阿姨借尾巴。

【设计意图】以游戏的方式复习生字、词，激发学生的学习热情，巩固旧知，为学习新知奠基，而以词语串形式出现更方便学生进行归类识字、学词。

板块二　学习第四、五自然段

1. 看图学文。

师：仔细观察“黄牛”的这幅插图，说说老黄牛尾巴有什么用处。你是从哪些地方看出来的？

2. 理解作用。

结合学生回答，重点指导学生理解老牛尾巴功能中的“甩”——赶蝇子。

3. 指导读句。

师：（指名读，齐读）“小壁虎爬呀爬，爬到大树下。他看见老牛甩着尾巴，在树下吃草。”（板书：树下）

4. 合作朗读。

师：小壁虎是怎样向老牛借尾巴的呢？（同桌分角色读一读，请读得最认真的上台展示）

5. 学法迁移。

师：（请先读第五自然段，再看看插图，然后和同桌讨论）燕子的尾巴能干什么？（动作演示：摆，重点理解“掌握方向”。随机板书：房檐下摆　掌握方向）

6. 读法迁移。

按照第五自然段的朗读方法，分角色朗读小壁虎和燕子的对话。

【设计意图】课文第三、四、五自然段结构相同。在经过第三自然段教师的层层引领学习之后，第四、五自然段可以扶放结合，让上一课中的学习策略得以运用。

板块三　学习第六、七自然段

1. 自读课文。

师：自己读读第六、七自然段，说说故事的结果怎么样？

2. 练习复述。

师：小壁虎把借尾巴的经过告诉妈妈，小壁虎是怎么说的呢？自己练一练。告诉你一个小秘诀，可以根据老师黑板上的提示（教师手指板书）来说哦。

3. 指名示范。

师：现在，我就是壁虎妈妈，你是小壁虎，请把你借尾巴的经过告诉我吧。（指名两三位学生说一说，其他人认真听）

4. 体验情感。

师：（老师听学生说完后，接读）“傻孩子，你转过身子看看。”（学生自然接读：“我长出一条新尾巴啦！”）师：（用点评来指导朗读）如，看你这高兴样儿！有了新尾巴，你好激动啊！

5. 思维碰撞。

（讨论）课文为什么不像我们这样把借尾巴的事再讲一遍呢？（原来，前面写过的事再重新写一遍就太啰唆了）

6. 回顾探究。

抓住整组插图，回顾探究小壁虎尾巴的特点。

（1）观察插图。师：咦，小壁虎的新尾巴是什么时候长出来的呢？（课件一一呈现课文 2、3、4、5、6 这几幅插图，让学生仔细观察）

（2）说说发现。师：你有什么发现？（原来，在小壁虎借尾巴的过程中，尾巴正一点点地长长呢）

（3）师生合作。（图片下呈现文字，师生合作说一说）

小壁虎爬呀爬，爬到小河边，尾巴长（zhǎng）长（cháng）了一点。小壁虎爬呀爬，爬到大树上，尾巴又长长了一点。小壁虎爬呀爬，爬到房檐下，尾巴长长好多啦！小壁虎爬呀爬，爬回家里找妈妈，哈哈，已经长出新尾巴啦！

（4）总结发现。师：小壁虎的尾巴有什么本领？（再生）

（5）补充资料。壁虎防敌有高招：遇到敌人，会自动断掉尾巴，来帮助自己逃脱。经过一段时间，断尾还能慢慢长出来，变成新尾巴。

【设计意图】1. 第一学段，特别是一年级，教师要善于营造交际情境，通过这样的情境营造，可让学生融情其中，让文本语言自然内化，植根于心。2. 将先前随文呈现的一幅幅插图连贯起来阅读，既让学生观察到小壁虎尾巴的变化，懂得壁虎尾巴有再生功能，也教会了学生读图要前后联系。

板块四　拓展活动

1. 故事表演。

师：这么有趣的童话，想不想演一演？（PPT 出示课文插图，让学生分角色表演）

（1）小组合作。四人小组合作演第三、四、五自然段。

（2）师生合作。教师读叙述部分，学生分不同角色进行表演。

2. 小结全文。

师：动物的尾巴各有各的本领：小鱼的尾巴可以拨水，老牛的尾巴可以赶蝇子，燕子的尾巴可以掌握方向，小壁虎的尾巴断了还能再长。

3. 延伸阅读。

师：这些动物的尾巴有什么作用呢？（课件出示其他动物尾巴的作用）

【设计意图】表演是童话教学的有效方法。本环节的设计目的是在充分朗读的基础上，通过表演调动学生的学习兴趣，在表演过程中，学生不知不觉学会了讲故事，把文本的语言内化为自己的语言。而分段进行，借助插图等方法则降低表演的难度，可消除部分学生对表演的恐惧心理，以此激发其参与的积极性。

板块五　指导书写

1. 生字复现。

（出示）“捉、姐、房”。

2. 观察发现。

师：“捉、姐”是左右结构，“捉”字左窄右宽，“姐”字左右相等；“房”是半包围结构。

3. 指导书写。

师范写，学生跟着书空。先练习学生掌握得比较熟练的左右结构的字“捉、姐”，再范写、练习“房”，提醒“两点落在竖中线上，对齐”。

4. 学生练习。

教师巡视，及时发现存在的问题，及时指导。

5. 展示互评。

学生练习完成后，马上组织展示与点评。

【设计意图】对于四会字，要学扎实，要读准音、记住形，还要将以前的书写经验进行迁移，学生掌握得比较熟练的左右结构的字教师稍作提点，学生比较陌生的半包围结构的字就要重点指导。

板书设计：

21　**小壁虎借尾巴**

房檐下　燕子　摆　掌握方向

大树下　老牛　甩　赶蝇子

小河边　小鱼　摇　拨水

语文园地八

一、教材解读

语文园地八安排了三个板块内容。第一板块内容是“识字”。具体包括：“识字加油站”，通过本次学习，让学生熟悉“卫生间”这一特定的区域，认识里面一些常见的物品和了解这些物品的用途。“我的发现”，安排了三组字，这三组字各

有规律存在，第一组字带有反犬旁，第二组字带有鸟字边，第三组字带有虫字旁，并且每个字都配备了相应的图片。通过读一读、找一找的方式，让学生养成善于观察的好习惯，发现有相同偏旁的字大都与某一类事物有关的共性。“字词句运用”，安排了四张带有不同表情的面孔，呈现了“高兴、生气、害怕、难过”的四种心情。通过说一说，写一写的方式了解学生平时因为遇到什么事才有了相应的心情。第二板块内容是“日积月累”，编排的是一首古诗《画鸡》。学生在积累古诗的同时，感受公鸡的美丽和勤劳，也感受到作者对公鸡的喜爱和赞美之情。第三板块内容是“和大人一起读”。该板块安排了童话故事《小熊住山洞》，故事以孩子们喜欢的连环画形式出现，内容浅显易懂，适合和大人一起阅读。通过阅读，让孩子了解爱护树木、保护环境是一种美德。

1. 识字。

（1）识字加油站。汉字的创造来源于生活。识字教学也应从生活中来，到生活中去。尤其是孩子的大部分时间是在家庭中度过的，家庭的环境对孩子有潜移默化的影响，因此要倡导学生在家里识字。本次“识字加油站”中安排的就是学生熟悉的“卫生间”这一特定的区域，并且利用卫生间里的生活物品引导学生识字，如牙刷、梳子、毛巾、香皂、脸盆。在学生认识这些词语之后，引导学生认识它们的作用，如牙刷是用来刷牙的，梳子是用来梳头的，毛巾是用来擦手的，香皂是用来洗澡的，脸盆是用来洗脸的。在理解作用的同时认识新的生字“擦、澡”。在这个真实的生活情境中，让学生形成识字的敏感度，激发学生的识字兴趣，提升学生识字的成就感，也更有效地提高识字的效率。

（2）我的发现。本次“我的发现”中安排的是认识一些动物和昆虫的生字词，编者巧妙地将“猫、猴、狮”归为一类，将“鸡、鸭、鸦”归为一类，将“蝴蝶、蜻蜓、蚂蚁”归为一类。仔细观察可发现，编者这样安排的目的是把相同偏旁的汉字归在一起，抓住其形旁的表意特点引导学生归类识字。归类识字是很好的识字方法和指导方法，也是可以提高课堂识字效率的捷径。在教学中，可先引导学生认读生字，读准生字，再进行观察发现，认识反犬旁、鸟字边和虫字旁这三种新的偏旁，还可让学生根据这三个偏旁再去寻找同一类的生字进行拓展认识。

（3）字词句运用。这在看似简单的读、说、写的背后，蕴含了很多奥秘：它综合了字词句，综合了读说写，综合了语文训练与思维训练，提高了学生的语文综合素养。本次“字词句运用”安排的是描述人们心情的四个词语：高兴、生气、害怕、难过。学生在这一单元的学习中，已经认识“高兴”和“难过”，所以在教学中，可由旧知导入，认识新表情，再在看图识心情中巩固词语，明白这四种表情呈现了不同的心情。最后引导学生追根溯源，学会运用词语练习说话，写话。

2. 日积月累。

（1）文体特点。本次“日积月累”安排的是一首唐寅的古诗《画鸡》。该诗是一首咏物诗，也是题画诗，是作者在画完白鸡之后题的一首诗。唐寅，即唐伯虎，是一位集绘画、书法与文学为一体的才子。在《画鸡》中，诗人唐寅描绘了雄鸡优美高洁的形象，赞颂了它轻易不鸣，鸣则动人的品格，也表现了诗人的精神面貌和思想情怀。“头上红冠不用裁，满身雪白走将来”，诗人运用了描写和色彩的对比，勾画了一只冠红羽白、威风凛凛、相貌堂堂的大公鸡。前两句诗中用大面积的白色（公鸡）与公鸡头上的大红冠相比，色彩对比强烈，描绘了雄鸡优美高洁的形象。而后两句“平生不敢轻言语，一叫千门万户开”。这是写公鸡的心理和声音。诗人拟鸡为人揭开了它一生中不敢轻易说话的心理状态，它一声鸣叫，便意味着黎明的到来。“不敢”一词，用得很贴切，为第四句的结句做了铺垫，并对下句有反衬效果。三、四两句动静结合，在对比中树立了雄鸡高伟的形象，表现了公鸡具备的美德和权威。这是一首咏物的佳作，也是学生积累的好素材。

（2）文化传承。古诗是我国文化中的瑰宝，值得学生好好学习。这是学生第一次接触唐寅的诗，也是第一次接触到咏物诗。在咏鸡中，我们感受到公鸡的美丽和勤劳，感受到作者对雄鸡的喜爱和赞美之情。其实在古诗中，咏物诗还有许多，如小学生比较熟悉的《咏柳》《咏鹅》《蝉》《风》等。在咏物诗中，作者或流露出自己的人生态度，或寄寓美好的愿望，或包含生活的哲理。这些咏物诗，是诵读积累的材料，也是文化传承的载体。

（3）习惯养成。虽然这是学生第一次接触咏物诗，但却是以“日积月累”的方式出现。可见它承担的责任不是介绍唐寅，不是理解《画鸡》的含义，而是承担着课外积累的任务。告诉学生，学好语文的一大要义是要大量积累课外优秀古诗词，让他们养成积累的好习惯。在学习这首咏物诗之后，可以让学生积累其他咏物诗。我们要传递给学生的意识是，要大量背诵优秀诗文。

3. 和大人一起读。

（1）文体特点。这是一则童话故事，写了小熊一家住在山洞里，想要砍树造间木房子。但春天不舍嫩叶枯，夏天不忍繁花落，秋天不舍红果果，冬天不愿鸟失窝，小熊一家舍不得砍树，就一直住在山洞里，森林里的动物都很感激他们。故事语言生动有趣，寓事理于情节中。全文一共有六个自然段，中间四个自然段按照春夏秋冬的时间顺序反复渲染小熊爱树护林的美德，非常切合小学低年级儿童的阅读心理。

（2）文化底蕴。从小我们就教育孩子，人类只有一个地球，地球是所有生物共同的家园，爱护树木、保护环境人人有责。而这个童话故事将事理隐于情节中，语言生动有趣，贴近儿童生活。孩子在朗读时能不知不觉代入，从而感同身受，自觉明理。

（3）亲子共读。这是一篇儿童喜欢的童话故事，故事情节简明，语言富有童趣，小熊和爸爸的角色设定适合孩子和大人一起读。孩子拿着课文，依偎在亲人的怀抱里，或是自己放声朗读，或是和父母合作朗读。而后，可以和父母一起讨论：小熊一家为什么一直住在山洞里？动物们为什么都感激小熊一家？这样的亲子共读有共同的话题，能亲密地交流，孩子更能感受到读书的乐趣。

二、学习目标

1. 基础目标。

（1）通过创设情境等方式，学习在生活中识字，并感知形声字中声旁表音，形旁表意的特点。

（2）通过“日积月累”和“和大人一起读”这两个活动，培养学生课外积累和课外阅读的习惯。

2. 特色目标。

（1）通过“日积月累”的朗读背诵，激发学生积累有关咏物诗的欲望。

（2）通过师生讨论、生生讨论等方式，激发学生课外阅读寓言故事的兴趣。

3. 发展目标。

学会在生活中识字，感知形声字的特点和属性，并能运用词语零语境说话，诉说关于心情的故事。

三、核心内容

项目	具体内容
语言内容	（1）背诵《画鸡》，感受诗歌的形象美、节奏美 （2）通过共读《小熊住山洞》，有感情地朗读人物的语言
思维内容	感知形声字中声旁表音，形旁表意的特点，从相同的形旁感知事物的属性
文化内容	（1）感受《画鸡》中公鸡的美丽和勤劳，感受作者对公鸡的喜爱和赞美之情 （2）体会不同的表情传达出不同的心情，要读懂生活中周围人的多种表情，友好地处理好人际关系

方法内容	（1）在创设情境中学会生活识字，并理解一些生活物品的作用 （2）发现并学习分类识字

四、学习设计

第一课时

板块一 识字加油站

1. 谈话导入。

（1）引出“卫生间”。师：小朋友们，每天早上起床之后，一定要进一个房间把自己整理干净，你知道这个房间的名字吗？

（2）认读“卫”。

2. 走进“卫生间”。

师：让我们一起走进卫生间看看，里面都有哪些物品呢？

（1）看图认词。师：这些物品，你能准确地叫出它们的名字吗？

（牙刷、梳子、毛巾、香皂、脸盆）

（2）认清用途。师：你知道这些物品都是用来干什么的吗？

（随机出示）“刷牙、梳头、擦手、洗澡、洗脸”，认读“擦、澡”两个生字。

3. 介绍生活用品。

（1）短语式介绍。师：（牙刷）是用来（刷牙）的；（梳子）是用来（梳头）的……

（2）句子式介绍。师：我用（牙刷）来（刷牙）……

（3）段落式介绍。师：早上，起床后，走进卫生间，先拿起（牙刷）来（刷牙），接着用（脸盆）来（洗脸），还拿了（洗澡）用的（香皂）洗了洗手，之后拿（毛巾）来（擦手），最后拿（梳子）来（梳头）。瞧，我把自己打扮得多干净！

【设计意图】从生活入手，带领学生认识常见的生活物品，并且了解它们各自的用途。介绍清楚每样物品的用途是本次训练的难点。通过短语式、句子式和段落式的逐步练习，让学生由简到难，由说词到说句子，最后慢慢向段落过渡。

板块二 我的发现

1. 创设情境。

师：（出示动物园的图片）欢迎来到动物园参观！可是我们到的时间有点早，小动物们都还没起床呢！谁能根据门牌上的字看看里面都住着哪些小动物呢？

2. 认读“猫、猴、狮”。

（1）看字猜动物。（出示生字）读准“猫、猴”，认读“狮”。

（2）看图读名字。（出示图片）根据图片认识并会读准这三种动物的名字。

（3）去图观字形。师：请你再读一读，仔细观察这三个字，你发现什么了？（拥有相同的偏旁——反犬旁）

（4）看图找共性。师：再看看带有反犬旁的字大都与什么有关呢？（动物）而且都能在地上爬行或者奔跑的，我们可以称它们为兽类。

3. 认读“鸡、鸭、鸦”。

告别了兽类馆之后，欢迎步入飞禽馆！

（1）看字猜动物。（出示生字）读准“鸡、鸭、鸦”。

（2）看图读准字。（出示图片）根据图片认识并读准这三种禽类的名字。

（3）去图观字形。师：请你再读一读，仔细观察这三个字，你发现什么了？（拥有相同的偏旁——鸟字边）

（4）看图找共性。师：这一类字的动物大多都有翅膀，有些还能在天上飞，所以我们称呼它们为飞禽类。

4. 认读“蝴蝶、蜻蜓、蚂蚁”。

接着我们要去观察一些小昆虫。

（1）看字猜昆虫。（出示生字词）读准“蜻蜓、蚂蚁”，认读“蝴蝶”。

（2）看图读名字。（出示图片）根据图片认识并会读准这三种昆虫的名字。

（3）去图观字形。师：请你再读一读，仔细观察这三个词语，你发现什么了？（拥有相同的偏旁——虫字旁）

（4）看图找共性。师：这一类的字大都和虫子有关，而且这一类的字，去掉偏旁后的读音跟整个字的读音相近，所以，这一类字还叫做形声字呢！

【设计意图】通过创设情境进动物园参观，激发学生的学习兴趣。通过一猜二看三比较的步骤，引领学生从字形以及字义上去发现每一组字的共同规律。

板块三　字词句运用

1. 复习巩固。

师：小朋友们，学到这里，你们记住新学的字了吗？

（1）认读字卡。

（2）生字复现。

2. 引入“高兴”。

（1）笑脸评价。师：看到你们全部记住了，老师的心情和这张笑脸是一样的。知道我的心情吗？——高兴！

（2）采访同学。师：听到老师的表扬，你的心情如何？

3. 认识其他表情。

师：除了高兴的心情外，我们还会碰到哪些事情让自己有这些表情呢？（出示生气、害怕、难过的表情）

4. 认读词语。

读准“生气、害怕、难过”。

5. 走出课堂，走进生活。

（1）回忆往事。师：小朋友，喜怒哀乐是我们再正常不过的心情了：遇到开心的事，我们会高兴；遇到不如意的事，我们会难过；遇到气愤的事，我们会生气；遇到惊慌的事，我们会感到害怕。说一说你印象最深的是哪一件事情，当时你的心情怎样？

（2）读懂表情。师：当看到别人很难过时，你会做些什么？

（3）解开误会。师：假如你的好朋友有一天因为你而很生气，你会怎么做？

【设计意图】俗话说“课堂小天地，天地大课堂”。本板块的设计立足于课堂评价的表情引出，一种真实情境的运用让学生有话可说，同时打开课堂这一扇小天地的大门，勾连起学生在平时生活中遇到的点滴（喜怒哀乐），在生活的大课堂中得以运用，友好地处理同学之间及亲人之间的关系，以达到加深情感的目的。

第二课时

板块一　猜谜导入

1. 猜谜导入。

师：小朋友们，喜欢猜谜语吗？今天，老师给你们带来了一个动物谜语，你们猜是什么？（出示谜语：红冠子，白外衣，每天早上喔喔啼，它叫人们早早起）

2. 描绘样子。

师：你们喜欢大公鸡吗？能不能说说你印象中的大公鸡的样子。

3. 欣赏图片。

师：请小朋友们认真观察图上的大公鸡，你们看到了什么？（从感官上感受大公鸡的美）

4. 揭示新课。

师：有位明代的大画家大诗人，他也喜欢大公鸡，不仅为它画了一幅画，还为它写了一首诗呢！（板书《画鸡》）

【设计意图】用谜语导入，让学生在猜谜中感受到浓浓的趣味，激发了学生学习有关公鸡古诗的兴趣，为下文的学习做了铺垫。

板块二　朗读背诵

1. 初读诗歌。

师：小朋友，自己读一读这首古诗，借助“拼音宝宝”能读正确吗？

2. 检查字音。

师：小朋友，短短的一首诗，读好却不容易。昨天老师读了好多遍才读会的，你们刚读了一两遍，会读了吗？

（1）同桌互读。同桌读给同桌听，若同桌有读错的，帮一帮，若同桌读得特别好，赞一赞。

（2）个体朗读。请几位小朋友试读，重点正音“平、生、轻”等是后鼻音，“裁、走”是平舌音，“身、门”是前鼻音，“冠”在这读“guān”。

（3）集体练读。重点指导读正确。

3. 节奏朗读。

师：小朋友，这是古诗。古诗读起来是很有味道的。听一听老师的朗读和你们的朗读，有没有什么不一样的地方？

（1）教师范读。（读出停顿与节奏，标出停顿记号）

头上/红冠/不用裁，
满身/雪白/走将来。
平生/不敢/轻言语，
一叫/千门/万户开。

（2）学生发现。教师朗读时停顿明显，节奏感强。

（3）同桌对读：读出节奏和韵味。

（4）男女生对读。

（5）展示朗读。请小朋友自告奋勇展示读，重点感受停顿与节奏。

4. 尝试吟诵。

师：小朋友，你们可能已经知道，古人读书，可以摇头晃脑，像唱歌一样的哦，想不想学一学？

（1）教师范读。注意平长仄短，朗读时稍显夸张。

（2）学生学读。师：你们练一练，待会儿哪位小朋友来挑战读。

（3）个别展示。不在意会读，只在于感受。

（4）集体吟诵。全体小朋友摇头晃脑诵读。

5. 感受美丽。

（课件出示前两句诗）

（1）关注“红冠”。师：看到红冠你想到了什么？

（2）欣赏鸡冠花。师：大公鸡的红冠就像鸡冠花一样美丽。

（3）关注“雪白”。师：你能描述一下“雪白”吗？

（4）朗读小结。师：大公鸡有红红的鸡冠，雪白的羽毛，真美丽。

6. 感受勤快。

（课件出示后两句诗）

（1）模仿鸡叫。师：大公鸡平时是怎么叫的？谁来模仿一下。

（2）发现用处。师：公鸡一叫，人们就做什么事情了呢？

（3）感受勤劳。师：大家知道农民伯伯很勤快，但公鸡比农民伯伯起得早，你们想想这是一只怎样的公鸡？

（4）朗读小结。师：大公鸡每天叫人们起床，真勤劳。

7. 齐读朗诵。

师：这么美丽勤劳的大公鸡，作者真是喜爱它啊！

8. 集体背诵。

【设计意图】“日积月累”重在让学生背诵。本环节通过多种形式朗读，尤其引入“吟诵”，通过简单感受大公鸡的美丽和勤劳，为学生能轻松地背诵做了充分的铺垫，让学生在有趣味的情境下背会此诗。

板块三　拓展延伸

1. 了解作者。

师：小朋友，通过朗读，我们感受到了公鸡的美丽、勤快，诗歌的优美，那是谁为我们画鸡？谁为我们写诗？（介绍唐寅）

2. 拓展古诗。

师：唐伯虎把这只大公鸡画得这么漂亮，古诗写得这么美，那你还收集到哪些描写动物的古诗呢？（指名回答）（初步培养学生收集信息的能力）

（重点诵读：《咏鹅》《蝉》）

3. 顺势小结。

师：小朋友，我们国家可是诗的国度，描写动物、植物的诗还有许多，我们要学会多积累。

【设计意图】引入其他咏动物的古诗，拓宽学生的视野，渗透语文积累的重要性。

板书设计：

画　鸡

唐　寅

美丽、勤劳

第三课时

板块一　故事导课

1. 故事导课。

（1）聊聊故事。师：小朋友，最近和爸爸妈妈一起读了什么故事？

（2）出示故事。师：今天，老师要和大家一起读个故事——《小熊住山洞》。（教师板书，指名读课题）

2. 教师范读。

3. 自由朗读。

（1）自由练读。师：请小朋友自由读一读，遇到不认识的字，借助拼音多拼读几遍，争取把故事读正确。有不会的地方请教同桌或老师。

（2）教师巡视。发现学生品读有困难的词语，教师相机指导。

（3）分段朗读。请六名学生分自然段读这个故事，相机正音。

【设计意图】从聊自己最近读的故事开始，激发学生已有的体验，再到读文中的故事，自然激起学生的阅读兴趣。教师的范读让学生对故事有了整体感知，降低了学生阅读的难度。

板块二　品读故事

1. 聚焦原因。

（1）再读故事。找找哪几个自然段写了“小熊舍不得砍”的原因。

（2）指名朗读。一名学生读第二自然段，其他学生边听边思考：小熊为什么舍不得砍树？

（3）说说原因。参考句式：

春天，因为＿＿＿＿＿＿＿＿所以＿＿＿＿＿＿＿＿，小熊舍不得砍。

（3）自读自画。自由读三至五自然段，找出“舍不得砍”的原因，画一画。

（4）说说原因。用以下句式，说一说。

夏天，因为________________所以________________，小熊舍不得砍。

秋天，因为________________所以________________，小熊舍不得砍。

冬天，因为________________所以________________，小熊舍不得砍。

2. 感情朗读。

（1）角色朗读。指名学生有感情地朗读小熊的话。

（2）合作演读。指名一学生演读小熊，其余学生读旁白。

3. 读懂“感激”。

（1）自读思考。学生自己读第六自然段，并思考：森林里的动物为什么都很感激小熊一家？

（2）交流讨论。相机理解：一年又一年、一直。

（3）移情体验。师：如果你是森林里的动物，你会怎么感激小熊一家呢？选择插图中的一个动物角色，说一说。

（4）合作表演。同桌一人演小熊，一人演其他动物，表达谢意。

【设计意图】用读一读、想一想、画一画、说一说、演一演等多种方式引导学生读懂故事，让学生体验多样性阅读带来的愉悦，可以保持学生持久的阅读兴趣，从而养成良好的阅读习惯。

板块三　拓展阅读

1. 推荐故事。

（1）创设情境。小熊舍不得砍树，一家人一直住在山洞里。那是因为小熊一家人都知道树给森林的居民们带来了许多好处。

（2）推荐绘本。师：老师这里有一本绘本叫《树真好》，你想读吗？

2. 提出建议。

（1）说说想法。帅：《树真好》这本书没有拼音，你准备怎么读？

预设1：可以借助图画读。

预设2：邀请爸爸、妈妈一起读。

（2）阅读建议。师：建议大家做一本“阅读存折”，把自己读过的书名都存下来，以后和其他同学比比谁读的书多。

【设计意图】读书习惯的养成并非一朝一夕，而在于长期坚持。此环节推荐学生阅读更多的故事，并向他们建议做一本“阅读存折”，目的就在于让他们养成阅读的好习惯。

板书设计：

小熊住山洞

春			
夏	舍不得砍	一年又一年	感激
秋		一直	
冬